2018年河北大学一流大学建设应用经济学项目资助出版

国家社会科学基金一般项目（批准号：12BGJ041）"中印建立自由贸易区的预期收益研究"最终研究成果

中印建立自由贸易区的预期收益及实施策略研究

杨宏玲 著

人 民 出 版 社

策划编辑:郑海燕
责任编辑:郑海燕　李甜甜
封面设计:胡欣欣
责任校对:苏小昭

图书在版编目(CIP)数据

中印建立自由贸易区的预期收益及实施策略研究/杨宏玲 著.—北京:
人民出版社,2019.8
ISBN 978-7-01-021092-6

Ⅰ.①中… Ⅱ.①杨… Ⅲ.①自由贸易区-研究-中国、印度
Ⅳ.①F752.735.1

中国版本图书馆 CIP 数据核字(2019)第 155792 号

中印建立自由贸易区的预期收益及实施策略研究
ZHONGYIN JIANLI ZIYOU MAOYIQU DE YUQI SHOUYI JI SHISHI CELÜE YANJIU

杨宏玲　著

人民出版社 出版发行
(100706　北京市东城区隆福寺街 99 号)

中煤(北京)印务有限公司印刷　新华书店经销

2019 年 8 月第 1 版　2019 年 8 月北京第 1 次印刷
开本:710 毫米×1000 毫米 1/16　印张:17.25
字数:248 千字

ISBN 978-7-01-021092-6　定价:72.00 元

邮购地址 100706　北京市东城区隆福寺街 99 号
人民东方图书销售中心　电话 (010)65250042　65289539

版权所有·侵权必究
凡购买本社图书,如有印制质量问题,我社负责调换。
服务电话:(010)65250042

目 录

导 论 1

第一章 建立中印自由贸易区相关的理论基础 21
- 第一节 区域经济一体化的含义及分类 22
- 第二节 建立自由贸易区的一般理论 30
- 第三节 新区域主义 44
- 第四节 发展中国家的经济一体化理论 49
- 第五节 世界贸易组织关于建立区域贸易协定的法律条款 ... 51

第二章 中国和印度积极参与区域经济合作的现状 54
- 第一节 中国参与自由贸易区的现状 54
- 第二节 印度参与区域贸易安排的现状 69

第三章 中印经贸关系迅速发展是两国建立自由贸易区的现实基础 ... 84
- 第一节 中国和印度对外贸易总体情况分析 84
- 第二节 中印双边贸易发展情况分析 90
- 第三节 中印贸易结合度指数分析 100
- 第四节 中印双边投资分析 104

第四章 中印经贸关系的互补性分析 119
- 第一节 中印宏观经济层面的互补性分析 119
- 第二节 基于贸易专业化指数的中印贸易商品互补性分析 ... 127
- 第三节 中印产业间贸易互补性分析 132

1

第四节　中印产业内贸易互补性分析 …………………………… 136

第五章　中印建立自由贸易区预期经济效应的实证分析 ………… 147
　　第一节　中印建立自由贸易区贸易创造效应的实证分析 ……… 147
　　第二节　中印建立自由贸易区产业内贸易效应的实证分析 …… 153
　　第三节　中印自由贸易区的福利效应——基于 GTAP 模型的分析 … 163

第六章　中印建立自由贸易区的非传统收益分析 …………………… 174
　　第一节　有助于中印政治关系改善和相互信任的增强 ………… 174
　　第二节　向世界发出中印两国政策走向的明确信号 …………… 176
　　第三节　提高中印两国在国际事务中的话语权和影响力 ……… 178
　　第四节　提升两国抵御经济风险的能力 ………………………… 180
　　第五节　促使中印两国保持政策连贯性，实现协调发展 ……… 182
　　第六节　有助于改善中印两国的安全环境 ……………………… 184
　　第七节　有利于中印两国加强能源合作，维护能源安全 ……… 185

第七章　影响中印签订自由贸易协定的阻碍因素 …………………… 192
　　第一节　政治领域的阻碍因素 …………………………………… 192
　　第二节　经济领域的阻碍因素 …………………………………… 202
　　第三节　历史文化及其他领域的阻碍因素 ……………………… 217

第八章　推进中印自由贸易区的构想及实施策略 …………………… 224
　　第一节　建立中印自由贸易区应遵循的基本原则 ……………… 224
　　第二节　中印自由贸易区运行模式选择的构想 ………………… 228
　　第三节　推进中印自由贸易区的策略构想 ……………………… 235
　　第四节　分阶段实施中印自由贸易区的构想 …………………… 242

附　录 ……………………………………………………………………… 248

参考文献 ………………………………………………………………… 263

导　论

一、问题的提出

1. 研究背景

在经济全球化不断发展与多边贸易体制长期停滞不前的背景下,区域经济合作在世界各地蓬勃开展起来。自由贸易区(Free Trade Area, FTA)尤其是双边自由贸易区以其主动性、灵活性和广泛性等优点成为目前区域经济合作的主要方式,缔结双边 FTA 已成为各国规避全球贸易保护主义风险的一个重要手段。中国和印度两个世界上最大的发展中国家和新兴经济体也顺应潮流,加快推行各自的 FTA 战略,随着中印经贸合作的快速发展,中印两国也表现出了组建 FTA 的意愿。印度前总理瓦杰帕伊2003年访问中国时首次提出了建立中印自由贸易区的建议,中国对此建议作出了积极响应。2005年4月温家宝总理访问印度时,两国总理一起宣布建立联合工作组,启动了建立中印自由贸易区的步伐。2006年3月,由中国商务部与印度商工部牵头的联合研究小组在新德里举行第一次会议。经过中印双方共同努力,联合研究报告于2007年10月如期完成。报告明确指出,"中印应通过建立 RTA(即区域贸易协定),相互减少和消除贸易壁垒、推动贸易自由化、改善投资环境,加强经济合作,实现互利共赢,促进亚洲经济一体化"[①]。新制度经济学与新经济增长理论认

[①] 资料来源:中国自由贸易区服务网,见 http://fta.mofcom.gov.cn/article/chinaindia/indianews/200809/68_1.html。

为,制度是经济增长的关键性因素,新的经济增长模型已将制度视为内生变量。中印经贸关系的快速发展和政治外交关系的日益改善为两国经贸关系的制度创新奠定了良好基础,中印自由贸易区构想正是基于两国共同的战略利益而提出的。

从实际情况来看,中印自由贸易区的进展并不顺利,两国 2007 年完成联合可行性研究报告至今,一直没有启动正式谈判,中国对建立中印自由贸易区一直持积极态度,阻力主要来自印度。印度一方面积极与其他国家或地区推进 FTA 建设,而对中印自由贸易区一直持观望态度。总体来看,中印双方的经贸合作在不断深化中,两国间经济存在较强的互补性,两国都在以非常积极的态度参与区域经济合作,这些因素为中印自由贸易区构建奠定了现实基础,FTA 将会对中印两国及整个亚洲乃至全世界产生经济和非经济等多方面的积极影响,因此建立中印自由贸易区是大势所趋。

20 世纪末期以来,中印都积极参与到区域经济合作的实践中,把 FTA 建设上升到国家战略的高度,参与区域经济合作的步伐不断加快。从中国来看,早在 2007 年党的十七大报告中就把 FTA 建设上升为国家战略,习近平总书记在 2014 年 12 月明确指出,中国要"加快实施自由贸易区战略,加快构建开放型经济新体制"[①]。经过近二十年的发展,中国已初步形成了以周边为基础、辐射"一带一路"沿线国家、面向全球的 FTA 网络。印度参与区域经济合作起步也较晚,但发展速度非常快,无论数量还是自由化程度,目前印度的 FTA 发展都高于中国。印度将自由贸易区战略作为其"东向"政策的重要内容之一。据亚洲开发银行的统计数据显示,截至 2018 年 4 月印度已签署并生效和正在谈判或研究中的自贸协定数量已有 41 个,这一数量在亚洲地区仅次于新加坡,居第二位。中印两国相似的发展背景和国情,使两国在参与区域经济合作中必然有很多共同或相近的利益诉求。中印两国相似的战略意图及对自由贸易区

---

① 资料来源:中国自由贸易区服务网,见 http://fta.mofcom.gov.cn/article/chinaindia/indianews/200809/68_1.html。

建设所持的积极态度是两国间进行自由贸易区建设的重要现实基础。

20世纪90年代以来,随着中印经济的快速增长,两国双边贸易也发展迅速,2017年中印双边贸易规模是1990年的320倍。目前中国是印度的第一大进口来源国和第四大出口市场,两国间贸易占各自对外贸易总额的比重不断上升。和贸易规模迅速扩大相比,中印两国的相互投资还较少,但近年来出现了明显增长的势头,两国间有广阔的投资合作空间和潜力可挖掘。"一带一路"倡议为中印投资发展提供了新的动力和机遇。中印的经济发展水平、国民经济结构和经济发展模式都存在显著的差异,两国无论是宏观经济层面还是微观经济层面都有较强的互补性。中印的部分劳动密集型产品在国际市场上存在竞争性,但在初级产品、资本和技术密集型产品上有很强的互补性,且互补性大于竞争性。中印的产业间贸易互补性也较强,中国向印度的出口以制成品为主,中国从印度的进口以原材料和初级产品为主。中印两国的产业内贸易目前主要存在于部分资本技术密集型产品和劳动密集型产品中,产业内贸易模式以垂直型产业内贸易为主,整体水平还较低,但在信息技术产业、机电产品、煤铁矿石等矿产品、制药业等领域有很大的产业内贸易潜力。

建立FTA将给中印两国带来巨大的经济利益和非经济利益。两国若在FTA框架下削减甚至取消贸易壁垒后,必将改善两国的宏观经济状况,提升双边贸易规模,优化两国的贸易结构,还会提高世界整体福利水平。除了这些传统收益外,中印自由贸易区还会产生一系列非经济效应,将有助于中印两国政治关系的改善和相互信任的增强,向世界发出中印两国政策走向的信号,提高中印两国在国际事务中的话语权和影响力,提升两国抵抗经济风险能力的"双向保险"效应,促使中印两国保持政策的连贯性,实现协调发展,有助于改善中印两国的安全,有助于中印扩展能源合作空间等。

建立中印自由贸易区虽然已经具备了现实基础,而且有多方面的福利效应,但当前还面临经济、政治、历史文化等多方面的障碍因素。中印的比较优势重合度较高,导致两国贸易存在竞争性、印度内向型经济战略及高关税壁垒、双边货物贸易失衡、印度频繁对中国实施贸易救济措施、拒绝承认中国的"市场经济地位"等,是经济层面的障碍因素。边界争端、西藏问题、美日因素的制约、错综复杂的中印巴关系、中国威胁论、政治体制和意识形态差异等,是中印自由贸易区政治层面的阻碍因素。彼此存在误解和偏见、文化观念差异大、交通运输困难及建立FTA存在的一些技术难题,是中印自由贸易区历史文化层面的障碍因素。正是这些障碍导致中印自由贸易区难以推进。

如何克服这些障碍,推动中印自由贸易区建设迈出实质性步伐,成为具有重要理论意义和实践意义的研究课题。本书基于以上背景,以相关理论为基础,系统梳理分析中印两国参与FTA的实践情况,进而分析中印经贸关系的发展及其竞争性和互补性状况,以确定中印自由贸易区所具备的现实基础。本书用定性分析和定量分析相结合的方法研究建立中印自由贸易区预期的传统收益和非传统收益,并全面深入揭示中印建立FTA的障碍因素,在上述研究基础上进一步探索推进中印自由贸易区的策略和步骤,并提出对策建议。

2. 研究意义

(1) 理论意义

有利于丰富和扩展对发展中国家区域经济合作理论的研究。已有较成熟的区域经济一体化理论主要以发达国家间的经济一体化为主体,而对发展中国家区域经济合作的理论研究有待深入。在国际区域经济一体化迅速发展的背景下,世界上绝大多数国家都已积极投身其中,但总体来看,发达国家之间(如欧盟)及发达国家和发展中国家之间(如北美自由贸易区)的经济一体化是比较成功的,而南南型的经济一体化发展进展相对缓慢。因此,发展中国家间如何成功进行区域经济合作还有待深入研究。本书以区域经济一体化理论为基础,对世界上最大的两个发展中国家和新兴经济体之间的经济一体化问题进行全面系统的研究,探究建立中印自由贸易区的理论依据及其现实基础,运用定性分析和定量分析相结合的方法研究建立中印自由贸易区预期的传统收益,进而依据新区域主义对中印自由贸易区的非传统收益进行分析,从而扩展和深化了对区域经济合作预期收益的认识,拓展了国际区域经济一体化理论研究的领域,也丰富了南南型合作模式的区域经济一体化理论。

(2)实践意义

第一,有利于深化对建立中印自由贸易区的必要性和可行性的认识。本书以时间为主线,分析了中印两国积极参与区域经济合作的实践,梳理和分析了中印双边经贸关系不断发展及日益密切的状况。结合中印各自的优势产业,深入剖析了中印经贸关系存在的互补性及合作潜力。综合运用国际经济学和国际政治经济学多种计量模型,多层面揭示中印建立FTA的传统收益和非传统收益,从多方面论证了中印两国进行制度化的经济合作的必要性和所具备的现实基础,因而有利于深化对建立中印自由贸易区的认识。

第二,对我国调整贸易政策并尽快推进中印自由贸易区构建具有一定的借鉴和参考意义。本书从政治、经济、历史文化等多个角度全面分析了中印签订FTA的困难和症结,有利于尽快扫除障碍因素,推进中印自由贸易区的顺利发展。针对前面的研究结论,本书最后提出了建立中印自由贸易区应遵循的基本原则,结合中印两国现实情况及多边贸易体制的要求,借鉴成功建设FTA的经验,提出中印自由贸易区的制度安排设想和推进策略,为推动中印自由贸易区早日实现提供借鉴和参考。

二、文献综述

随着中印两个相邻的新兴大国间经贸关系的不断发展以及两国对参与区域经济合作的积极态度,建立中印自由贸易区问题提上两国关系发展的日程。中印经济无论宏观层面还是微观层面都有很强的互补性,两国经贸合作潜力巨大,建立中印自由贸易区会给两国带来经济方面和非经济方面的诸多预期收益,但中印间还存在很多障碍因素致使中印自由贸易区难以顺利推进。国内外学者对中印建立FTA的相关问题已经从不同的角度进行了一定的研究,尤其对中印建立FTA的必要性基本达成共识,这些研究为本书的开展奠定了基础。

1. 关于建立中印自由贸易区的必要性和可行性的相关研究

研究者们一致认为，中印经贸关系的迅速发展是推动中印自由贸易区的重要因素，早期的研究多集中于建立中印自由贸易区的必要性及现实意义，在此问题上大家观点基本一致。印度学者阿尔文德·帕纳加里亚（Arvind Panagariya, 2005）认为，中印建立 FTA 会优化印度国内劳动密集型产业的发展，打破亚洲 FTA 进展缓慢的僵局，推动亚洲区域合作的进程。周金秦等（2005）认为，建立中印自由贸易区有助于促进双边贸易和投资发展，实现经济互补共赢，为增进中印政治互信创造条件，还能加强中印在地区和国际事务中的对话与合作。曹静（2005）认为，中印经济贸易联系加强，互相开放市场，其广阔的前景将令人振奋，投资领域会拓宽、双边贸易额将在一段时间内继续高速增长，两国的能源和技术合作发展潜力也较大。张宇燕等（2006）指出，中印两国加强合作会带来多方面收益，主要包括市场规模扩大贸易创造效应，深化分工与可持续发展，增强中印在制定国际规则中的谈判实力，保障两国作为发展中国家的共同利益，在寻求自然资源和能源的过程中避免付出过高代价，创造有利于经济发展的周边安全等。文富德（2006）认为，建立中印自由贸易区有利于两国关系的深入，有利于两国的和平发展，有利于南亚地区的稳定，也有利于世界的和平与发展。杨文武等（2012）指出，中印自由贸易区有利于扩大贸易规模，发挥两国各自比较优势，提升综合国际竞争力，优化两国产业结构和资源配置，促进地区经济的均衡发展，进而改善两国政治关系及维护亚太地区稳定。

罗文宝（2007）运用交易成本理论分析得出，现行制度安排使中印双边经贸关系的交易成本过高，构建 FTA 可以降低交易成本，挖掘两国市场潜力。李丽等（2008）用 GTAP 模型研究中印自由贸易区对双方及世界经济的影响，得出的结论是：两国的贸易规模及世界福利会明显扩大，各自的比较优势会更充分发挥，带动两国产业结构的调整。但印度的 GDP 会受到一定负面影响，贸易条件有所恶化。胡晖（2006）指出，

导 论

中国的区域经济合作达成的主要是FTA,既促进了双边的经济福利,也有助于提高中国的战略地位,能缓解成员国在国际市场上对中国竞争的戒备。张鸿(2009)指出,FTA既是促进对外贸易发展的有效途径,还是实现国内外资源优化配置的重要手段,能为中国的和平发展创造良好的国际环境。余震(2009)认为,区域经济合作是落实互利共赢的对外开放战略的有效途径。曲凤杰(2009)认为,我国加强与周边国家的区域合作有利于实现区域内优势互补,缓解贸易摩擦,有利于确立中国在亚洲的核心地位。朱洪(2009)认为,签署自由贸易协定是中国与发展中国家南南合作的新桥梁。高巍等(2011)指出,中印签订FTA总体上会有利于发挥各自比较优势,扩大双边贸易,优化资源配置,促进两国经济增长。

从建立中印自由贸易区的可行性看,中印经贸关系的迅速发展、两国对区域经济合作的积极态度及两国经济较强的互补性是中印自由贸易区建立的现实基础。蔡宜斌(2000)认为,中印两国之间存在多方面的共同利益、两国资源具有互补性,中印经贸合作的潜力远未挖掘出来。印度学者阿米塔巴特拉(Amita Batra,2004)依据2000年主要国家的数据对国际贸易流量进行了研究,并且对印度的贸易潜力进行了估测,认为印度发展对外贸易的潜力巨大。李祥(2004)指出,中印经贸合作势头良好,两国商品贸易结构逐渐改善。张宇燕等(2006)认为,20世纪90年代印度经济贸易快速增长把中印经贸关系带入了新的发展时期,中印在贸易、投资和技术合作等方面关系的发展为重塑中印两国关系提供了条件。樊莹(2005)指出,进入21世纪以来,中国对区域经济合作从"置身事外"到"作用其中",从战略高度出发积极投身于区域经济一体化浪潮。文富德(2006)认为,中印经济关系发展迅猛,且两国经济存在着互补性,目前中印双方对自由贸易安排都持积极态度,双方都与东盟建立了FTA,这些都是有利于中印自由贸易区建立的积极因素。邓瑞平、王佳宜(2016)对中印各自的自贸区建设情况进行了比较后指出,印度的自由贸易协定无论数量还是发展程度都超过了中国,中国应借鉴印度经验尽快建立高标准的FTA,全面提升贸易与投资自由化程度。

2. 关于中印经贸关系竞争性和互补性的相关研究

关于中印经贸关系竞争性的一面,学者们的主要观点有:闫成海等(2003)指出,中印的贸易结构有一定的相似性,两国有比较优势的产品集中于劳动密集型产品与资源密集型产品,重合度较高,因而中印在国际市场上形成竞争关系。谭晶荣(2004)、朱前(2005)等认为,中印贸易互补性较弱,在制成品贸易上竞争性较强,两国在劳动密集型产品和资源密集型产品上都有竞争优势。印度学者斯瓦兰·辛格(Swaran Singh,2004)指出,中国与印度的双边贸易即使向前发展也存在诸多挑战,两国间需不断探讨加强理解及互信的新方法,中印两国间的互补性大于竞争,但在更远的将来两国将有激烈竞争。李晓(2006)指出,中印两国经济增长方式差异较大,各有优势和不足,中印应将潜在的恶性竞争转化为有序的合作。陈震(2004)认为,中印两国进出口商品较强的竞争性及印度长期实行内向型经济发展战略,是制约中印经贸关系发展的主要因素。李蕾(2014)认为,在全球能源格局变动的背景下,中印能源争夺将愈发激烈,与此同时双方的合作也是大势所趋。王孝松等(2018)认为,印度出口与中国进口的吻合程度较高,中印双边服务贸易有很大的发展空间,认为中国在服务贸易领域竞争水平落后于印度。

大部分研究则认为中印经贸关系有较强的互补性。印度学者穆罕默德·萨基卜(Mohammed Saqib,2003)指出,中印经济既有竞争性也有很大的互补性,双方合作空间很大。印度学者斯瓦米(Swamy,2004)认为,印度和中国作为新兴市场国家存在资金、市场及资源等方面的竞争,但两国经济仍有很强的互补性,为开展经济合作提供了空间。中国的特区经验、基础设施建设经验等值得印度学习。印度学者阿尔文德·辛格(Arvinder Singh,2005)说,中印经济表面上的相似(如国土面积、人口众多及农业经济等)掩盖了两国在经济增长、FDI和出口等方面实质上的差异,认为中印之间在贸易、投资及其他方面有很大的相互学习的空间。印度学者雷迪(2006)指出,亚洲两个大国在贸易和投资特点上的差异,有助于两国间开拓新的贸易领域。这需要两国共同努力,将目前的竞争性转化为互补性。英国学者戴维·史密斯(David Smith,2007)指出了两国各自的优势和劣势,认为观察中印最好的方式是将它们视为伙伴而不是直接对手,它们可能同休戚、共进退。二者伙伴关系前景美好。朱晶等(2006)指出,中印在蔬菜、干鲜水果等几组具有潜在互补性产品上的贸易规模较小,两国农产品仍具有拓展双边贸易的潜力。

张敏秋等(2004)通过实证分析得出,中印经济虽有一定的竞争性,但通过调整政策和改善贸易环境,两国贸易合作潜力巨大。祝树金等(2009)指出,中印的出口贸易结构和技术水平都在不断优化和提高,中国比印度发展更快,比较优势的差距以及产业内分工不断细化使两国的互补性明显呈增加的趋势。张新民(2009)指出,中印贸易互补领域主要集中在附加值较高的科技类产品中,在能源类和初级产品类中双方也有互补性。能源禀赋差异及消费偏好差异是中印两国产业内贸易的重要基础。耿仲钟等(2015)认为,中印两国农产品贸易产业内水平低,且垂直型产业内贸易水平也较低,主要以产业间贸易,且是基于两国各自比较优势的产业间贸易为主,两国农产品互补性较强。付琳娟(2017)认为,中印间的农产品贸易以产业间贸易为主,两国同类农产品只有互补性而没有竞争性,印度在农产品上比中国有更强的比较优势。沈子傲(2016)指出,在高技术含量的机电产品和初级产品以及原料类的工业制成品方面中印贸易互补性较强。安鑫(2017)认为,从比较优势来看,中印贸易合作互补性明显高于竞争性。高阳等(2017)指出,尽管近年来中印贸易额增速下降,但两国商品贸易互补性很大,若充分挖掘两国不同类别商品的互补潜力,将改善双方贸易结构,并深化两国贸易合作。

3. 关于中印投资发展的相关研究

随着中印经贸关系的不断深入,两国的相互投资也出现了上升态势,特别是"一带一路"倡议的实施,成为推动中印投资发展的新契机。学者们从不同角度对中印相互投资问题展开了研究。一些学者对中印投资存在的问题及前景进行了研究。黄宝欣等(2016)指出,虽然中国对印度的投资呈逐年上涨趋势,中国对印度的直接投资还处于不成熟阶段,投资的主体主要是一些民营企业,中国对印度投资规模仍较小,投资的领域较为单一,与两国经济规模和贸易发展不相称。缪凌云(2016)认为,中国投资于印度的建筑业和制造业的金额占投资总额的70%左右,我国投资者开拓印度市场,主要是为了寻求廉价的劳动力和广阔的消费市场以及规避贸易壁垒。大部分学者对中国企业对印度的投资持乐观态度。谢向伟(2017)认为,当前中印的经济合作以经贸为主,相互投资规模还较小,但未来发展潜力大,"一带一路"倡议为中印经济合作提供了新契机,有助于推动中印相互投资的发展。杨立伟(2016)指出,在"一带一路"倡议实施的大背景下,中国和印度的相互投资比重还很低,表明现阶段双方投资仍处于起步阶段,但中印在基础设施投资合作方面潜力巨大。穆罕默德·萨基卜(2013)指出,在WTO框架下,中印两国加强贸易与投资合作是大势所趋,这对双方的发展都是有利的。

一些学者对中国企业投资印度的影响因素及风险进行了研究。杜秀红(2014)将"一带一路"倡议的不断落实与中印之间的贸易投资的发展现状联系起来,指出印度担心"一带一路"倡议会扩大中国在印度洋及南亚地区的影响力,因此可能削弱印度的南亚大国地位,印度对"一带一路"倡议的矛盾复杂心态,给中国企业对印度的投资蒙上了阴影。梅新育(2014)指出,中国企业在印度的投资建设项目面临着难以想象的烦琐管制、官僚主义和官员腐败问题。郭敏等(2018)指出,印度是唯一被"丝绸之路经济带"和"21世纪海上丝绸之路"共同覆盖的国家,其重要性不言而喻,但印度对"一带一路"倡议的消极态度加大了中国企业对印度的投资风险。陶亮(2015)同样指出,印度出于对中国"一带一路"倡议的疑虑和防范,担心该倡议会削弱其在印度洋的影响力,提出了"季节计划"等一系列反制措施,对于中印之间的商贸投资可能会产生不利影响。谢换春(2015)以孟中印缅经济走廊建设为背景分析了中印两国的经贸发展现状,指出中印贸易持续失衡和日益频繁的贸易摩擦是中国企业对印度投资陷于困局的重要原因。李晓(2015)认为,印度政府的阻挠是中国企业在印度投资陷入困境最为重要的原因,印度政府对中国投资常以"危害国家安全"和"敏感行业"等理由加以限制。此外,中国企业自身品牌缺失也造成了在印度投资的困境。杜玉琼(2018)认为,由于印度的外资准入法律制度、劳工法律制度和环境法律制度复杂,中国企业在印度投资面临很多法律方面的困扰和风险。文富德等(2016)从印度国内安全形势的角度指出,印度尖锐的教派冲突和日益猖獗的恐怖活动成为包括中资企业在内的外国投资企业潜在的重大风险。

4. 关于建立中印自由贸易区的障碍因素及对策的相关研究

中印自由贸易区的推进还面临诸多难题,学者们从多方面对这一问题展开了探讨。蔡宜斌(2000)认为,边界纠纷、经济的竞争性、印度的安全战略及印度国内的一系列问题是中印经贸合作的不利因素。张敏秋(2001)等认为,中印边界问题、西藏问题及中印巴三角关系是阻碍中印经贸关系发展的重要因素。印度认为中国对其国家安全构成威胁的观念根深蒂固,试图通过实施"东向政策"并与美、日等国发展军事合作遏制中国。罗文宝等(2006)认为,缺乏政治互信、文化隔阂是制约中印自由贸易区构建的主要主观因素。而印度的内向型经济战略、高关税政策、交通不变及美国对待中印的差别态度则是阻碍中印自由贸易区构建的客观因素。张义明(2016)指出,中印自由贸易区谈判受制于贸易逆差问题、历史问题、边界领土争端、中巴特殊关系和域外大国的干预,两国在自贸区建设上的分歧对孟中印缅经济走廊及双边经贸关系都会产生不利影响。杨文武等(2017)认为,由于贸易非对称性增强、摩擦纷争加剧以及结构性贸易失衡等因素,严重影响了中印双边贸易的持续健康发展。孙蕊(2017)认为,除印度的贸易保护主义之外,出口企业低价竞争与应诉不力也是中国频繁遭受印度反倾销的原因,中国应通过完善反倾销预警机制并加强对印度直接投资以减少贸易摩擦。杨思灵(2017)认为,印度与美、日愈加频繁的海洋安全互动,凸显了其对中国的戒备之心,印度将中国视为其崛起的主要威胁,这将导致中印两国更多的贸易摩擦。陈天一(2018)指出,"一带一路"倡议给中印经贸关系带来新的发展机遇,但印度缺席"一带一路"峰会以及2017年的边境对峙给中印经贸关系蒙上了一层阴影。陈小静(2018)指出,中印贸易逆差不断扩大将引起两国更为频繁的贸易摩擦。

学者们从多方面提出了促进中印经贸合作的对策建议。王宏纬(2003)指出,应使两国的高层互访机制化以进一步加强互信,尽快解决边界纠纷,同时大力加强两国在经贸科技领域的合作。李祥(2004)指出,应继续改善中印政治外交关系为经贸合作奠定基础,建好陆上通道改善运输条件,应发展边境贸易和加强中印缅孟区域合作。杨文武和戴江涛(2006)指出,要建立中印自由贸易区可选择几个合作潜力大的重点领域,如IT、钢铁、能源、农业、生物制药、汽车制造以及基础设施建设等先行合作。应制定明确的时间表,完善司法方面的制度安排等。孙芳(2009)指出,可以借鉴北美自由贸易协定(North American Free Trade Agreement,NAFTA)的准司法性争端解决机制模式确立中印自由贸易区的争端解决机制。杨思灵(2013)指出,中印自由贸易区应分阶段逐步实施,提出应从PTA、FTA和EPA/CEPA三个递进阶段推动中印区域经济合作。杨文武、李星东(2013)认为,中印农产品贸易主要为产业间贸易,印度对中国出口农产品空间远大于中国对印度出口农产品的空间,建议中国应深化两国农产品贸易交流合作、实施贸易便利化措施,挖掘两国农产品贸易潜力,优化农产品贸易结构。李丽(2014)在研究了印度FTA的现状、战略特征及实施效果后,认为其FTA战略对中国具有借鉴意义。邓瑞平、王佳宜(2016)认为,印度自贸区建设起步较晚但成效显著,无论数量上还是自由化程度和开放程度上都高于中国,对中国自贸区战略实施和推进中印自由贸易区有一定的启示作用。金瑞庭(2017)认为,"一带一路"倡议背景下深化中印经贸合作具有战略意义,双方应正视历史与现实,及时加强对话沟通以增进了解,为深化中印经贸合作营造良好环境。

5. 对现有文献的总体评述

通过对上述相关文献梳理可以看出,国外学者的研究主要侧重于对两国经济合作的基础和必要性方面,更加突出对两国经济发展状况及具体产品领域和产业合作的研究,而对中印自由贸易区的实质性研究较少。国内学者的研究成果主要集中在对中印经贸关系的发展情况、中印经贸关系的竞争性和互补性、建立中印自由贸易区的必要性、可行性、面临的问题及对策等方面的研究。随着中国"一带一路"倡议的实施,学者们的研究很多集中于如何破解中印投资困局问题,并结合"一带一路"倡议提出了一些对策建议。总的来看,现有对中印自由贸易区研究的局限性主要为:缺少从区域经济一体化理论出发对中印自由贸易区问题进行全面系统的研究。目前的文献对中印自由贸易区效应的研究大多只停留在对传统收益的某些角度的研究,缺少基于新区域主义理论对中印自由贸易区的非传统收益的系统研究;对中印建立 FTA 的障碍因素分析比较零散,大多侧重于某几个方面,缺少从政治、经济和历史文化多层面的系统分析;关于推进中印自由贸易区策略的研究有待深入。本书以上述研究为基础对中印自由贸易区问题做了系统深入研究。针对上述不足,本书首先系统梳理了建立中印自由贸易区的相关理论基础,分析了中印两国 FTA 建设的实践及中印经贸关系不断发展的状况,并运用定性分析和定量分析相结合的方法从宏观和微观两个层面分析了中印经贸关系的互补性及竞争性,进而从传统收益和非传统收益两个视角全面分析研究了中印自由贸易区预期的效应,从政治、经济、历史文化多个领域全面深入地考察了中印建立 FTA 的阻碍因素,最后提出了推进中印自由贸易区的构想和实施策略。

三、研究思路及主要研究内容

1. 研究思路

本书从梳理中印建立 FTA 的相关理论基础出发,分析了中印日益密切的经贸关系及巨大的发展潜力,梳理分析了两国积极参与区域一体化的实践及利益诉求。用定性分析和定量分析相结合的方法揭示中印经贸关系的互补性、竞争性及发展潜力,探寻两国建立 FTA 所具备的现实基础。用多种计量模型(主要包括：贸易引力模型、格兰杰因果检验和全球贸易分析模型)多层面揭示中印建立 FTA 的传统收益,并以新区域主义理论为依据探讨了中印自由贸易区预期的非传统收益,系统分析和揭示建立中印 FAT 所面临的政治、经济、历史文化等多层面阻碍因素及症结。最后,针对前面的研究结论提出推动中印自由贸易区早日实现的构想和实施策略及步骤。

2. 主要研究内容

本书包括导论和八章内容。导论首先阐述了本书的研究背景和研究意义,其次从建立中印自由贸易区的必要性和可行性、中印两国经贸关系的竞争性和互补性、中印自由贸易区面临的障碍因素及对策等方面对国内外研究成果进行了梳理和评述,接着阐述了本书的主要研究思路和研究内容,最后介绍了本书的研究方法、研究特点和需要进一步研究的问题。

正文包括八章内容。

第一章在对区域经济一体化概念进行界定的基础上,系统梳理和归纳了建立 FTA 的相关理论。经济一体化的传统收益理论主要包括关税同盟理论和自由贸易区理论,非传统收益理论的核心是新区域主义,发展中国家的经济一体化理论有代表性的主要是中心—外围理论和国际依附理论。此外,本章还介绍了 WTO 关于建立区域贸易协定的相关法律条款。本书以这些理论为依据和分析框架展开对中印建立 FTA 问题的研究。

第二章梳理分析了中印两国积极参与 FTA 的现状并进行比较。中印两国 FTA 的实践起步都较晚,但近年来发展很快。中国参与的区域经济合作主体是 FTA,中国已经与 24 个国家或地区签署并实施了 16 个 FTA,正在谈判的 FTA 有 11 个,正在进行或已完成可行性研究的 FTA 有 12 个,还加入了亚太贸易协定(PTA 层次)。印度参与的区域贸易协定类型和数量较多,区域贸易协定数量共有 41 个,在亚洲地区仅次于新加坡,位居第二。其中已签署并生效的有 13 个,已签署框架协议的有 4 个,正

导 论

在进行谈判的有12个,正在进行可行性研究的有12个。比较而言,印度签订的区域贸易协定无论从数量上还是合作层次上都超过了中国,印度与发达经济体签订的自由贸易协定较多,而且合作层次较高,协定在货物贸易、服务贸易及投资等领域的内容均达到了WTO+标准,值得中国借鉴和学习。中印对区域经济合作的积极态度和两国共同的利益诉求是中印建立FTA的重要基础。

第三章以时间为主线,系统介绍和分析了中印经贸关系的发展情况。20世纪90年代以来,中印两国经济都快速增长,两国各自的对外贸易及中印双边贸易也发展迅速,中国是印度的第一大进口来源国和第四大出口市场。2005年以前中印双边贸易基本平衡,2006年印度转为逆差,且逆差规模不断扩大。两国间贸易占两国各自对外贸易总额的比重呈上升状态。中印农产品贸易规模较小,且呈现波动中下降的趋势,中国对印度农产品贸易一直是逆差,两国农产品贸易规模呈倒"U"型变动。从贸易结合度指数看,中印双边贸易结合度有一些波动,但总体变化呈上升状态。近年来,中印两国相互投资出现了增长势头,但相对于两国的经济规模和巨大的市场需求,两国间的投资规模还很小,印度对中国投资施加了很多限制,两国间还有广阔的投资合作空间和潜力可挖掘,"一带一路"倡议为中印投资发展提供了新的动力。中印两国双边贸易关系紧密程度不断加强的态势为建立中印自由贸易区奠定了基础。

第四章深层次剖析了中印经贸关系存在的互补性。从宏观经济层面看,中印的经济发展水平、国民经济结构和经济发展模式都存在显著的差异,互补性较强,中印宏观经济层面具备建立FTA的基础。依据贸易专业化指数,中国和印度的部分劳动密集型产品在国际市场上存在竞争性,在初级产品、资本和技术密集型产品上有很强的互补性,且互补性大于竞争性,这种竞争和互补的状况有利于中印自由贸易区的建立。两国产业间贸易的互补性较强,中国向印度的出口以制成品为主,中国从印度的进口以原材料和初级产品为主,两国间贸易的商品与各自拥有专业化优势的产品类别是一致的。从贸易规模看,中印的产业间贸易的总体规模还较低,但出现了快速发展的态势。中印两国的产业内贸易也存在一定的互补性,目前主要存在于部分资本技术密集型产品和劳动密集型产品中,劳动密集型产品的产业内贸易水平高于资本和技术密集型产品产业内贸易水平。中印两国产业内贸易主要存在于传统劳动密集型产业中,产业内贸易在资本和技术密集型产品部门并不显著,产业内贸易模式以垂直型产业内贸易为主,还处于较低水平,通过建立 FTA 加强中印经贸合作,可以有效促进两国的产业内贸易模式不断向水平型产业内贸易模式转变。

第五章以建立 FTA 的相关理论为依据,对建立中印自由贸易区的传统收益进行了实证分析。首先,运用贸易引力模型实证研究和测算了中印自由贸易区的贸易创造效应。结果表明,中印之间还存在较大的贸易潜力,只是当前两国的贸易壁垒抑制了两国贸易发展。中国和印度通过建立自由贸易区这种制度安排而降低或取消两国的关税及其他贸易壁垒,是释放双边贸易潜力最有效的途径之一。其次,通过格兰杰因果检验分析了中印自由贸易区的产业内贸易效应。结果表明,中印的最惠国关税水平与两国的产业内贸易水平之间存在长期的协整关系,也存在显著的因果关系。由此可以预测,建立中印自由贸易区降低或取消关税后,会带来中印两国产业内贸易的较大增长。再次,运用全球贸易分析模型(GTAP)模拟分析了中印自由贸易区对中印两国及世界主要国家或地区可能带来的福利影响。从具体模拟结果来看,中印自由贸易区内部国家和外部国家或地区的 GDP 都会增长,中印两国的进出口规模会明显增加,对中印两国贸易平衡的影响不明显,但对外部国家或地区的进出口规模将产生一定负面影响,模拟结果印证了 FTA 建立后的贸易创造效应及贸易转移效应。在贸易条件方面,中印自由贸易区有利于中国贸易条件改善,而印度由于关税较高,建立自贸区后贸易条件将有小幅恶化。从总体福利变化来看,中印自由贸易区将对中印两国及整个世界带来正福利效应。

第六章以新区域主义理论为依据探讨了建立中印自由贸易区预期的非传统收益,扩展了对中印建立 FTA 预期效应的研究。对于中印两个世界上最大的新兴市场国家建立 FTA 问题,仅仅从促进贸易、投资及竞争等传统收益方面研究其收益是不全面的,也难以有效推动中印自由贸易区的实现,我们应从更广的视角来看待区域经济合作的潜在收益。中印两国建立 FTA 不仅有传统收益,还能带来诸多非传统收益,这些非传统收益主要包括:有助于中印政治关系的改善和相互信任的增强;向世界发出中印两国政策走向的明确信号;提高中印两国在国际事务中的话语权和影响力;提升两国抵抗经济风险能力的"双向保险"效应;促使中印两国保持政策的连贯性,实现协调发展;有助于改善中印两国的安全环境;有助于中印两国加强能源合作,维护能源安全共同抵御能源风险,应对"亚洲溢价"现象,联手开拓国外能源供应市场。这些非传统收益正是我国实施自贸区的重要战略意图,从某种意义上说,我国进行自贸区建设的非传统收益目标是大于对经济利益目标的诉求的。在从传统效益层面难以推动中印发展全面的区域经济一体化的情况下,有必要加大对中印进行区域经济合作的非经济利益的研究,并以此为主要突破点推动中印自由贸易区进程。

第七章从政治、经济、历史文化等多个层面系统深入地考察了中印建立 FTA 的阻碍因素。虽然中印两国有进行区域经济合作的经济基础,建立中印自由贸易区可以给双方带来多方面的收益,但双方之间的诸多矛盾也制约着两国关系的深入发展,成为建立中印自由贸易区的阻碍因素,中印两国必须要面对和解决这些问题。其中政治领域的障碍是中印自由贸易区迟迟不能建立的最主要原因。"中国威胁论"、边界争端、美日等大国因素的制约、错综复杂的中印巴三角关系、印度频繁插手西藏问题等是中印建立 FTA 主要的政治领域的阻碍因素。中印的比较优势重合度高、高关税壁垒、双边货物贸易失衡加剧、印度频繁对中国实施贸易救济措施、拒绝承认中国的"市场经济地位"等是建立中印自由贸易区经济领域的主要阻碍因素。两国文化观念差异大、相互交流机制缺乏、民间交流不畅、彼此存在误解和偏见、恶劣的边境自然环境和落后的基础设施及中印自由贸易区构建中的一些技术难题等也是建立中印自由贸易区的阻碍因素。尽管中印关系的发展是任何力量难以逆转的潮流,但这些矛盾与问题都是中印关系发展的障碍,其中的每一个矛盾和问题若处理不好,都有可能使两国关系倒退甚至陷入困境。

　　第八章以中印两国现实情况及多边贸易体制的要求为基础,提出了推进中印自由贸易区的构想及实施策略。本章首先从中国的视角提出了建立中印自由贸易区应遵循的五个原则,即遵守世界贸易组织相关规定的原则,坚持相互尊重国家主权的原则,坚持以法律为基础约束成员国行为的原则,坚持灵活的开放性和排他性相结合的原则,坚持先易后难循序渐进的原则。通过对欧盟、NAFTA 和东盟三个比较典型的经济一体化组织的运行模式进行比较,本书认为 NAFTA 的运行模式值得中印自由贸易区借鉴和参考。本章第三部分提出了推进中印自由贸易区构建的策略。中印两国应强化中印两国加强区域经济合作的共有信念,建立或完善中印间多层面对话协调机制,通过加强两国政府及相关部门间的交流与协商,运用官民联合机制,开展全方位多层面的对话与合作。加强两国的多层次交流,消除彼此的误解和偏见,增进政治互信。印度目前滥用自由裁量权对中国产品实行反倾销,因此必须要尽快争取印度对中国市场经济地位的认可。应以贸易投资自由化和便利化为起点推进中印自由贸易区,选择信息技术产业、能源、钢铁、基建及汽车制造等重点领域先行,先易后难、循序渐进推进中印自由贸易区。中国可先行一步采取行动,对印度实施贸易便利化举措,主动采取措施打破僵局。

　　基于中印两国的现实情况,本书最后提出分三个阶段循序渐进推进中印自由贸易区的构想和建议。第一个阶段:选择有一定合作基础的行业先行开放。这一个阶段大概需要 2—3 年时间。这一个阶段可以考虑在亚太贸易协定的基础上扩大开放,但中印自由贸易区第一个阶段的关税优惠范围和降税幅度都应大于亚太贸易协定第四轮谈判的降税幅度。第二个阶段:制定详细关税减让表,分阶段实施降税,这一个阶段大约在自贸区建设的第 3—8 年。这一个阶段可参照东盟的经验,依据 CATT 第 24 条,中印自由贸易区实施阶段应至少实现 90% 左右产品的关税减免。第三个阶段:取消关税和非关税壁垒,实现中印贸易自由化,中印自由贸易区初步建成,这一个阶段大约在自贸区建设的第 8—10 年。当中印两国在自贸区制度框架内的绝大部分关税和非关税贸易壁垒被弱化直至取消后,两国的一体化水平可进一步向其他领域推进。

四、研究方法、研究特点和需要进一步研究的问题

1. 研究方法

第一,定性分析和定量分析相结合。本书首先对所研究的问题进行逻辑推理和经验判断及阐述,在搜集中印两国经济增长、进出口贸易、投资及关税等数据的基础上,制作图表,结合相关数学模型,通过统计、计量分析,尽量使研究的问题客观准确,具有较强的说服力。

第二,理论分析和实证分析相结合。本书通过对FTA的相关理论进行梳理和总结,构建分析框架。以此为依据,实证研究中印贸易关系的竞争性和互补性,以及中印自由贸易区的传统收益和非传统收益。

第三,跨学科研究方法。本书综合运用国际经济学、国际政治经济学、新制度经济学的相关理论,分析和研究中印自由贸易区的预期收益,提出推进中印自由贸易区的策略构想和实施建议。

2. 研究特点

第一,以往对中印自由贸易区预期效应的研究主要侧重于传统的经济效应,本书除对传统收益做进一步的定性和定量研究外,还以新区域主义理论为依据从七个方面深入探讨了中印自由贸易区预期的非传统收益,扩展了对中印建立FTA预期效应的研究,因此在研究内容上有所创新。

第二,目前学术界对建立中印自由贸易区面临的挑战及障碍的分析比较零散,大多侧重某几个方面的分析,缺少全面深入系统的考察。本书结合当代国际环境及中印关系发展的最新动态,从政治、经济、历史文化等多个层面全面深入考察建立中印自由贸易区面临的挑战及障碍,找出中印自由贸易区难以推进的症结所在,政治领域问题的阻碍是中印自由贸易区迟迟不能建立的最主要原因。

第三,在比较世界上成功经济一体化组织运行模式特点的基础上,提出了借鉴 NAFTA 成功经验确定中印自由贸易区运行模式的建议。根据研究结论并结合中印两国的现实及多边贸易体制的要求,本书从新制度经济学的角度提出推进中印自由贸易区早日实现的策略构想,提出分三个阶段循序渐进推进中印自由贸易区的构想和建议。

第一章　建立中印自由贸易区相关的理论基础

第二次世界大战后,世界经济出现了并行发展的两大基本趋势,即全球化和区域化,在经济全球化浪潮的大背景下区域贸易协定不仅数量快速增加,而且合作内容不断向广度和深度扩展,地区结构也发生着巨大变化。自由贸易区作为区域贸易安排的主体类型,日益成为世界上绝大多数国家加强对外经济、政治及安全等方面合作的重要手段。伴随着区域经济一体化实践的发展,理论方面的研究逐渐兴起,且随着实践的深入而迅速发展,为解释区域贸易一体化产生的动因,衡量其福利效果以及对成员国经济政治等多方面的影响提供了必要的理论依据。

传统的关税同盟理论和自由贸易区理论从静态和动态两个角度探讨了经济一体化组织的经济效应,这方面的理论已经成为各国参与自由贸易区建设要考虑的首要条件。20世纪末期以来,由于经济全球化带来的国际竞争力日益激烈,多边贸易体制停滞不前,区域经济合作出现了很多新变化,新区域主义因而产生。新区域主义以更广阔的视角从政治、安全、外交乃至地区平衡等多领域对各国的区域经济一体化战略的意图进行了分析。中印自由贸易区建设,对两国既有传统的静态和动态经济收益,又有新区域主义揭示的大量非传统收益。本章通过对经济一体化理论进行梳理和分析,为全书的研究提供理论依据。

第一节 区域经济一体化的含义及分类

一、区域经济一体化概念的界定

经济一体化的概念最初指的是企业间的联合,随着区域经济一体化实践迅猛发展,众多学者对此进行了理论探讨,但经济学一般理论中至今没有对经济一体化的统一定义,《新帕尔格雷夫经济学大辞典》中是这样写的:"在日常用语中,一体化被定义为把各个部分结为一个整体。在经济文献里,经济一体化这个术语却没有明确的含义。"①欧洲在1950年以前只是偶尔提到经济一体化,第二次世界大战结束前后,欧洲一些有识之士为了铲除战争祸根,并对付强大的苏联共产主义的威胁提出了在欧洲进行经济一体化的设想。进入20世纪50年代,德国、法国、意大利、荷兰、比利时和卢森堡六国在筹建"欧洲煤钢共同体"时明确提出,欧洲建立经济一体化才能真正走向统一,此后,学者们对经济一体化展开了理论探讨,这种探讨随着经济一体化实践的发展而不断演变和深入。1958年1月欧洲经济共同体正式启动,从此经济一体化从理论变成了现实的实践活动。美国学者巴拉萨(Balassa,1961)给出的定义是,我们建议将经济一体化定义为既是一个过程,又是一种状态。就过程而言,它包括采取种种措施消除各国经济单位之间的歧视;就状态而言,则表现为各国间各种形式的差别的消失。经济学界广泛认可巴拉萨对经济一体化的定义。巴拉萨因此成为《新帕尔格雷夫经济学大辞典》中"经济一体化"词条的撰写者。荷兰经济学家丁伯根(Tinbergen)从要素的流动性和政府机构间的关系着手,对经济一体化做了进一步的分析,丁伯根从积极一体化与消极一体化两个角度进行阐释,在进行经济一体化中他特别强调国家层面的作用。仅以消除成员商品及要素流动障碍为目标的一体化被称为消

---

① [英]约翰·伊特韦尔等编:《新帕尔格雷夫经济学大辞典》(第二卷),经济科学出版社1996年版,第45页。

第一章 建立中印自由贸易区相关的理论基础

极一体化。而政府通过创新制度框架以加强自由市场力量的一体化才是积极一体化,为此一体化组织必须建立超国家的机构。后来的学者约翰·平德(John Pinder)对丁伯根的界定做了进一步的解释,约翰·平德赞同丁伯根的基本观点,但同时认为超国家机构不是必须要建立的,主要目标可以通过一体化组织集体决策而实现。

改革开放后,随着我国积极融入国际社会,国内研究国际经济的一些学者对经济一体化问题也做了许多有意义的研究,例如伍贻康、周建平、张幼文、余永定、李向阳、李坤望、张伯伟及樊莹等学者都曾经对国际经济一体化作出了界定。伍贻康和周建平主编的《区域性国际经济一体化的比较》一书中的界定是:经济一体化是"两个或两个以上国家的产品和生产要素可以无阻碍的流动和经济政策的协调,一体化程度的高低是以产品和生产要素的自由流动的差别或范围大小来衡量的,从而区域性国际经济一体化组织也有不同的形式"[1]。张幼文等在《世界经济一体化的历程》一书中指出:"区域经济一体化简要地说可以表述为'再生产过程各个阶段上国际经济障碍的消除'"[2]。李坤望、张伯伟在高等教育出版社出版的《国际经济学》(第二版)中的界定是:"区域经济一体化是指,两个或两个以上的国家、经济体通过达成某种协议所建立起来的经济合作组织。"[3]笔者依据全球区域经济一体化实践发展的新态势,综合理论界对经济一体化内涵的探讨,对区域经济一体化概念作如下界定:"区域经济一体化是国家或经济体之间为了实现共赢的经济或战略目标,以政府的名义通过谈判签订协议,减少或消除贸易壁垒到协调乃至统一经济政策的经济联合的制度性或非制度性安排。在这个过程中,成员间的交易成本不断降低,贸易规模扩大带来贸易收益增加,制度的扩展与普及带来其他方面广泛的收益。"[4]

---

[1] 伍贻康、周建平主编:《区域性国际经济一体化的比较》,经济科学出版社1994年版,第6—7页。
[2] 樊莹:《国际区域一体化的经济效应》,中国经济出版社2005年版,第16页。
[3] 李坤望主编,张伯伟副主编:《国际经济学》(第二版),高等教育出版社2005年版,第147页。
[4] 杨宏玲:《国际经济学》,对外经济贸易大学出版社2015年版,第173页。

二、区域经济一体化基本类型的传统分类

依据区域经济一体化组织成员让渡主权的程度以及实践中经济一体化发展的广度和深度,学者们在国际区域经济一体化组织类型的划分标准上并不完全一致。其中有代表性的学者有彼得·林德特、巴拉萨、萨尔维托、李普西、阿格拉等。彼得·林德特将国际经济一体化组织划分为四种类型,即自由贸易区、关税同盟、共同市场和全面的经济联盟。巴拉萨和萨尔维托认为经济一体化组织共有五种基本类型,巴拉萨认为这五种类型包括自由贸易区、关税同盟、共同市场、经济联盟和完全经济一体化,而美国学者萨尔维托的研究与此有所不同,他把经济一体化包括的五种类型确定为:特惠贸易协定、自由贸易区、关税同盟、共同市场和经济联盟。李普西和阿格拉都认为有六种国际经济一体化的基本类型,李普西指出这六种类型分别是:特惠贸易协定、自由贸易区、关税同盟、共同市场、经济联盟和完全经济一体化,阿格拉则认为这六种类型是:单一商品的经济一体化、自由贸易区、关税同盟、共同市场、全面经济联盟和完全政治一体化。国外学者们的分类中都有自由贸易区、关税同盟、共同市场三种类型,国内学术界采用巴拉萨和李普西的分类方法的居多。巴拉萨和李普西的区别仅在于特惠贸易协定能否算经济一体化的一个基本类型。由于特惠贸易协定只是在成员间相互给予了比区域外更多的贸易互惠,没有在一体化组织内部完全消除关税壁垒,所以有的学者把它排除在国际经济一体化的基本类型之外。从现实来看,经济一体化各种类型间界限并不十分明确。下面具体介绍各种类型的经济一体化组织包含的内容及特征。

特惠贸易协定也称优惠贸易安排或特惠关税制度(Preferential Trade Agreement,PTA),是指各成员通过签订协定或条约,对部分或全部的商品规定特别的关税优惠。由于PTA只是部分减免成员的关税,因而它是目前程度最低、最松散的经济一体化组织形式。第二次世界大战前英联邦国家的"特惠制"、欧共体国家和非洲及加勒比海和太平洋地区发展中国家曾经签订实施的"洛美协定"、20世纪90年代中期的东盟及中国加

第一章 建立中印自由贸易区相关的理论基础

入的《曼谷协定》等都是这样的 PTA 类型。

自由贸易区是指国家或经济体间通过达成协议,相互取消关税与数量限制等商品贸易的障碍而建立的经济一体化组织,但成员间不实行统一的对外关税。目前签订的经济一体化组织中,自由贸易区这种类型是最多的。北美自由贸易区和中国—东盟自由贸易区都是这种一体化的典型。依据参加国类型的差异,自由贸易区分为北北型 FTA(发达国家间的 FTA)、南南型 FTA(发展中国家间的 FTA)和南北型 FTA(发展中国家和发达国家间的 FTA)。

由于 FTA 区域内只是取消了商品流动的障碍,实现了商品自由贸易,但没有实现共同的对外关税,这样就有可能产生严重的贸易偏转现象[①],从而使对外关税较高的成员的贸易政策失效,因此自贸区都制定严格的原产地规则,以避免贸易偏转现象发生。原产地规则的实施也造成了沉重的日常文件和边境检查等工作负担,增加了自贸区内的贸易成本,因此成为 FTA 发展的重要阻碍,自贸区成员之间还经常为此引发各种争端的扯皮,美加墨自由贸易区在执行原产地原则时就时有争吵。近年来,随着 FTA 的迅速发展,其内容涵盖的领域不断扩展和深化,贸易自由化对象除了货物贸易外,还涉及服务贸易、投资以及与投资相关的知识产权保护等领域,甚至包括环境、反恐和劳工标准等内容。自由贸易区的广度在扩展,这种广义的自贸协定被称为经济合作协定(Economic Partnership Agreements,EPA)。曾经由美国主导的跨太平洋伙伴关系协定(Trans-Pacific Partnership Agreement,TPP)即是典型的 EPA,而日本以 EPA 作为自己实施自由贸易区战略的主要目标,因此 EPA 可能是未来区域贸易协定的发展方向。

关税同盟(Customs Union,CU),是指成员间通过谈判磋商达成协议,相互取消货物贸易的关税及数量限制,实现商品自由流动,同时对区域外商品的进口成员采取统一的限制措施,征收共同对外关税。加入关税同

---

① 贸易偏转现象是指自由贸易区的非成员国家利用成员国之间的关税差异,从关税最低的成员国进口商品以在其他关税较高成员国销售的情况。

盟的成员放弃了自己的关境管理权,因此关税同盟具有了一定的超国家性质,和自由贸易区相比约束力加强了,为全面经济一体化的实现奠定了基础。欧洲经济一体化就是从关税同盟起步,德、法、意、荷、比、卢6国早在1968年即建成了关税同盟,从20世纪70年代开始欧共体的成员不断增加,1977年增加到9国关税同盟,1992年扩展到12国关税同盟。成员国将对外关税制定权让渡给了关税同盟,成员间实现商品自由流动的同时实现了共同的对外关税政策,从而避免了贸易偏转现象的发生,因此关税同盟的协定中不再附加原产地规则。

共同市场(Common Market,CM),是成员间通过协商签订协定,不仅包含了关税同盟的特征,即在一体化组织内部实现商品自由流动和让渡对外制定关税的权利,同时还实现了共同市场内部生产要素的自由流通,建成了商品、人员、服务和资本都可以自由流通的统一大市场。共同市场的一体化水平比关税同盟大大向前推进了一步,但各成员国政府干预自己经济事务的权力被削弱了。1992年年底,欧共体根据《马斯特里赫特条约》建成了欧洲统一大市场,在区域内实现了商品、资本、劳动力和服务四大自由流通。

经济联盟(Economic Union,EU),是成员间通过协商签订协定,以建立共同市场为基础,进一步达到经济政策的协调和统一。经济联盟是比共同市场一体化程度更高的区域经济组织,成员间经济一体化的范围从贸易领域扩展到了生产、分配、交换甚至整个国民经济领域。1993年开始的欧盟是目前最典型的经济联盟。从现实来看,众多的成员在短期内把各自的经济政策及社会政策高度统一起来是很难做到的,因此,目前还没有真正意义上的经济联盟能够建成,欧盟也只是在部分成员间建立了欧元区,财政政策仍由各成员国政府掌握,这种财政政策和货币政策分离的矛盾,导致欧盟运行出现了一系列困境,如主权债务危机、英国脱欧等,这些困境都难以在短期内找到迅速而有效的应对措施。

完全经济一体化是各类一体化组织中最高级的形式。既是经济联盟又是政治联盟,是在成员国经济政策完全协调统一的基础上进一步实现政治上的协调和统一。"联邦制"和"邦联制"是完全解决一体化可能的两种形式。到目前为止,世界上还没有达到这种高度的区域经济一体化组织,只有欧盟正在向这一目标迈进,欧洲人长久以来的梦想就是实现统一的欧洲。①

现实中,并不存在所有经济一体化组织从低级形式向高级形式演变的必然,也没有固有模式的限制,各国采取什么样的形式参与区域经济合作完全取决于自身经济利益和政治意图的需要。传统合作模式不断突破,各种灵活多样的区域合作形式不断涌现,亚太经合组织灵活的非机制化的贸易安排将21个差异巨大的经济体联合到一起,7国集团、20国集团、上合组织、博鳌亚洲论坛等区域合作形式都对全球经济合作与发展具有重要意义。

三、世界贸易组织对区域经济一体化的分类

世界贸易组织(World Trade Organization,WTO)将成员间的区域贸易合作分为两大类,即优惠贸易安排和区域贸易安排(Regional Trade Agreement,RTA),其中的PTA是指世界贸易组织成员单方面非互惠的给予其他成员的贸易优惠,得到这种单向优惠的一般为发展中国家。美国、加拿大和澳大利亚等发达国家对发展中国家出口的制成品和半制成品给予单方面优惠的普惠制,即是典型的这种优惠贸易安排。此外,中国和印度等新兴经济体也在该制度下制定了各自的优惠贸易安排。RTA是指两个或两个以上的成员间以互惠为基础达成的区域贸易协定。由于RTA通常具有排他性,因此是在世界贸易组织的非歧视原则下的最惠国待遇原则的例外条款下运行的。当建立时所依据的多边贸易体制的条款不同,又将RTA分为三大类,即以《关贸总协定》(General Agreement on Tariffs and Trade,GATT)第24条为基础的RTA、以《关贸总协定》授权条款为基础的RTA、以《服务贸易总协定》(General Agreement on Trade in Service,GATS)第5条为基础的RTA。

世界贸易组织依据贸易协定自由化水平和覆盖范围不同,将RTA划

---

① 张玉柯、杨宏玲:《国际经济学》,河北大学出版社2003年版,第196—199页。

分成部分领域安排、自由贸易协定、关税同盟和经济一体化安排四大类。以上四类经济一体化安排中,部分领域安排的覆盖范围最小,是指世界贸易组织成员间达成的部分产品贸易自由化的优惠安排。FTA 的贸易自由化安排的领域主要是货物贸易,且成员方不让渡制定关税政策的权力。关税同盟贸易自由化安排的领域也是以货物贸易为主,与 FTA 最主要的区别是成员有共同对外关税。经济一体化安排则增加了服务贸易条款,以《服务贸易总协定》第 5 条为依据促进成员间服务贸易自由化。世界贸易组织的分类中没有共同市场、经济联盟和完全经济一体化这三个层次更高、合作范围更广的一体化组织类型,这是因为 WTO 的约束范围目前只限于贸易领域,因此对区域经济一体化的分类与传统经济理论的分类有所不同。

四、FTA 成为区域经济一体化的主要类型

20 世纪末期以来,FTA 尤其是双边 FTA 日益成为国际区域经济一体化实践的主体类型,其数量增长迅猛,对世界经济产生着越来越大的影响。战后迅速发展的区域贸易协定是在多边贸易体制的约束框架内运行的,关贸总协定时期就已作出明确规定,所有成员无论是缔结新的区域贸易协定还是加入一个已经存在的经济一体化组织,都必须把情况上报给关贸总协定相关部门,WTO 取代 GATT 后继承了这一规定。现实中,几乎所有世界贸易组织成员都参与了区域贸易协定,而且多数成员"脚踏多只船",同时参与多个区域贸易组织。1948 年到 1994 年 47 年间,GATT 共收到了成员上报的 124 个与货物贸易相关的区域贸易协定。

进入 21 世纪以来,区域贸易协定数量增长更加迅速。据世界贸易组织秘书处公布的统计数据,2001 年至 2017 年的 17 年间,向世界贸易组织通报并生效的区域贸易协定有 209 个,其中绝大多数是 FTA,共有 187 个,其中 FTA 占区域贸易协定总数的 89.47%,17 年间平均每年增加超过 10 个(见表 1-1 和图 1-1)。

需要指出的是,世界贸易组织以各成员上报为准统计 RTA 的数量,如果一个自贸协定既包含货物贸易协定也包含服务贸易协定,是作为两项报

告进行统计的。若有新成员加入已经存在的 RTA,会当作新报告进行统计。因而,世界贸易组织统计的 RTA 数量比 RTA 实体的实际数量要多。

表 1-1 2001—2017 年通报并生效的 RTA 情况　　（单位:个;%）

年份	RTA 总数	其中的 FTA 数	FTA 占比
2001	11	11	100.00
2002	11	9	81.82
2003	11	9	81.82
2004	11	9	81.82
2005	13	12	92.31
2006	15	15	100.00
2007	10	8	80.00
2008	16	16	100.00
2009	15	13	86.67
2010	8	8	100.00
2011	12	12	100.00
2012	16	15	93.75
2013	13	11	84.62
2014	13	13	100.00
2015	15	11	73.33
2016	12	9	75.00
2017	7	6	85.71
总计	209	187	89.47

资料来源:根据 WTO 官方网站数据整理计算所得,见 http://rtais.wto.org/ui/publicsummarytable.aspx。

区域贸易协定数量迅速增长的同时,成员间合作的内容也越来越广泛。多数传统的自由贸易协定主要侧重货物贸易壁垒的拆除。例如,发达国家和发展中国家间以及发展中国家相互间根据 WTO 授权条款组建的双边 FTA,只涉及有限产品的优惠,即使是发达国家间的 FTA 也基本是以削减或取消关税以及限制贸易数量为主。

20 世纪末期以来,全球区域贸易协定出现了很多新的发展势头。虽然自贸协定仍是一体化的主体,但合作的形式和内容出现了很大变化,除

(单位：个)

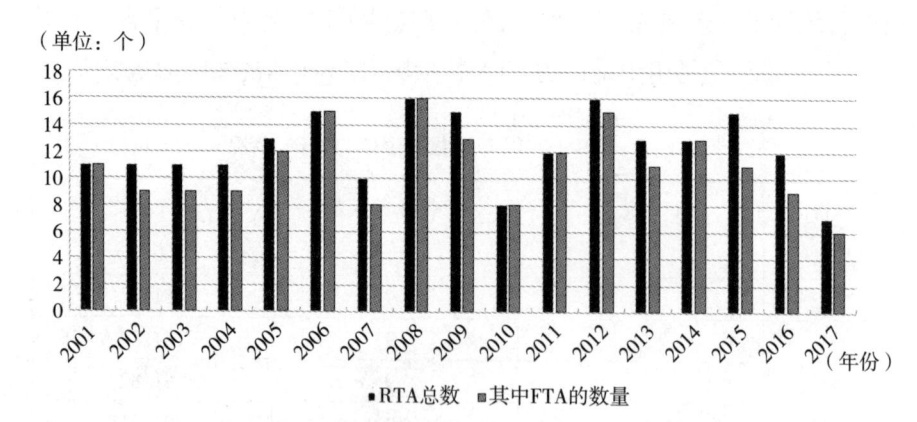

图1-1　2001—2017年全球RTA增长情况

资料来源：根据表1-1数据绘制。

消除关税壁垒外，还包括和贸易相关的任何条款，延伸和衍生出许多"下一代贸易议题"，这些议题越来越成为区域贸易协定谈判新的重点。发达国家已经不再是推动区域贸易一体化的唯一主导力量，发展中成员的地位和影响力迅速上升，在构建更加公平合理的地区经济秩序中发挥着越来越大的作用。此外，区域贸易协定的利益诉求已不再仅限于经济领域，更多政治的、安全的及外交领域的战略目标凸显。

从目前中国和印度对外参与的经济一体化组织来看，大多数都是FTA，又都根据合作对象的不同进行了灵活的调整。

第二节　建立自由贸易区的一般理论

对经济一体化的理论探索始于第二次世界大战后欧洲经济一体化的发展，这一时期最有代表性的研究是美国学者维纳（Jacob Viner）提出的关税同盟理论以及在此基础上发展起来的自由贸易区理论。这些区域经济合作的一般理论成为世界各国进行经济一体化建设的基本理论依据。但对于发展迅猛、千变万化的经济一体化实践来说，理论研究还处于相对滞后状态，有巨大的发展空间。

第一章　建立中印自由贸易区相关的理论基础

一、关税同盟理论

关税同盟理论是维纳于1950年提出的,也称为关于国际贸易的次优理论,是次优理论在国际贸易领域的具体体现。关税同盟理论开创了对国际区域经济一体化的系统理论依据,维纳最突出的贡献是提出了"贸易创造"和"贸易转移"两种重要思想,从静态经济角度看,关税同盟这种经济一体化类型会给参加的成员国带来"贸易创造"和"贸易转移"这两个完全相反的影响,两种影响的综合效果决定参加国对区域合作组织的态度。之后不断有学者对关税同盟理论进行完善,并在静态经济效应的基础上进一步探索了经济一体化的动态效应,而且这种动态效应远远超出静态效应。目前很多国家参与经济一体化就是看到了经济一体化这种巨大的动态效应。

1. 静态经济效应分析

维纳对关税同盟建立所产生的贸易创造效应和贸易转移效应作出了最初的分析,之后学者对区域经济合作静态经济效应的研究都以这两种效应为基础,贸易创造和贸易转移由此成为评价参加经济一体化组织收益成本的重要指标。贸易创造是指成员国之间相互取消关税和非关税壁垒所带来的贸易规模的扩大和福利水平的提高。贸易转移是指由于关税同盟是对内自由和对外保护,建立关税同盟后,成员国之间相互取消关税并建立起共同的对外关税所带来的相互贸易就取代了与低价非成员国的贸易,从而造成贸易方向的改变和参加国福利的损失,降低了资源配置效率,世界净福利也因此减少。此外,从需求角度考察,即使存在贸易转移效应的情形下,关税同盟依然会带来需求扩大效应,产生贸易规模上升的效果。

随着全球范围内经济一体化的迅速发展,许多学者对关税同盟理论的完善作出了贡献,詹姆斯·米德(1955)指出了贸易创造中的消费效应,此后又进一步从贸易创造中分离出了生产效应。林德特(1992)、金德尔伯格(1995)用一个简单的数学模型分析了贸易创造和贸易转移两种效应。李普西、兰开斯特、丁伯根等西方学者也对此作出了研究。图

1-2是两国关税同盟静态经济效应的图形分析。

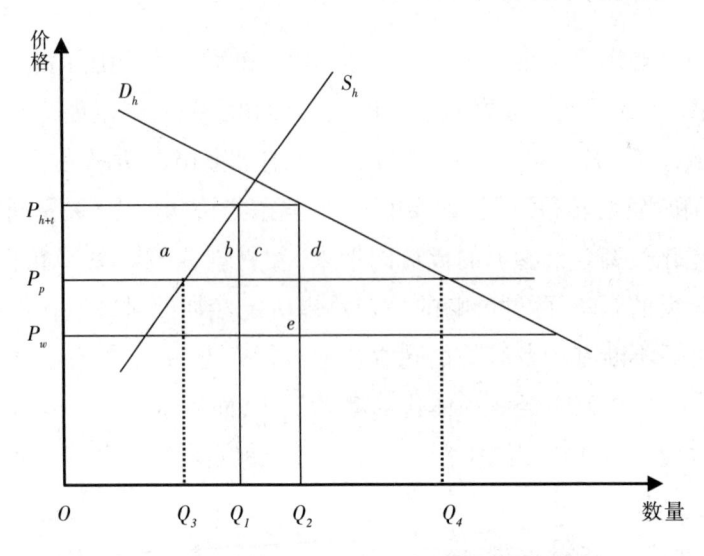

图1-2 关税同盟的贸易创造和贸易转移效应

在图1-2中，假设h、p两个国家建立了关税同盟，S_h、D_h分别是h国的供给线和需求线，P国生产成本是P_p，h国国内消费者面对的价格水平用P_{h+t}表示，P_w为世界市场价格或低价的第三国价格，且P_w比P_p低。这样，h国和p国没有结成关税同盟之前，h国会以P_w从其他国家进口商品，并征收关税t，这个关税最终会加到进口商品的价格上，由国内消费者承担，h国国内市场最终的价格为P_{h+t}，市场达到供求的均衡状态时，h国国内的供给量和需求量分别为OQ_1和OQ_2，国内需求大于国内供给，p国从低价第三国进口Q_1Q_2该商品以弥补需求缺口。若h国和p国结成关税同盟，两国将实行自由贸易并制定统一的对外关税，p国产品可以自由进入h国市场，而对原来的进口国仍然征收关税，在p国供给弹性无穷大的情况下，p国出口到h国的产品在h国的销价仍然是P_p，由图1-2可知，P_p低于从原来国家进口征税后的价格P_{h+t}，h国就将全部进口转移到关税同盟伙伴国p国，不再以P_w的价格从原来低价的非成员国进口，贸易方向因建立关税同盟而发生了转移。

此时，h国国内价格也是P_p，h国的国内生产由OQ_1变成OQ_3，减少了Q_3Q_1。h国的国内消费由OQ_2变成OQ_4，增加了Q_2Q_4。h国减少的产量由增加的p国进口替代，h国国内的生产者福利水平会下降，为图1-2中a的面积。由于h国国内的资源会因此得到更好的配置，国家整体福利会因此增加，此为生产效应带来的消费者剩余的增加，即图1-2中b的部分。此时OQ_4是h国增加后的消费水平，消费者剩余因此增加了d的面积。建立关税同盟前后对比，消费者剩余一共增加了a、b、c、d四部分面积，a为国内生产者福利的转移，c为政府之前一部分关税收入的转移，b和d是建立关税同盟带来的贸易创造效应，为福利的净增加部分。关税同盟建立之前，c、e两部分面积是h国政府的关税收入，关税同盟建立后，由于实行自由贸易，h国不再有关税收入，其中的c变成了消费者剩余，e则是贸易转移的净损失，这部分已经作为价格的一部分支付给了伙伴国p国。

总的来看，建立关税同盟对h国既有贸易创造带来的福利增加，即贸易创造效应，在图1-2中为b、d两部分面积，又有贸易转移带来的损失，即由于h国的进口从低价的第三国转移到了价格较高的关税同盟伙伴国p国，由此带来贸易转移效应，在图1-2中为e的面积。这种既有贸易创造效应又有贸易转移效应的关税同盟即为贸易转移关税同盟。这种类型的关税同盟由于存在两种完全相反的经济效应，到底建立关税同盟给h国带来的是福利的增加还是减少，最终的影响取决于贸易创造和贸易转移这两种效应大小的比较，只有b加d大于e时，建立关税同盟对h国才是有利的，反之则是净损失。因此，一国是否参加某个区域经济一体化组织，要在综合评估各种经济因素的基础上确定成本和收益。

如果进口国与价格水平较低的生产国而不是我们上面分析的价格水平较高的国家建立关税同盟，即h国不与p国而是和低价的第三国组建关税同盟，h国的进口方向不会改变，依然会从低价的第三国进口，这种情形下建立的关税同盟只产生贸易创造效应，因此称之为贸易创造关税同盟。中印作为世界上最大的发展中国家和人口最多的国家，都有较低的劳动力成本，两国间的区域经济合作必然是贸易创造型的。

即使是贸易转移型的关税同盟，如果进口国对区域外的关税水平较低,使来自低价第三国的进口商品征税后的价格仍比关税同盟伙伴国价格低,则贸易转移不会发生。此外,从成员国进口商品的价格更低、进口国国内的供给弹性和需求弹性情况、低价第三国的价格水平等都是影响贸易创造和贸易转移的重要因素。从现实来看,有两个领域在关税同盟或自由贸易区建立后贸易转移效应最明显:一是受政府重点保护和扶持的行业;二是关税水平较高的行业。

2. 动态经济效应分析

除了上述的贸易创造和贸易转移两种静态经济效应之外,关税同盟还能带来诸多动态经济效果,关税同盟所产生的动态经济影响甚至比静态效应更大,也更重要。金德尔伯格和林德特认为,规模经济效应、竞争效应、投资效应和资源优化配置效应等是最有代表性的动态经济效应,其中的规模经济效应是经济一体化最关键的动力。有的学者经测算指出,关税同盟的动态经济效应是静态经济效应的5—6倍。①

第一,规模经济效应。市场扩大带来关税同盟的一个基本特点就是成员间取消贸易壁垒实现自由贸易,每个成员国的企业都面对的是一个区域大市场,市场规模的扩大使企业的产品不再局限于自己的国内市场。区域大市场的形成会促进内部企业扩大生产,规模经济效果进一步扩大,企业的机会成本降低,生产效率提高,利润增加,从而使企业提高了对区域外同类企业的优势。

第二,区域内同类企业增加带来竞争进一步激化效应。关税同盟没有建立时,成员内部一些行业在政府保护和支持下已形成垄断状态,这些垄断部门在这样的保护下产品成本高,服务质量差,遇到困难就本能向政府寻求更多保护。建立关税同盟后,各成员国互相开放市场,各成员国企业要和其他成员的同类企业在一个市场上竞争,为了能立于不败之地,各成员国企业因此会不断创新,增加研发投入,提高产品和服务质量,降低成本,加强管理。关税同盟形成的这种激烈竞争大大提高了企业的经济效率和技术进步的步伐。《罗马条约》第85条第1款写道:"凡足以影响

---

① 张玉柯、杨宏玲:《国际经济学》,河北大学出版社2003年版,第196—199页。

各成员国之间的贸易和以阻止、限制或破坏共同市场内部竞争为目的或产生此项后果的一切企业间的协定,一切企业联合组织的决定和一切联合行动,应被认为是与共同市场(作者注:这里"共同市场"就是指"经济共同体")相抵触的,并应予以禁止。"①

第三,刺激投资效应。投资效应一部分来自同盟内部,另一部分来自同盟外国家。从同盟内部的投资效应来看,生产成本较高的成员国企业为了降低生产成本提高国际竞争力,会把工厂搬到生产成本低的成员国,这就带来了关税同盟内部成员间投资的增加。由于关税同盟建立会产生贸易转移效应,这种效应对低价非成员国是一种损害,为消除这种不利影响,这些区域外原来的贸易伙伴国会对同盟内部国家进行直接投资,以绕过关税壁垒,这就是"关税工厂"。美国在1955年和1986年出现过两次对欧洲大规模直接投资浪潮,就是担心被迅速扩大的欧共体市场排挤出来。NAFTA启动后,基于类似的原因,亚洲"四小龙"许多对外投资由中国大陆转移到了墨西哥。

第四,纠正资源配置扭曲,优化资源配置效应。关税同盟内部消除关税和非关税壁垒,形成统一大市场,资源因此可以在更大范围内实现优化配置,从而纠正资源配置扭曲,使经济资源得到更好的利用。

二、自由贸易区理论

自由贸易区理论是分析区域贸易协定经济效应的重要依据,随着区域贸易合作的迅速发展,自由贸易区理论越来越受到人们的关注,该理论是英国学者彼得·罗布森(1980)在关税同盟理论的基础上发展而来的。自由贸易区和关税同盟是经济一体化相近的两种类型,它们都在成员间拆除贸易壁垒实现了自由贸易,但自由贸易区又有与关税同盟不同的特点,其中最主要的不同是成员有没有执行共同的对外关税政策。关税同盟成员对区域外商品进口采取统一的限制措施,征收共同对外关税。而自由贸易区成员则保留了各自原有的征收关税和确定税率的权力,由于

---

① 丁斗:《东亚地区的次区域经济合作》,北京大学出版社2001年版,第7页。

成员没有共同的对外关税,就有可能出现贸易偏转现象,为了避免贸易偏转发生,自由贸易区都会制定原产地规则。彼得·罗布森指出,自由贸易区与关税同盟一样,也既有静态经济效应也有动态经济效应。

彼得·罗布森比较了FTA与关税同盟经济效应的异同后认为,自由贸易区经济效应优于关税同盟的经济效应,因为自由贸易区中往往存在间接贸易偏转①现象,这种间接贸易偏转现象是自由贸易区的原产地原则难以阻止的。自由贸易区的建立也存在贸易创造和贸易转移两种静态经济效应,因此对自由贸易区的经济效应可以采用和关税同盟理论相似的方法加以分析,但两种不同形式的一体化在实践中也存在重要差异。②

1. 自由贸易区的静态经济效应

(1)一国模型分析

图1-3所示的是自由贸易区静态经济效应的一国模型的情况。

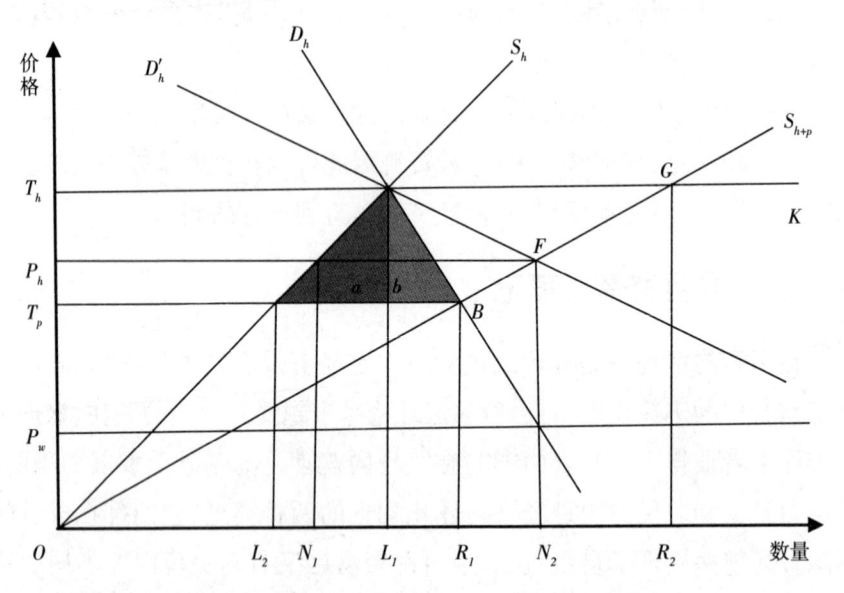

图1-3 自由贸易区静态经济效应的一国模型

---

① 所谓间接贸易偏转:是指一成员国将本国生产的产品出口到另一成员国,用自由贸易区外的产品替代区内产品满足国内市场的情形。

② [英]彼得·罗布森:《国际一体化经济学》,戴炳然等译,上海译文出版社2001年版,第32页。

第一章　建立中印自由贸易区相关的理论基础

图 1-3 中横轴表示供给需求数量,纵轴表示供求价格,和关税同盟一样,我们依然假设有 h 国和 p 国两个国家,它们之间签订了自由贸易协定,建设 FTA,两国没有统一的对外关税,对非成员国的进口产品征收不同的关税。P_w 代表低价的第三国价格或世界市场价格,h 国和 p 国各自的关税分别是 $P_w T_h$ 和 $P_w T_p$,p 国的关税水平低于 h 国,即 $P_w T_p < P_w T_h$。h、p 两国建立 FTA 后,通过实施原产地规则避免贸易偏转的发生,这种对非成员的歧视行为使自贸区内外的产品产生了价格差异。

假定 h 国在建立自贸区之前实施了禁止性关税,没有进口,产品完全由自己生产。S_h 是供给线,国内均衡价格是 OT_h,$OT_h = OP_w + P_w T_h$,OL_1 是国内的供给,h 国与 p 国的供给线相加得到 S_{h+p}。只要 FTA 内部区域市场整体上是进口,原产于 FTA 内部的产品价格处于 OT_p 与 OT_h 之间,不会出现大于 OT_h 和低于 OT_p 的情况,因为这两种情况两国不可能发生贸易。此时图 1-3 中 $T_p BFGK$ 为 h 国的有效供给线,h 国的价格水平将由 p 国对 h 国的供给数量和 h 国的需求曲线情况共同决定。

以下对需求曲线弹性较小和弹性较大两种情况分别加以考察。D_h 和 D'_h 分别是需求弹性小和需求弹性大两种情形下 h 国的需求曲线,当需求曲线为 D_h 时,h 国的价格是 OT_p,此时,p 国对 h 国的出口供给为 $L_2 R_1$,h 国的国内生产减少 $L_2 L_1$,而消费增加 $L_1 R_1$,贸易规模扩大给 h 国带来了贸易创造效应,具体为图 1-3 中供给线 S_h、需求线 D_h 和价格线 T_p 围成的三角形面积表示,其中的三角形 a 为生产效应,三角形 b 为消费效应。

若 h 国的需求线为需求弹性较大的 D'_h,此时 h 国的价格则为 OP_h,高于需求弹性较小时的价格为 OT_p,更靠近 h 国的国内均衡价格为 OT_h,在价格 OP_h 下,p 国对 h 国的出口供给为 $N_1 N_2$,h 国的国内供给为 ON_1,生产减少 $N_1 L_1$,而消费增加 $L_1 N_2$,贸易规模扩大给 h 国带来了更大的贸易创造效应,具体为图 1-3 中供给线 S_h、需求线 D'_h 和价格线 P_h 围成的三角形面积表示。

在 FTA 中会存在间接贸易偏转现象,如果 h 国是大国,国内需求很大,h 国会以高于 p 国国内价格 T_p 的价格从 p 国进口商品,在这种情况下,p 国会以这样的价格一直保持对 h 国的出口,直到把自己生产的全部产品卖给

h 国为止,而 p 国国内对该产品的需求则从低价的非成员国进口来弥补。p 国把自己生产的符合原产地规则的产品以较高的价格卖给 h 国,而从低价的非成员国进口该产品满足国内需要,这种情况即为发生了间接贸易偏转,这种情况是由自由贸易区内的生产能力不足造成的,需要区域外产品加以补充,这样的贸易偏转现象不能通过 FTA 的原产地规则加以消除。

(2) 两国模型分析

在两国模型情况下,自由贸易区内只有一种价格的情况与区内价格有差异的情况影响是不同的。

首先,区内只有一种价格的情况。区内只有一种价格的情况下,建立自由贸易区至少会改善一国的福利水平,而且非成员国的福利也会得到改善。在图 1-4 中,我们仍假定有 h 国和 p 国两个国家,都在国内生产某个特定产品,假设 h 国和 p 国 d 的需求相似,因此 D_h 和 D_p 斜率相同。两国的供给能力是不同的,h 国生产效率较低,p 国有较高的生产效率,因此,p 国供给线的弹性比 h 国要大,h 国的供给线 S_h 比 p 国的供给线 S_p 要陡一些。h 国和 p 国建立自由贸易之前,p 国征收禁止性关税,国内的生产和消费都是 OM,均衡价格是 OT_p。h 国的价格是 OT_h,此时国内生产是 OL,消费是 ON,有 LN 的需求缺口,由低价的第三国进口来满足,进口价格是 OP_w,关税水平为 P_wT_h,h 国有关税收入 $LN \times P_wT_h$,即 e 和 c 两部分。

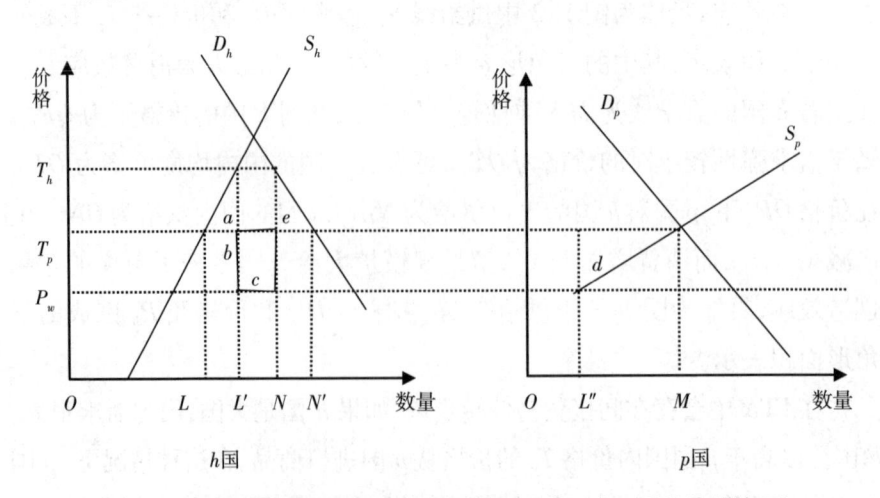

图 1-4 自由贸易区静态效应的两国模型(区内只有一种价格的情况)

第一章 建立中印自由贸易区相关的理论基础

h 国和 p 国组建自贸区后,区内价格将统一为 OT_p,在 OT_p 价格下,自贸区内供给一共是 $OL' + OM$,小于两国的需求之和 $ON' + OM$,有 $L'N'$ 需求缺口。此时 p 国将以 OT_p 的价格向 h 国出口 $L'N'(L'N' = L''M)$,弥补 h 国供给不足的部分。p 国自己国内的需求将不能全部被满足,这时,p 国以 OP_w 的价格从低价的非成员国进口 $L''M$ 弥补国内因过度出口造成的需求缺口。图 1-4 中,a、b 为自由贸易区产生的生产效应和消费效应两部分贸易创造效应。对于 h 国来说,用从成员国的进口代替了原来从非成员国的低价进口,发生了贸易转移,贸易转移效应为 c,这种贸易转移带来了福利的损失。当 a、b 两部分贸易创造效应大于贸易转移的损失 c 时,h 国的整体福利是增加的;如果 a、b 两部分贸易创造效应小于贸易转移的损失 c,则表示 h 国的福利因建立自由贸易区下降了。p 国的价格、生产和消费与建立 FTA 前后是没有区别的,但建立 FTA 后 p 国的福利是增加的。

图 1-4 中,长方形 d 的面积是 p 国收入的增加部分。图 1-4 中的 $L''M$ 大于 LN,表明区外国家的出口也因为 h 国和 p 国建立自由贸易区而比以前增加了,因此也是获益的。所以,建立自由贸易区至少会改善一国的福利水平,而且提高了非成员国的福利水平。

其次,区内价格有差异的情况。自贸区内有两个均衡价格存在时,成员国的福利水平都可能增加。仍假设 p 国的供给弹性大于 h 国的供给弹性,且 h 国因价格下降增加的需求 p 国无法全部满足,建立自贸区之前两国都征收禁止性关税。在图 1-5 中,ON 是 h 国的生产和消费,T_h 为 h 国的均衡价格。OM 是均衡价格为 T_p 时 p 国国内的生产和消费。h 国、p 国建立 FTA 后,当价格等于 p 国的国内价格 OT_p 时,p 国即使把自己生产的全部产品出口给 h 国,也不能满足 h 国的进口需求,此时,在自由贸易区内出现了均衡价格 P_{fta},h 国国内以价格 P_{fta} 生产和消费。p 国将自己在价格为 P_{fta} 时生产的全部产品 OM' 出口到 h 国以满足 h 国的进口需求,$L'N' = OM'$,而 p 国自己的消费需求将由非成员国较低价格(P_w)的进口来满足。p 国的国内价格将保持在 OT_p,在自由贸易区内就有两个均衡价格。

通过上述分析可以看出,有两个均衡价格存在的情况下,h 国和 p 国

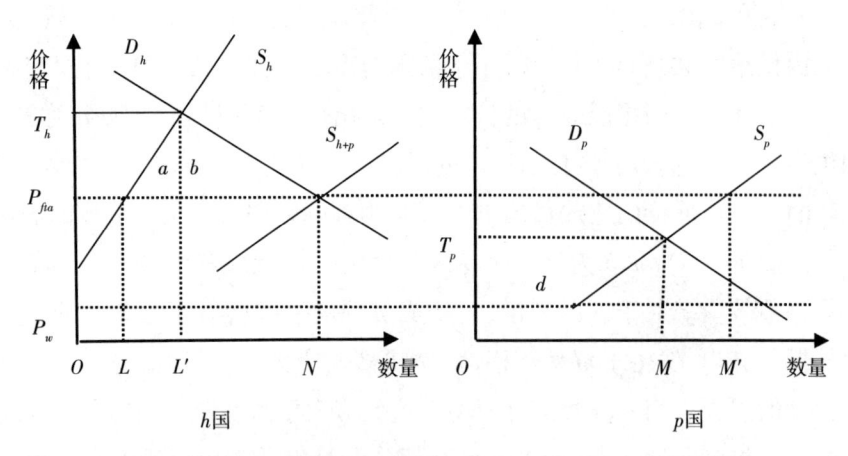

图 1-5 自由贸易区静态效应的两国模型（区内价格有差异的情况）

的福利水平都提高了，a、b 是 h 国加入自贸区后的贸易创造效应，而 p 国在不增加任何额外支付条件下，福利水平也增加了矩形 d，这部分增加的福利是政府的关税收入。

综合上述分析，我们可以得出 FTA 优于关税同盟的结论，在 FTA 中不存在贸易转移带来的损失，且伙伴国政府收入的增加也高于关税同盟的净福利。关税同盟中贸易转移的损失难以避免，而 FTA 中存在的不能被原产地规则阻止的间接贸易偏转弥补了贸易转移造成的损失，这种间接贸易偏转还有可能扩大非成员国的福利。

2. 自由贸易区的动态经济效应分析

经济一体化不仅有静态效应，还都存在动态效应，下面以规模经济效应和竞争促进效应这两种最基本的效应为例来分析自由贸易区的动态经济效应。

(1) FTA 的规模经济效应

早期的 FTA 理论是基于规模收益不变和完全竞争的市场结构展开分析的，20 世纪 80 年代以来的现代国际贸易理论将规模经济思想引入分析框架，规模收益递增和不完全竞争的市场结构是新贸易理论的基础，区域贸易一体化的发展使规模经济效应得以更充分发挥。图 1-6 表明的是 FTA 的规模经济效应。

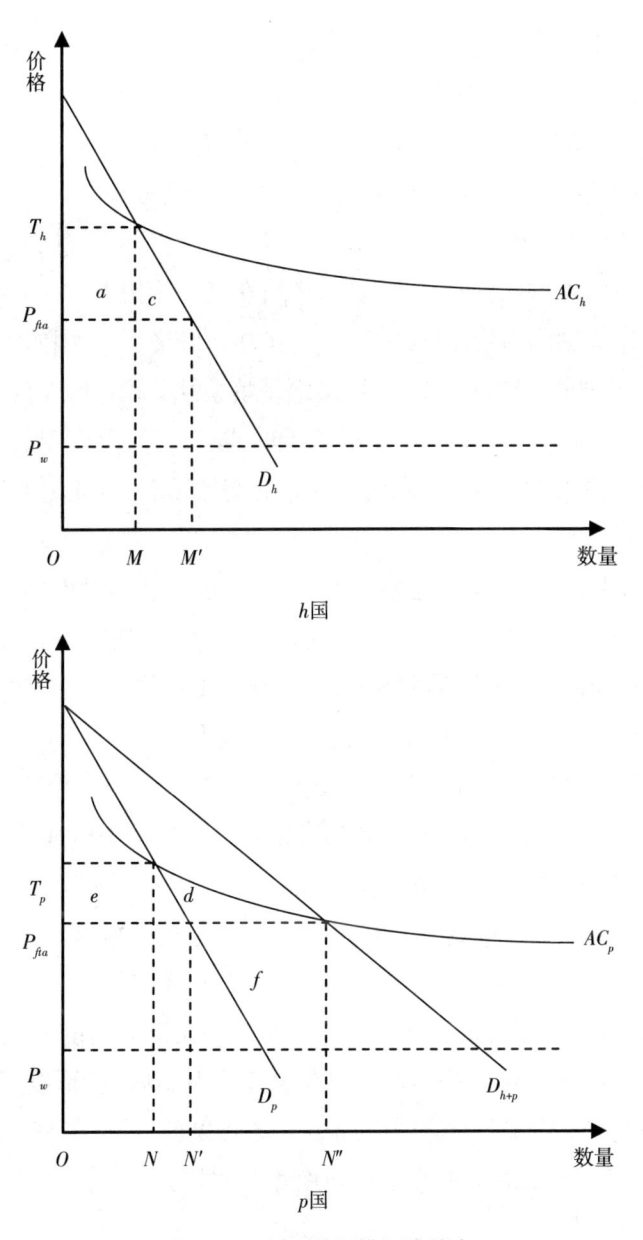

第一章 建立中印自由贸易区相关的理论基础

图 1-6 FTA 的规模经济效应

在图 1-6 中，假定 h 国和 p 国有相同的平均成本曲线 AC_h 和 AC_p，向右下方倾斜，两国有不同的需求曲线，分别是 D_h 和 D_p，两国需求曲线水平相加构成自贸区的总需求曲线 D_{h+p}，h 国的产量比 p 国低，生产成本比 p

41

国高,自由贸易下的世界市场价格是 OP_w。两国都征收进口关税,h 国和 p 国的关税水平分别是 P_wT_h、P_wT_p,h 国的关税水平高于 p 国。平均成本与包含关税的进口价格相等,因此不存在获取高额利润的可能。下面从两国三种不同生产情况分别讨论 FTA 的规模经济效应。

首先,h 国和 p 国都生产的情况。假定在建立 FTA 前,h 国和 p 国都是自给自足,此时 h 国国内均衡价格是 OT_h,在这一价格下,h 国的生产和消费都是 OM。p 国国内均衡价格是 OT_p,在这一价格下,p 国的生产和消费都是 ON'。p 国的关税低于 h 国,两国都是禁止性关税。FTA 建立后,p 国以价格较低的优势占领整个 FTA 市场,即 p 国生产全部该产品供应两国市场,平均成本曲线 AC_p 和总需求曲线 D_{h+p} 的交点确定 p 国的总生产量,即图 1-6 中的 ON',P_{fta} 为自由贸易区内的均衡价格,低于 OT_h 和 OT_p,价格的下降使两国的消费增加,MM' 是 h 国消费的增加量,p 国的消费增加 NN''。由于 h 国从 p 国进口比自己生产便宜,因此带来了贸易创造效应,即图 1-6 中的 a 和 c,a 是生产效应,c 是消费效应,h 国从 p 国进口产品支付的价格高于世界市场价格,高出的部分是参加 FTA 的成本。

p 国因供应两个市场生产规模扩大而产生规模经济效应,即机会成本下降规模收益递增,规模经济效应带来的收益在图 1-6 中为 e 和 d,e 是生产效应,d 是消费效应。由于 p 国向 h 国出口的价格 P_{fta} 高于世界市场价格 P_w,p 国因此获得 f 这部分额外收益。经上述分析可知,FTA 建立增加了 p 国的净福利,对区外国家的福利没有产生不利影响,只有成员 h 国的福利情况有一定的不确定性,可能有损失。如果获益的 p 国给予 h 国一些转移支付,h 国的损失可能被抵消甚至获利,这样就形成了共赢的结果。如果有两种及以上的能产生规模经济效果的产品,自贸区成员就能进行协议分工,所有成员都能得到规模经济的好处,这时自由贸易区会带来更高的福利水平。

其次,p 国一国生产的情况。若建立 FTA 前,h 国不生产,只 p 国一国生产,h 国就不会征收进口关税,这种情况下,h 国的价格即为世界市场价格 OP_w。FTA 建立后,由于 p 国的价格 OT_p 比世界市场价格 OP_w 高,且 h 国不征收进口关税,h 国不会将进口转移到伙伴国 p 国,自由贸易区没有给 p 国带来规模经济效应。

如果 h 国对非成员国征收进口关税,在自贸区内就能出现 p 国获得规模经济效应的结果,h 国会因为用价格较高的 p 国产品进口代替了价格较低的非成员国进口而产生贸易转移效应,带来福利损失。

再次,h 国和 p 国都不生产的情况。若 FTA 建立之前,h 国和 p 国都不生产,按照之前的假定,两国对进口都不征税,都以价格 OP_w 进口该产品,两国国内市场价格都是 OP_w,h 国和 p 国建立 FTA 不会带来规模经济效应。即使两国对外征收关税,由于两国都不生产,自贸区内也不会出现规模经济效应。

自由贸易区在上述分析的前两种情形中,规模经济效应都是由于对区域外筑起了关税壁垒来获得的。现实中,大部分国家都在用关税手段保护国内某些产业,甚至对自己不生产的产品进口也会征收进口关税。

(2)自由贸易区的促进竞争效应

图 1-7 是不完全竞争市场的厂商均衡模型,从中可以看出 FTA 促进竞争的效应。

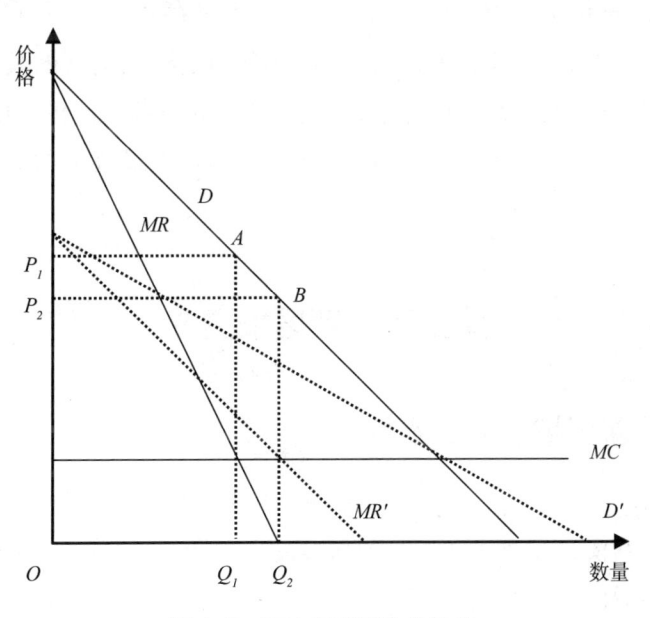

图 1-7　FTA 促进竞争的效应

FTA建立后取消成员间贸易壁垒,把各成员的国内市场变成一个大市场,成员国的同类企业在这个大市场上的竞争变得更加激烈,为了在竞争中立于不败之地,企业会加大研究开发力度,加快技术创新,加强经营管理,扩大生产追求规模经济效应等,最终会加快所有成员国的经济发展步伐。对于垄断行业多、市场化程度不高的发展中国家,这一促进竞争效应更为重要。

在图1-7中,假设h国是寡头垄断市场,国内生产的某种特定产品与进口的同类产品具有完全的替代性,由于是寡头垄断市场,h国仅有几家厂商生产该产品,需求线D向右下方倾斜,MR是由需求线D决定的边际收益线,假定存在一条固定的边际成本线MC,由西方经济学原理可知$MR=MC$是寡头市场条件下企业利润最大化的基本条件,MR与MC相等时对应的均衡价格为图1-7中的P_1,此时均衡产量是OQ_1。自由贸易区建立后,贸易壁垒取消,成员国市场连接成一个大的区域市场,产品的需求弹性加大,需求曲线由D移动到D',边际收益曲线也因此发生变化,移动到MR',MR'与MC相等时的均衡价格由P_1变成P_2,此时厂商利润最大化的产量增加到Q_2,由于寡头市场条件下存在超额利润,FTA建立后市场扩大需求上升使企业能够获得更多的收益,成员国的其他厂商会争相进入市场从而带来新的竞争,而竞争是消除垄断的消极作用,是促进进步和发展的重要动力,自贸区内由于竞争的增强最终会增进所有成员的福利。

第三节 新区域主义

一、新区域主义的背景

新区域主义理论出现于20世纪80年代中后期,与传统的区域主义理论相比,新区域主义理论不仅仅研究区域经济一体化产生的福利效应,而是从经济效应扩展到政治、安全、全球战略格局甚至是人权、民主、环境等领域来探讨区域经济一体化所带来的综合影响。与传统的区域经济一体化理论相比,非传统收益的作用越来越大,忽略非传统收益已无法对新一轮区域贸易协定的产生和发展作出客观全面的解释。于是,国内外的学者开始从新的视角来探讨新一轮区域合作的成因及影响,提出了所谓的国际经济一体化非传统收益理论或称为新区域主义理论。非传统收益理论是目前新兴经济体间实现区域一体化的重要理论依据。

二、新区域主义的主要内容

费尔南德斯(Fernandez)和波特斯(Portes)在《世界银行经济评论》1998年第2期上发表文章,从五个方面系统阐述了新区域主义的内容,具体包括:向外界发信号,使成员保持政策连贯性,提高政府信誉;向参与国提供保险,提高对外讨价还价能力及在成员间建立协调一致机制等。同期,斯科夫与温特斯也在同一期刊物上发表了《作为外交的区域一体化》一文,指出了区域经济一体化的另一个重要非传统收益,即改善成员安全。上述学者的研究成果成为新区域主义正式形成的重要标志。之后许多学者也对新区域主义问题展开了多方面研究,不断丰富新区域主义的内容。

1. 使政府政策保持连贯,提高政府信誉

费尔南德斯和波特斯指出,区域贸易协定的内容对成员都有法律效力,各自对承诺的贸易自由化必须履行,成员对自由贸易政策的选择就在区域贸易协定的制度框架下得以巩固,无法随意变更,因此就锁定了各自的改革进程,使该自由贸易政策得以持续贯彻下去,而政策的连贯性会提高政府的信誉。现实中,由于各成员的政策选择都会受到各种利益集团的压力和影响,没有区域贸易协定的情况下,决定政策选择的官员可能会出于利己的动机或其他诱因而对已制定或实施中的自由贸易政策产生动摇。各成员内部都存在大量因贸易保护而受益之人,自由贸易政策因而会受到这些人的反对,相关利益集团会以各种方式向政府施加压力,政府也常常难以做到不去保护某个行业,因此已经实施的自由贸易政策可能被改变,政府的信誉因政策不连贯而受到损害。而建立经济一体化组织对政策制定者是巨大的外部约束力量,是锁定贸易自由化进程的有效途

径,能够保持政府政策的稳定性和可信性。

经济一体化组织对成员政府政策行为的约束主要表现在两个方面。(1)惩罚机制作用。一体化组织都制定有明确的规则,这些规则具有法律效力,成员必须遵守,且赋予蒙受损失成员报复或惩罚违反规则成员的权利。因此,区域经济一体化组织对成员保持政策稳定具有法律约束力。(2)激励机制作用。从吸引外资方面看,投资者在对某个国家进行投资前,首先会确保自己的投资不会被当地政府国有化,也不能受到政策歧视。现实中,各国政府领导人更替频繁,新一届政府上台后往往会改变或否定上届政府的政策,从而造成一国经济政策的不连贯,这对外国投资者来说就是很大的政策不确定性,因此降低对该国的投资意愿。如果签订区域贸易协定,就对下届政府形成约束,稳定透明的政策环境可以提高外国投资者的投资意愿,成员因此可以吸引更多外部投资。

2. 发信号

发信号作用是新区域主义理论揭示出的区域贸易协定另一个重要的非经济效应的重要内容,加入了一个区域经济一体化组织这件事本身就对区域外发出了诸多明确的信号,这一行为发出了该成员政府的决心和诚意的信号。这些信号可能具体表现为:这个成员和其他成员间确立了友好关系或朝着友好关系方面迈出了一大步;有了坚持自由贸易的努力和决心;该成员经济发展状况具备了相应的条件,以及和其他成员共同发展互利共赢的坚定立场等。这就有助于加强外部国家对成员的了解,从而增加信任和扩大经济合作。现实中,对一国当权者的政策取向及与重要邻国的政治关系等信息的了解往往是不全面甚至片面的,因此会对该国能否坚持改革、是否履行对贸易自由化的承诺等问题心存顾虑,此时,若该国通过很多努力与一些关系重要的经济体签订了一个FTA,则对外界明确释放出一个会坚持改革和贸易自由化的可信讯息。

3. 提供保险

惠利(Whalley,1994)等指出,小国为了获得稳定进入大国市场的保证,在参加区域经济一体化组织时往往单方面对大国作出较多的让步或支付。在签署自由贸易协定后,小国就获得了进入大国市场、享受大国的

第一章 建立中印自由贸易区相关的理论基础

优惠政策以及增加对外资吸引力等好处;大国也不再对小国施压或报复,小国被大国拖入贸易战的风险因此得以避免。此时的小国相当于从与大国的 FTA 的制度安排中获得了一份保险。例如,由于成为欧盟成员利益会更有保障,瑞典、奥地利和芬兰三个国家以欧盟预算净贡献者的身份加入了欧盟。NAFTA 也是小国对大国作出让步的自由贸易协定的典型,在北美自由贸易协定谈判和签署时,墨西哥对美国有很多单方面让步,同时也获得了进入美国市场的保险。一些研究认为,如果区域贸易协定的成员均为发展中国家,保险效应可能不明显。其原因在于,发展中国家主要依赖发达国家的市场,当发达国家对发展中国家实施贸易保护措施时,发展中国家不能相互提供出口市场。本书认为这种观点对中印两个最大的新兴市场国家间的自由贸易区建设是不适用的,通过对中印两国经济的竞争性和互补性研究我们会发现,中国和印度之间存在很强的经济互补性,作为人口大国和新兴市场国家,两国都有巨大的国内市场,因此中印建立 FTA 可能会给两国带来较大的双向保险效应。

4. 提高讨价还价的能力

能够增强成员在国际事务中讨价还价的能力是签订自由贸易协定的另一个基本的非传统收益,包括对其他成员讨价还价的能力和对区域外国家或组织讨价还价能力的增强。在国际贸易体系框架下的多边贸易谈判中,一个区域贸易组织对国际经济规则的影响力会比单个国家更高。在世界贸易中,区域经济一体化组织使单个可能弱小的国家的力量聚合起来,实力得到加强,因而几个成员用一个声音说话大大提高了对外话语权及讨价还价能力。一个一体化组织作为一个整体进行谈判,其说话的分量必定远远大于单个国家的谈判力量,每个自贸协定成员都会从中获益。对国际规则影响力的增强是这种讨价还价能力提高的另一种重要表现,一般来说,一个经济体规模的大小是决定其对国际规则影响力的重要基础。世界经济的区域化特征使得未来国际经济规则制定的主动权会更多地掌握在区域经济一体化组织手里。

5. 建立协调一致的机制

能够发挥协调机制是关于区域经济一体化组织的非传统收益的政治

经济学解读。虽然一个国家整体上是能够从参与区域经济一体化组织获益的,但对一国内部不同的利益集团的影响是不同的,甚至产生完全相反的作用,有的受益有的受损。从自由贸易中受益而支持自由贸易的人们的意愿比较分散,难以集中起来,这是因为从自由贸易中获利的人们范围广且分散,带有很大的不确定性,获益的效应也会有时间上的滞后性,不能立竿见影地出现。相反,因自由贸易政策受损而反对自由贸易的人比较容易协调行动,因为加入区域贸易组织的损失是立竿见影而且显著的,能够很快被察觉,遭受损害的产业或部门是很明确且集中的,它们反对贸易自由化的意愿很容易协调一致。

签订区域贸易协定是把各自国内支持自由贸易政策的人的意愿协调起来的有效途径,从而消除因支持自由贸易的人们的意愿分散而对政策制定带来的不确定和消极影响。此外,自由贸易协定允许成员在不同政策领域间做交易以平衡不同的利益关系,这是区域贸易协定促进协调一致机制功能的另一个重要方面。北美自由贸易协定就是美国、墨西哥多次实现妥协的机制,在2002年签订的中国—东盟自由贸易协定中,也体现了中国与东盟新老成员间的利益协调。

6. 改善成员的安全

改善成员的安全也是建立国际经济一体化组织区域经济的重要非传统收益。近年来,区域经济合作中应对环境恶化、消除恐怖袭击、打击走私贩毒等非传统安全领域威胁的内容不断增加,这方面的作用也不断得到强化。区域经济合作改善成员安全的作用具体表现为三个方面:首先,有助于消除内战、内部分裂等国内安全威胁。例如,欧盟与地中海国家签署FTA的一个重要目的,是防止阿尔及利亚的原教旨主义和相关的国内动荡的扩散。一些中东欧国家加入欧盟也都有安全方面的考虑。其次,应对或消除相邻国家间的安全威胁。第二次世界大战后欧洲经济一体化的进程启动,很重要的原因是为了应对苏联共产主义运动的威胁,同时也是为了消除德国发动第三次世界大战的威胁。再次,共同应对来自第三国的安全威胁。例如,冷战结束后,一些中东欧国家加入欧盟的原因之一,是担心来自俄罗斯的威胁。

新区域主义揭示了区域经济一体化实践的新特征和发展趋势,使我们认识到,区域经济合作不仅带来贸易投资等方面的经济利益,同时还会带来大量的非经济利益,这是对传统经济理论关于区域经济合作的效应研究的重大突破。由于现实中各国的国情差异很大,因此参与区域经济一体化的诉求、目标、地位及作用也千差万别,中国在实施自由贸易区战略中必须充分认识这些差异和新变化,重视非传统收益在区域经济合作中的作用。在确定谈判对象时做到知彼知己,有的放矢,以求在双赢的前提下获得收益最大化。

第四节　发展中国家的经济一体化理论

早期的区域经济一体化理论主要是从发达国家的视角展开分析的,随着区域经济合作的不断发展,发展中国家也开始积极参与其中,从发展中国家视角研究区域经济合作理论开始出现,其中最有代表性的主要是中心—外围理论和国际依附理论。

中心—外围理论的主要代表人物有普雷维什、缪尔达尔和辛格等,他们认为,现行的国际经济体系非常不合理,仅对发达国家(即中心国)有利,而严重损害了发展中国家(外围国家)的经济利益。发展中国家只有加强相互间合作,摆脱"中心—外围"的国际分工格局,实施进口替代战略,才能摆脱经济贫困,走上发展之路。阿根廷学者普雷维什在20世纪60年代最先提出了"中心—外围"理论,认为基于比较优势理论的贸易都是静态的贸易利益,而缺少更重要的规模经济等动态利益,所以固守传统的比较优势对发展中国家经济的作用不明显,还可能发生贫困化增长。发达国家主导的国际经济结构是发达国家剥削发展中国家的渠道,发展中国家通过出口初级产品服务于发达国家,也因此造成了发展中国家的贫困。中心国通过创新技术获取主要的经济利益,外围国则通过出口原材料和模仿技术而成为附庸。中心国出口价格及需求弹性都高的工业制成品,外围国家用价格及需求弹性都较低的初级产品和原材料换取高价的工业品,在发展中国家贸易条件不断恶化的贸易格局中,中心国财富的积累伴随着外围国贫困的积累。

缪尔达尔认为,经济一体化使一个地区经济增长的同时对其国家或地区产生积极影响,从而缩小不同地区间经济发展水平的差异,这种影响为扩散效应。如果进行经济一体化使一个地区经济增长的同时对其他地区产生消极影响,称为回波效应。在贸易完全自由的世界中,进行经济一体化带来的结果却不是共同走向富裕,而是贫富差异加剧,因此是"回波效应"而不是"扩散效应"。现实的世界经济是这样一幅景象,发达国家通过向贫困国家扩散技术、加大投资的收益远远大于发展中国家通过向发达国家出口资源和初级产品获得的收益,市场越是自由越加剧这种不平衡。"中心—外围"理论进而主张形成发展中国家间的区域经济合作"中心—外围"格局。普雷维什指出,发展中国家都有国内市场狭小的困难,必须联合在一起才能抗衡发达国家的支配地位,广大发展中国家通过一体化的途径联合成一个大市场,以此为基础,进行分工合作,互惠互利,减少对发达国家市场的依赖。发展中国家实现经济一体化可以不是行政层面上的国家和地区,而是划分出许多供应地区区域和需求地区区域,划分的依据是从初级阶段到产品制造阶段各个生产环节的不同特点。

国际依附理论的主要代表有:阿明、巴兰、桑托斯和弗兰克等人,他们也是围绕发展中国家经济落后的根源及出路进行探讨,只是在对现行国际经济体系的认识上比"中心—外围"理论更加激进。国际依附理论者首先批评了"中心—外围"理论,认为其观点是错误的,他们认为,落后国家伴随着工业化和劳动生产率提高是对发达工业国家经济更深的依附,甚至成为附庸,落后国家依靠工业化难以实现经济真正的发展,由此还导致中心国和外围国之间的经济差距不断扩大。在现行的不平等国际分工体系下,落后国家独立自主的发展是不可能做到的。国际依附理论者指出,先进国家和落后国家是"支配—依附"关系,先进国家支配并剥削穷国,落后国家则处于依附和被剥削地位。落后国家必须从自身内部进行彻底变革,摆脱现行的国际经济秩序,才能走上经济发展之路。发展中国家间进行经济一体化是彻底摆脱发达国家剥削减少依赖的有效途径。阿明和弗兰克认为,卫星国只有切断与宗主国的关系才能不再受剥削,进而彻底消灭现行资本主义体系,落后国家才能彻底摆脱依附地位,才能走上自主发展工业之道路。发展中国家的发展之路不应只是实施内向型的进口替代战略,必须摆脱现行国际经济体系,通过广大发展中国家间的经济合作,集体走上独立自主、自力更生的发展之路。

温和的国际依附理论者则认为,对于落后国家来说,完全与发达国家脱钩是不可取的,也难以做到,可取的办法应该是先从对中心国的依附中积累一些发展的基础,有了一定的发展基础之后再走独立发展之路。与此同时,发展中国家间也要进行经济一体化,互惠互利,共同发展,把对发达国家的依赖降到最低,以减少依赖带来的损害。总而言之,"中心—外围"理论和国际依附理论的内容虽然有很大不同,但它们的共同之处在于都认为发展中国家间进行经济一体化是摆脱发达国家剥削控制实现经济快速发展的重要途径。这一结论为中印自由贸易区建设提供了重要的理论依据。

第五节　世界贸易组织关于建立区域贸易协定的法律条款

各种类型区域贸易协定都对非成员实行差别待遇,这种排他性显然违背了 WTO 的非歧视原则中的最惠国待遇原则。但考虑到国际贸易实践长期积累的诸多历史和现实问题,多边贸易体制(从 GATT 到 WTO)对各类区域贸易协定都给予了宽容态度。区域贸易协定是在 WTO 最惠国待遇的例外条款下存在和运行的。WTO 认可了双边或区域贸易安排的存在,即成员之间一定条件下可以相互缔结条约,给予对方比 WTO 所确立的最惠国待遇原则更为优惠的待遇,非该区域经济一体化成员不能享受该优惠。WTO 同时对区域贸易安排进行了约束和管理,并为区域贸易协定的建立和发展提供了法律上的依据和保障。

多边贸易体制关于区域贸易协定的内容主要包括:《关贸总协定》第 24 条第 4 款到第 10 款、授权条款以及《服务贸易总协定》第 5 条。其中的《关贸总协定》第 24 条是多边贸易体制关于 RTA 的核心条款,明确了自由贸易区和关税同盟作为最惠国待遇原则的例外的基本条件。《关贸总协定》第24条第4款规定:"缔约各国认为,通过自愿签订协定发展各国之间的经济一体化,以扩大贸易的自由化是有好处的。缔约各国还认为,成立关税联盟或自由贸易区的目的,应为便利联盟或自由贸易区的各领土之间的贸易,但对其他缔约国与这些领土之间进行的贸易,不得提高壁垒。"①第5款规定:"因此,本协定的各项规定,不得阻止缔约各国在其领土之间建立关税同盟或自由贸易区,或为建立关税同盟或自由贸易区的需要采用某种临时协定。"②《1994年关税与贸易总协定》关于关税同盟和自由贸易区条款中指出:"考虑到成员自愿签订经济一体化协定有利于发展世界贸易,因此,世界贸易组织允许成员成立关税同盟或自由贸易区。关税同盟或自由贸易区成员,对未参加关税同盟或自由贸易区的第三方所实行的关税与其他贸易法规,总体上不得高于或严于关税同盟或自由贸易区建立之前的水平;任何成员方决定加入,关税同盟或自由贸易区条款,以及签署有关协定,都应当及时通知世界贸易组织。"③

授权条款(Enabling Clause)是在1979年关贸总协定的第七轮谈判东京回合谈判中,缔约方一致通过的一个文件,即《对发展中国家的差别、更优惠待遇及对等和更充分参与问题的决定》,其核心思想是发达成员可以不必拘泥于最惠国待遇原则的限制单方面给予发展中成员差别的或更优惠的安排。因为该义务不具有强制性,所以该决议被称为"授权条款",该条款可适用于发展中国家就货物贸易达成的优惠贸易安排。这一条款体现了WTO对促进发展中成员实现贸易开放与经济发展的重视和关注。《服务贸易总协定》第5条也即"经济一体化"条款,是关于服务贸易经济一体化的规定,为涉及服务贸易的区域贸易安排提供了法律依据,其法律意义类似于约束货物贸易区域经济一体化安排的《关贸总协定》第24条。《服务贸易总协定》第5条共涉及"涵盖众多部门""取消实

---

① 胡晓丽:《区域贸易集团和GATT—WTO的关系》,《研究生法学》1997年第2期,第45页。
② 颜梅林:《WTO体制下两岸四地区域经济一体化模式探究——GATT第24条、GATS第5条之启示》,《乐山师范学院学报》2010年第3期,第121页。
③ 资料来源:WTO官方网站,见 https://www.wto.org/english/docs_e/legal_e/legal_e.htm。

第一章　建立中印自由贸易区相关的理论基础

质上所有歧视""与外部成员间的综合壁垒""服务提供者和原产地""通知、通报、审查与监督""发展中国家之间的经济一体化协定（Economic Integration Agreement，EIA）""劳动市场一体化协定"等七项内容，是协调和规范区域服务贸易协定的法律依据。

　　上述国际经济一体化理论为本书提供了理论框架，本书以这些理论为依据，首先系统梳理和分析中印参与 FTA 的实践情况以及中印经贸关系的发展情况，从宏观、微观两个层面探究中印经贸关系的互补和竞争关系，以了解中印两国间是否具备建立双边 FTA 的现实经济基础，进而以上述理论中对经济一体化效应的分析为依据，用定性分析和定量分析相结合的方法，研究中印两个世界上最大的发展中国家建立自由贸易区可能产生的预期收益：包括传统经济一体化理论揭示的传统收益和新区域主义所揭示的诸多非传统收益。最后，在上述分析研究的基础上，从经济、政治、历史、文化多个层面分析中印间建立 FTA 面临的诸多阻碍因素，并提出推进中印自由贸易区建设的构想和实施策略。

第二章　中国和印度积极参与区域经济合作的现状

自20世纪末期以来,中国和印度作为世界上两个人口最多的新兴大国,面对全球区域经济合作迅猛发展的态势也表现出了积极的态度,并投身到区域经济合作的实践中。而且两国都把自由贸易区建设上升到国家战略的高度,参与的步伐不断加快。两国相似的发展背景和国情,使两国参与区域经济合作必然存在很多共同的或相近的利益诉求。中印两国相似的战略意图及对自由贸易区建设所持的积极态度是两国间进行自由贸易区建设的重要基础。

第一节　中国参与自由贸易区的现状

自21世纪初加入WTO以来,中国加快了对外开放的脚步,除了积极推动WTO框架下的全球多边贸易体制的发展外,区域经济合作进程也不断加快。中国的自由贸易区建设起步相对较晚。进入21世纪以来,随着全球区域经济一体化步伐的加快,中国才开始积极投身到自由贸易区建设的实践中,且发展速度较快。立足周边是中国自贸区建设的基本出发点之一,在参与自由贸易协定谈判的初期,一般先从比较容易达成一致的领域入手,以此为突破口,再逐步推进到有难度的领域。2002年年底签署的中国—东盟自由贸易协定是中国对外签署的第一个FTA,经过近二十年发展,中国初步形成了以周边为基础、辐射"一带一路"沿线国家、面向全球的FTA网络。现实中,中国参与建设的区域经济一体化组织中FTA是主体,具体的FTA建设总体有三种情况:已签订且正在实施的自由贸易协定、正在谈判中的自由贸易协定和正在进行可行性研究的自由贸易协定。

一、中国已签订实施的自由贸易区情况

截至2018年4月,中国已经签署并实施了16个FTA。涉及的国家或地区主要有:东盟十国、巴基斯坦、智利、新西兰、新加坡、哥斯达黎加、秘鲁、韩国、冰岛、瑞士、格鲁吉亚、澳大利亚和马尔代夫。此外,还签署实施了中国内地与港澳更紧密经贸关系安排,加入了一个PTA层次的区域经济一体化组织——亚太贸易协定。表2-1是中国已签订协议的FTA情况。

表2-1 中国已签订协议的FTA

名称	涉及对象或经济体	进展情况	地域分布
中国—东盟FTA	东盟十国	2002年11月签署《中国—东盟全面经济合作框架协议》,2004年签署《货物贸易协议》和《争端解决机制协议》,2007年签署《服务贸易协议》,2009年签订《中国—东盟自贸区投资协议》,2010年全面建成	东南亚
中国—东盟FTA("10+1")升级	东盟十国	2013年10月提出启动升级倡议,第二年8月启动升级谈判,共举行4轮谈判,2015年11月完成谈判签署了《议定书》全称《中华人民共和国与东南亚国家联盟关于修订〈中国—东盟全面经济合作框架协议〉及项下部分协议的议定书》	东南亚
中国内地与港澳更紧密经贸关系安排,简称"CEPA"	香港、澳门特别行政区	包括两个协定,于2003年6月签署《内地与香港关于建立更紧密经贸关系的安排》,同年10月签署《内地与澳门关于建立更紧密经贸关系的安排》,之后又进一步签署了《服务贸易协议》《投资协议》《经济技术合作协议》,制定了比WTO更优惠的措施	亚洲
中国—巴基斯坦FTA	巴基斯坦	2003年11月签署《中国与巴基斯坦优惠贸易安排》,2006年11月签署《中国—巴基斯坦自由贸易协定》,2009年10月生效,2015年4月签署《中华人民共和国政府和巴基斯坦伊斯兰共和国政府自由贸易区服务贸易协定银行业服务议定书》	南亚

续表

名称	涉及对象或经济体	进展情况	地域分布
中国—智利FTA	智利	2005年11月签署《中国—智利自由贸易协定》,2008年4月签署《中国—智利自由贸易协定关于服务贸易的补充协定》。2016年启动升级谈判,2017年11月签署《中华人民共和国政府和智利共和国政府关于修订〈自由贸易协定〉及〈自由贸易协定关于服务贸易的补充协定〉的议定书》	南美洲
中国—新西兰FTA	新西兰	2008年4月7日签署《中国—新西兰自由贸易协定》,同年10月1日生效,是中国第一个与发达经济体的自贸协定	大洋洲
中国—新加坡FTA	新加坡	谈判始于2006年8月,历经8轮磋商,2008年10月签署《中国—新加坡自由贸易协定》,2015年11月启动升级谈判	东南亚
中国—哥斯达黎加FTA	哥斯达黎加	2008年11月启动谈判,经过6轮谈判,2010年4月签订《中国—哥斯达黎加自由贸易协定》,2011年8月起正式生效	拉丁美洲
中国—秘鲁FTA	秘鲁	2009年4月签署《中国—秘鲁自由贸易协定》,于2010年3月1日起实施,是中国与南美洲国家签署的第一个一揽子自贸协定	南美洲
中国—韩国FTA	韩国	2010年5月完成可行性研究,2012年1月启动谈判。历经14轮谈判,2015年6月签署《中国—韩国自由贸易协定》,2015年12月生效并第一次降税,2016年1月第二次降税	东亚
中国—冰岛FTA	冰岛	2013年4月签署《中国—冰岛自由贸易协定》,2014年7月生效,是中国与欧洲国家签署的第一个自由贸易协定	欧洲
中国—瑞士FTA	瑞士	2010年2月启动联合可行性研究,2011年1月启动谈判,历经8轮谈判,2013年7月签署《中国—瑞士自由贸易协定》,2017年1月启动中瑞自贸协定升级联合可行性研究	欧洲
中国—格鲁吉亚FTA	格鲁吉亚	2015年3月启动联合可行性研究。2017年5月签署《中国—格鲁吉亚自由贸易协定》,2018年1月1日正式生效	西亚
中国—澳大利亚FTA	澳大利亚	2005年4月谈判启动,历经21轮谈判,2015年6月签署《中国—澳大利亚自由贸易协定》,2015年12月生效并第一次降税,2016年1月第二次降税	大洋洲

续表

名称	涉及对象或经济体	进展情况	地域分布
中国—马尔代夫FTA	马尔代夫	2015年12月谈判启动,进行5轮谈判和1次部长级磋商,2017年12月签署《中国—马尔代夫自由贸易协定》	南亚
亚太贸易协定（PTA）	孟加拉国、印度、老挝、韩国、斯里兰卡	2001年5月加入《曼谷协定》,2005年11月更名为《亚太贸易协定》,2007年10月启动了第四轮关税减让谈判,2016年8月结束谈判	亚洲

资料来源:根据中国自由贸易区服务网资料整理所得,见 http://fta.mofcom.gov.cn。

  中国—东盟FTA是中国目前取得成绩最显著的一个自贸区。2002年11月4日中国与东盟正式签署《中国—东盟全面经济合作框架协议》,启动了中国—东盟自贸区(CAFTA)的建设进程。CAFTA进展顺利,2004年"早期收获计划"作为先期成果顺利实施,同一年又先后签署了《货物贸易协议》和《争端解决机制协议》,2007年签署《服务贸易协议》,2009年8月在泰国曼谷举行的第八次中国—东盟经贸部长会议上,双方进一步签署了《中国—东盟自贸区投资协议》。2010年CAFTA全面建成,CAFTA是中国签署的第一个实质性的FTA,这是世界上最大的发展中国家间的FTA,有力推动了双边经贸关系的发展。在自贸区各项优惠政策的促进下,中国与东盟的双边贸易从2002年的548亿美元增长到2017年的5000多亿美元,CAFTA建立以前,东盟是中国的第五大贸易伙伴,到2017年,东盟已上升为中国的第三大贸易伙伴,中国为东盟十国最大的贸易伙伴。CAFTA极大地密切了双方的经贸关系,成为发展中国家之间互利共赢的良好合作范式,也对亚洲和世界的经济增长和稳定作出了贡献。为了进一步提高区域贸易投资自由化和便利化水平,李克强总理于2013年10月在中国—东盟领导人会议上提出启动CAFTA升级谈判的倡议。第二年8月升级谈判正式启动,经过4轮谈判磋商达成一致,2015年11月22日双方在吉隆坡签署了《中华人民共和国与东南亚国家联盟关于修订〈中国—东盟全面经济合作框架协议〉及项下部分协议的议定书》,这是中国首个FTA升级协议，其内容是对原有自贸协定的补充完善，涉及货物贸易、服务贸易、投资、经济技术合作等广泛领域，升级谈判《中华人民共和国与东南亚国家联盟关于修订〈中国—东盟全面经济合作框架协议〉及项下部分协议的议定书》的签署，为深化双方经贸合作、建设中国—东盟命运共同体提供了新的动力。

中国内地与港澳更紧密经贸关系安排是中国香港和中国澳门作为单独关税区与中国内地间签署的FTA，该协定的贸易自由化程度非常高，实现零关税的商品涉及了相互贸易的绝大多数商品，在投资领域和服务贸易领域也实现了较高程度的一体化，制定了比世界贸易组织更优惠的贸易投资措施，这是第一个全面实施的自由贸易协议，对促进中国全面快速的发展具有深远的意义。

作为邻国的巴基斯坦是中国坚定的盟友，号称"巴铁"，友好关系源远流长，两国曾在2003年签署实施过建设PTA的协定，2005年4月两国又启动了自由贸易协定谈判，《中国—巴基斯坦自由贸易协定》于2006年11月正式签署，协定于2009年10月10日生效。2015年4月签署《中华人民共和国政府和巴基斯坦伊斯兰共和国政府自由贸易区服务贸易协定银行业服务议定书》，这个对中国和巴基斯坦两国来说都是开放程度最高、涉及领域最全面的服务贸易协定，也是中国FTA建设步入深化阶段的重要标志。此外，从2015年4月开始，中巴两国在"一带一路"倡议下开展经济走廊建设，以进一步加强中巴互联互通，促进两国共同发展。

2005年11月，中国和智利经过一年谈判，签署了《中国—智利自由贸易协定》，并于2006年10月开始实施，该协定明确两国用10年时间将两国97%的产品逐步实行零关税。2008年4月双方进一步签署实施《中国—智利自由贸易协定关于服务贸易的补充协定》，自2010年8月起实施。中智自贸协定是中国同南美洲国家建立的第一个FTA，对于深化中国同南美洲的经贸合作意义重大。2016年11月启动中国—智利自贸协定升级谈判，一年后谈判顺利完成，正式签署了《中华人民共和国政府和智利共和国政府关于修订〈自由贸易协定〉及〈自由贸易协定关于服务贸易的补充协定〉的议定书》①。

2008年4月7日中国和新西兰签署《中国—新西兰自由贸易协定》,协定涉及货物贸易、服务贸易和投资等领域,这是中国与发达经济体签订的第一个自贸协定,对与其他发达国家的自贸区谈判有借鉴意义。2016年11月20日在秘鲁举行的APEC领导人会议期间,时任中国商务部部长高虎城与时任新西兰贸易部部长麦克莱一起宣布启动中国—新西兰自贸协定升级谈判。目前两国已经进行了3轮谈判,磋商围绕的议题包括原产地规则、服务贸易、投资、技术性贸易壁垒、海关程序与贸易便利化、自然人移动、竞争政策、电子商务、农业合作、环境、政府采购等议题,谈判已取得了积极进展。②

中国—新加坡FTA的谈判始于2006年8月,经过8轮艰苦磋商,2008年10月签署《中国—新加坡自由贸易协定》,2009年1月起生效。为进一步加强两国经贸合作,中国和新加坡于2011年7月举行第八次双边合作联委会会议,并签署了《中华人民共和国政府和新加坡共和国政府关于修改〈中国—新加坡自由贸易协定〉的议定书》。2012年7月两国签署了在中国—新加坡自由贸易协定项下进一步开放银行业的换文。为进一步提升两国的经贸合作水平,中新FTA升级谈判于2015年11月正式启动,2017年10月在新加坡举行了中国—新加坡FTA升级第四轮谈判,两国就原产地规则、服务贸易、贸易便利化、投资、贸易救济、海关程序等议题等开展了深入的磋商。

中国—哥斯达黎加FTA谈判自2008年11月启动后至今已开展过6轮谈判,《中国—哥斯达黎加自由贸易协定》2010年4月8日正式签订,2011年8月1日生效。这是一个涵盖领域非常广且自由化水平很高的自由贸易协定,该协定是中国与中美洲国家的第一个一揽子自由贸易协定。

中国—秘鲁FTA在2007年开始谈判,两年后正式签署《中国—秘鲁自由贸易协定》,并于2010年3月起实施。《中国—秘鲁自由贸易协定》

---

① 资料来源:中国自由贸易区服务网,见 http://fta.mofcom.gov.cn。
② 资料来源:中国自由贸易区服务网,见 http://fta.mofcom.gov.cn。

是个一揽子协定,是两国经贸发展的里程碑。从中国海关统计数据看,中秘双边贸易额2015年达到160.2亿美元,是中秘FTA建立前的2.2倍。中国目前已是秘鲁第一大贸易伙伴和第一大进出口市场,秘鲁上升为中国在拉丁美洲的第五大贸易伙伴国。2016年11月两国启动了双边自贸协定升级研究。

中国—韩国FTA 2010年5月完成官产学联合研究,于2012年1月启动自贸协定谈判。历经14轮谈判,2014年11月完成实质性谈判,《中国—韩国自由贸易协定》正式文本于2015年6月1日签署,协定内容覆盖领域非常广,开放水平很高。协定范围广,共涵盖17个领域,还包含了政府采购、电子商务、环境竞争政策等众多"21世纪经贸议题"。两国都有90%以上税目商品实现了自由贸易,涉及的贸易量双方都达到了85%。2015年12月20日协定正式生效并第一次降税,2016年1月1日第二次降税,协定第一阶段进展比较顺利。[①] 2017年12月,中韩签署《关于启动中韩自贸协定第二阶段谈判的谅解备忘录》,双方将对服务和投资领域的市场准入进行谈判,2018年3月22日,在韩国首尔举行了中国—韩国自贸协定第二阶段第一轮谈判。

中国—冰岛FTA的谈判于2008年9月开始,进行了6轮谈判,2013年4月签署《中国—冰岛自由贸易协定》,于2014年7月起生效,是中国与欧洲国家签署的第一个FTA。

中国—瑞士FTA于2010年2月启动联合可行性研究,2011年1月启动谈判后开展了8轮双边谈判,《中国—瑞士自由贸易协定》已于2013年7月正式签署,2014年7月1日生效,是中国与欧洲大陆国家签署的第一个FTA。《中国—瑞士自由贸易协定》自由化水平高、涉及内容全面,有利于深化中瑞经贸合作。2017年1月《中国—瑞士自由贸易协定》升级联合研究启动,2018年3月27日,在北京举行了自贸协定升级联合研究第二次会议。

---

① 资料来源:中国自由贸易区服务网,见 http://fta.mofcom.gov.cn/article/chinakorea/koreanews/201506/21837_1.html。

第二章 中国和印度积极参与区域经济合作的现状

2015年3月中国与格鲁吉亚启动自贸区联合可行性研究,签署了共建"丝绸之路经济带"合作的备忘录。谈判进行了3轮,2017年5月签署自贸协定,2018年1月起开始实施。这是"一带一路"倡议提出后中国达成的第一个FTA,也是与欧亚国家签署的第一个FTA,是落实党的十九大提出的"促进自由贸易区建设,推动建设开放型世界经济"的重要举措,对"一带一路"倡议的实施意义重大。

中国—澳大利亚FTA是继中国—韩国FTA后,中国与亚太地区发达经济体签订的另一个覆盖面广、水平高的FTA。谈判启动于2005年4月,历经21轮谈判,2015年6月签署了《中国—澳大利亚自由贸易协定》,协定于2015年12月20日生效。中澳FTA为两国经贸合作提供了新的机制和平台。协定实施以来已经三次降税,促进了两国贸易增长和结构优化。

中国—马尔代夫自贸协定谈判启动于2015年12月,进行了5轮双边谈判和1次部长级磋商,2017年12月签署了《中国—马尔代夫自由贸易协定》。协定明确两国实现零关税的货物贸易产品将达到95%以上,同时作出开放市场承诺的还有金融、医疗和旅游等服务部门。中马FTA是马尔代夫对外签署的第一个双边FTA,中国签订的第16个FTA。

除上述已经签订并实施中的自贸协定外,中国还在2001年5月成为《曼谷协定》成员,《曼谷协定》是一个PTA,这是中国参加的第一个区域性多边特惠贸易安排,也是中国目前正在实施中的连接东亚和南亚的唯一一个PTA。《曼谷协定》是1975年7月31日在联合国亚太经社会主持下在泰国首都曼谷签订的,是发展中经济体之间达成的一项优惠贸易安排,《曼谷协定》于2005年11月更名为《亚太贸易协定》。《亚太贸易协定》对促进中国与协定成员间的经贸关系起到了较大的促进作用,2015年,中国与其他成员双边贸易额从2001年的410亿美元扩大至2015年的3696亿美元,增长近9倍。现在成员有印度、韩国、斯里兰卡、孟加拉国、老挝,中国和正在履行国内审批程序的蒙古国。《亚太贸易协定》2007年10月启动了第四轮关税减让谈判,经过了九年漫长而艰苦的磋商,到2016年8月才正式结束。《亚太贸易协定》的第四轮降税数目比第三轮谈判增长2.5倍,平均降税税目比例为28%,平均降税幅度达到33%。新一轮降税计划的实施对成员间贸易发展必将起到巨大的促进作用。

二、中国正在谈判的自由贸易区情况

中国目前有 11 个正在谈判的区域贸易协定,全部是 FTA 层面的。分别是:中国—海合会 FTA、中国—挪威 FTA、中日韩 FTA、中国—巴基斯坦自贸协定第二阶段谈判、区域全面经济伙伴关系协定(RCEP)、中国—斯里兰卡 FTA、中国—新加坡自贸协定升级谈判、中国—以色列 FTA、中国—毛里求斯 FTA、中国—新西兰自贸协定升级谈判和中国—摩尔多瓦 FTA(见表 2-2)。

表 2-2　中国正在谈判的 FTA

名称	涉及伙伴国或经济体	进展情况	地域分布
中国—海合会 FTA	海湾合作委员会	2005 年 4 月启动首轮谈判,2009 年 6 月重启谈判,截至 2018 年 4 月已经历 6 轮谈判	西亚
中国—挪威 FTA	挪威	2007 年 6 月开始自贸区联合可行性研究,截至 2018 年 4 月已进行 8 轮谈判	欧洲
中日韩 FTA	日本、韩国	2010 年 5 月启动联合研究,2012 年 11 月启动谈判,截至 2018 年 4 月已进行 13 轮谈判	东亚
中国—巴基斯坦自贸协定第二阶段谈判	巴基斯坦	2011 年 3 月,举行第二阶段降税第一轮谈判,截至 2018 年 4 月已经历了 10 轮谈判	南亚
区域全面经济伙伴关系协定(RCEP)	东盟十国、日本、韩国、印度、澳大利亚、新西兰	2011 年 11 月东盟提出倡议,2012 年 11 月开始谈判,截至 2018 年 5 月已经开展了 22 轮谈判	亚洲大洋洲
中国—斯里兰卡 FTA	斯里兰卡	2014 年 9 月正式启动谈判,截至 2018 年 4 月已经经历了 5 轮谈判	南亚
中国—新加坡自贸协定升级谈判	新加坡	2015 年 11 月正式启动,2017 年 4 月第一次谈判,截至 2018 年 4 月进行了 6 轮谈判	东南亚
中国—以色列 FTA	以色列	2016 年 3 月开启谈判,截至 2018 年 4 月已经经历了 3 轮谈判	西亚

第二章　中国和印度积极参与区域经济合作的现状

续表

名称	涉及伙伴国或经济体	进展情况	地域分布
中国—毛里求斯FTA	毛里求斯	2016年11月启动联合可行性研究,2018年4月进行了首轮谈判。就协定议题、谈判职责文件、谈判整体安排等达成共识	非洲
中国—新西兰自贸协定升级谈判	新西兰	2017年4月启动首轮升级谈判,到2018年4月已进行了3轮谈判	大洋洲
中国—摩尔多瓦FTA	摩尔多瓦	2016年12月启动联合可行性研究,2017年12月启动中摩FTA谈判	欧洲

资料来源:根据中国自由贸易区服务网资料整理所得,见 http://fta.mofcom.gov.cn。

海合会全称海湾合作委员会,是海湾地区具有较强经济实力以及国际影响力巨大的区域经济组织,目前有6个成员①。海合会是全球第二大承包工程劳务市场和第二大工程建设市场,目前是中国最重要的石油进口来源地,中国则是海合会6国第八大贸易伙伴。2005年4月中国和海合会进行了首轮自贸协定谈判,2009年6月又重启自由贸易区谈判,双方就结束货物贸易框架下97%左右商品的市场准入问题达成了一致,但由于多种原因,特别是由于国际市场变化的原因,海合会停止了所有正在进行的共计17个国家和地区组织的自贸区谈判。到2016年2月中国海合会才恢复中止6年的自贸区谈判,截至2018年4月中国—海合会FTA共进行了6轮谈判,双方就服务贸易、投资、经济技术合作、电子商务以及货物贸易遗留问题等议题进行了深入沟通、交流且已取得了部分积极成果。

中国—挪威FTA联合可行性研究第一次会议2007年6月在挪威的奥斯陆召开,截至2018年4月已经开展过8轮双边自由贸易谈判,双方就贸易、相互投资、知识产权、环境保护、电子商务及政府采购等广泛议题展开了深入的磋商,目前还未取得实质性进展。

2009年10月中、日、韩三国就尽快启动中日韩FTA官产学联合研究

---

① 海合会6个成员:沙特阿拉伯、阿联酋、科威特、阿曼、卡塔尔和巴林。

达成共识,2010年5月6日,中日韩FTA联合可行性研究首轮会议在韩国首尔举行,中日韩FTA谈判于2012年11月启动。三方都高度重视谈判,正共同努力尽快达成一个覆盖面广、水平高、互惠互利的自贸协定。中日韩FTA截至2018年4月已经进行了13轮谈判,就如何推动货物贸易、服务贸易、投资等重要议题深入交换了意见。

中国—巴基斯坦自贸协定第二阶段降税第一轮谈判2011年3月在伊斯兰堡举行,截至2018年4月已经经历了10轮谈判,两国就货物贸易、服务贸易、关税减让、海关数据交换等议题进行了深入磋商,谈判已经取得了部分积极成果。

RCEP是目前亚太地区正在谈判中的成员最多且影响广泛的自由贸易区。东盟在2011年11月率先提出了在东盟十国的基础上加入若干国家的RCEP的倡议,目的是形成以东盟为核心的更大范围的区域贸易组织。东盟十国、中、日、韩、澳、新、印16国(即10+6)于2012年11月共同启动了RCEP谈判。截至2018年5月RCEP已进行了22轮谈判。其目标是达成一个现代、全面、高质量和互惠的区域贸易协定。RCEP 16个成员的人口约占全球人口的50%,GDP、贸易规模接近全球的1/3,是亚太地区当前谈判中规模最大的FTA,也是中国参与的成员数最多、规模最大的多边自由贸易协定谈判。中国一直积极参与并努力推动RCEP谈判进程。

中国—斯里兰卡FTA联合可行性研究于2013年8月启动,于2014年3月宣布完成联合可行性研究,并同年9月正式启动了双边自贸区谈判,截至2018年4月谈判已经经历了5轮,两国就经贸议题充分交换意见,谈判已经取得了积极进展。

中国—新加坡自贸协定升级谈判于2015年11月正式启动,截至2018年4月双方已进行了6轮谈判,两国就服务贸易、投资原产地规则、海关程序与贸易便利化、贸易救济和经济合作等议题展开磋商,取得了积极进展。中新自贸区升级将进一步推动两国经贸关系发展,提升双边贸易合作水平,发出坚定维护自由贸易的信号。

以色列地处"一带一路"沿线中东地区,和中国有紧密的双边经贸关系,是中国重要的合作伙伴,目前中国是以色列的第三大贸易伙伴。中国和以色列2016年3月开启双边自由贸易区谈判,截至2018年4月已经经历了3轮谈判,两国就自贸协定涉及的主要经贸等议题展开了深入磋商。

中国—毛里求斯FTA的联合可行性研究于2016年11月在北京正式启动,中国—毛里求斯自贸协定第一轮谈判2018年4月初在毛里求斯首都路易港举行。两国就协定议题范围、谈判职责文件、谈判整体安排等达成了共识,并初步商定2018年6月在北京举行第二轮谈判。

中国—新西兰自贸协定升级谈判于2017年4月正式启动,双方就服务贸易、投资、原产地规则、贸易救济和经济合作等广泛更高层次议题展开了磋商,目前已经取得了一定的积极成果。

中国—摩尔多瓦FTA的联合可行性研究于2016年12月启动,2017年5月结束。双方共同认为,建立中国—摩尔多瓦自由贸易区有利于促进两国经济共同发展,进一步密切中国和摩尔多瓦两国的经贸往来,2017年12月中国—摩尔多瓦FTA谈判在北京正式启动。

此外,中国和南部非洲关税同盟也开展过建立自贸区的尝试[①],双方广泛酝酿和磋商,曾于2004年6月28日共同宣布启动双边FTA谈判。中国对此也一直保持积极态度,但双方一直未展开正式谈判,也没有进入实质性谈判的迹象。进入21世纪以来,美国、欧盟、日本和印度等重要经济体也纷纷加强与南部非洲关税同盟的经济联系,美国于2003年年初展开了与南部非洲关税同盟的FTA谈判,但因分歧过大也以搁浅告终。

三、中国进行可行性研究的FTA

截至2018年5月,中国正在进行或已完成可行性研究的自贸区有12个,分别是:中国—印度FTA、中国—哥伦比亚FTA、中国—斐济

---

① 南部非洲关税同盟包括南非、博茨瓦纳、纳米比亚、莱索托和斯威士兰5国。成立于1969年,在5个成员中,南非作为金砖成员国,其国内生产总值和进出口贸易额占整个关税同盟的90%以上。

FTA、中国—尼泊尔 FTA、中国—蒙古国 FTA、中国—瑞士自由贸易协定升级联合研究、中国—加拿大 FTA、中国—秘鲁自由贸易协定升级联合研究、中国—巴勒斯坦 FTA、中国—巴拿马 FTA、中国—巴布亚新几内亚 FTA、中国—孟加拉国 FTA。12 个正在进行研究的自贸区中有 4 个谈判的伙伴国在南亚，这是中国重视与南亚国家的关系，且与南亚国家联系越来越密切的一种体现。其中的中印自由贸易区双方于 2007 年已经完成了联合可行性研究，研究结果认为，建立中印自由贸易区有利于双方经贸关系发展，但由于印度方面的原因，至今没有启动正式谈判，具体情况见表 2-3。

表 2-3 中国已经完成研究和正在研究的 FTA

名称	涉及伙伴国家或地区	进展情况	地域分布
中国—印度 FTA	印度	2005 年 4 月启动联合可行性研究。2006 年 3 月召开了第一次工作组会议，共召开了 6 次工作组会议，2007 年 10 月完成可行性研究报告	南亚
中国—哥伦比亚 FTA	哥伦比亚	2012 年 5 月启动联合可行性研究	南美洲
中国—斐济 FTA	斐济	2015 年 11 月和 2016 年 11 月举行两次联合可行性研究工作组会议，对涉及领域和内容达成共识	大洋洲
中国—尼泊尔 FTA	尼泊尔	2016 年 3 月 21 日在北京宣布正式启动联合可行性研究	南亚
中国—蒙古国 FTA	蒙古国	2017 年 5 月 12 日在"一带一路"国际合作高峰论坛期间宣布启动联合可行性研究	东亚
中国—瑞士自贸协定升级联合研究	瑞士	2017 年 1 月启动中瑞自贸协定升级联合可行性研究。分别于 2017 年 5 月和 2018 年 3 月举行了两次自贸协定升级联合研究会议	欧洲
中国—加拿大 FTA	加拿大	2016 年 9 月启动联合可行性研究，分别于 2017 年 2 月、4 月、7 月和 9 月举行了四次会议	北美洲
中国—秘鲁自贸协定升级联合研究	秘鲁	2017 年 11 月宣布启动双边自贸协定升级联合研究	南美洲

续表

名称	涉及伙伴国家或地区	进展情况	地域分布
中国—巴勒斯坦FTA	巴勒斯坦	2017年7月达成共识,2017年11月签署启动可行性研究谅解备忘录,正式开启中巴FTA进程	南亚
中国—巴拿马FTA	巴拿马	2017年11月启动联合可行性研究。2018年1月和3月分别在北京和巴拿马城召开工作组会议	北美洲
中国—巴布亚新几内亚FTA	巴布亚新几内亚	2016年7月两国启动联合可行性研究	大洋洲
中国—孟加拉国FTA	孟加拉国	两国就启动自贸协定联合可行性研究达成共识	南亚

资料来源:根据中国自由贸易区服务网资料整理所得,见 http://fta.mofcom.gov.cn。

2005年4月温家宝同志访问印度时,同印度总理一起决定启动中印自由贸易区联合可行性研究。2006年3月在新德里召开了联合研究小组第一次工作组会议,到2007年10月联合研究小组就中印FTA的可行性共召开了6次工作组会议,在共同努力下,双方就货物贸易、投资、服务贸易及经济合作等方面达成共识,顺利完成了联合可行性研究报告,指出建立自贸区对两国都有利,可以互惠共赢,但由于印度国内的一些原因,两国至今没有启动正式谈判。

中国和哥伦比亚两国于2012年5月9日签署了《中华人民共和国商务部与哥伦比亚共和国贸易工业旅游部关于开展双边自由贸易协定联合可行性研究的谅解备忘录》,正式启动了中国—哥伦比亚FTA的联合可行性研究。

中国和斐济两国于2015年11月在斐济楠迪举行了中国—斐济FTA联合可行性研究第一次工作组会议,2016年11月在北京召开了中国—斐济FTA联合可行性研究第二次工作组会议。双方交换了关于可行性研究报告初稿的意见,对所涉及的领域和议题达成了共识。

中国和尼泊尔两国于2016年3月在北京签署了《中华人民共和国商务部和尼泊尔商业部关于启动中国—尼泊尔自由贸易协定联合可行性研究谅解备忘录》,正式启动双边FTA联合可行性研究工作。近年来,中国和尼泊尔经贸关系稳定发展,中国已成为尼泊尔的第二大贸易伙伴国和主要投资来源地。中国—尼泊尔建立 FTA 将为两国经贸关系深入发展注入新的动力。

中国和蒙古国两国领导人在 2017 年 5 月出席"一带一路"国际合作高峰论坛期间签署了《中华人民共和国商务部和蒙古国对外关系部关于启动中国—蒙古自由贸易协定联合可行性研究的谅解备忘录》,决定正式启动中国—蒙古国 FTA 的联合可行性研究。蒙古国作为"一带一路"沿线国家与中国相邻,近年来两国经贸关系不断发展,且经贸合作的潜力巨大。目前,中国是蒙古国第一大贸易伙伴,是第二大投资来源地。中国—蒙古国 FTA 建设除了能促进两国经贸关系发展外,还将极大推动中蒙俄经济走廊建设,提升整个东北亚的区域经济合作水平。

李克强总理 2016 年 9 月对加拿大进行访问期间,与加拿大总理特鲁多共同宣布启动中加 FTA 联合可行性研究与探索性讨论,之后双方分别于 2017 年 2 月、4 月、7 月和 9 月举行了四次会议。双方就联合可行性研究报告的相关问题交换了意见,达成了广泛共识,目前中国—加拿大 FTA 联合可行性研究正在进行中。加拿大是全球第十大经济体,是中国的重要经贸伙伴。两国经贸合作潜力巨大,建立中国—加拿大 FTA 对于推动中国的自由贸易区战略意义重大。

中国和巴勒斯坦两国于 2017 年 7 月就启动双边自贸协定联合可行性研究达成了共识,2017 年 11 月签署了启动中国—巴勒斯坦自由贸易协定联合可行性研究的谅解备忘录,正式开启了中国—巴勒斯坦 FTA 进程。双方一致表示将就共同关注的领域尽快开展研究,争取早日完成联合可行性研究。中国—巴勒斯坦 FTA 建设将进一步巩固和扩大两国经贸关系往来。

2017 年 11 月中国—巴拿马 FTA 的联合可行性研究启动,2018 年 1 月联合可行性研究工作组在北京召开了第一次会议,正式启动了中国—巴拿马自贸区建设进程。2018 年 3 月中国—巴拿马 FTA 联合可行性研究工作组在巴拿马城举行了第二次会议,经过 3 天密集磋商,双方对联合可行性研究报告的所有内容达成了一致,联合可行性研究圆满结束。巴拿马是中国在北美洲的最大贸易伙伴,中国是巴拿马运河第二大用户,也是巴拿马全球第二大贸易伙伴国,中国—巴拿马FTA建立将为两国经贸关系进一步发展提供制度性保障。

巴布亚新几内亚独立国时任总理彼得·奥尼尔2016年7月访问中国期间,两国就加强经贸关系和尽早启动中国—巴布亚新几内亚自由贸易协定联合可行性研究等问题达成了共识。

孟加拉国作为最不发达国家是世界上少数尚未签署自贸协定的国家之一。2018年3月孟加拉国具备了从最不发达国家毕业的资格,即将失去其享有的发达国家对发展中经济体市场准入的特惠待遇。为应对这种变化,孟加拉国决定与主要贸易伙伴开启自贸协定谈判。中国和孟加拉国两国已经同意就中国—孟加拉国FTA展开联合可行性研究。

第二节 印度参与区域贸易安排的现状

由于印度参与的区域经济合作类型较多也比较复杂,所以这里使用上一章已介绍的RTA来表示印度的区域经济合作情况。印度的RTA战略是与其对外贸易政策紧密联系在一起的,自20世纪50年代国家取得独立以后至80年代之前,印度主要奉行内向型经济政策,严格限制进口以保护国内市场,对融入全球贸易体系和签署区域贸易协定持谨慎态度。进入90年代后,印度对外政策发生了方向性转变,时任印度总理拉奥提出了"东向"政策,自贸区战略即是其中的重要内容之一。1998年签署的印度—斯里兰卡FTA是印度第一个自贸协定,标志着印度的自贸区战略开始起步。"东向"政策初期,印度主要立足周边,重点发展与东盟的经贸关系,随着经济实力不断增强,印度开始扩大"东向"政策的范围。从2003年起印度"东向"政策进入第二阶段,这个阶段的重点是加强与东北亚和泛亚太国家的自贸区建设,并加快与发达经济体的FTA谈判。目前,印度区域经济合作的范围已从东南亚逐渐拓展到日本、韩国、澳大利亚和新西兰等亚太地区发达国家,并呈现出向欧洲和北美进发的趋势,初步形成了独具特色的RTA网络。

印度参与区域贸易安排的实践虽然起步较晚,但发展速度非常快。据亚洲开发银行的统计数据显示,截至2018年4月印度已签署并生效的RTA共有13个,还有4个已签署框架协议但没正式实施,正在进行谈判的RTA有12个,正在进行可行性研究的RTA有12个。目前印度的RTA数量有41个,在亚洲地区仅次于新加坡,居第二位。从自贸协定文本的内容来看,印度FTA的自由化程度和开放程度都高于中国。下面分别介绍印度已经签订生效的自贸协定、已经签订的框架协议、正在谈判的自贸协定和正在研究的自贸协定情况。

一、印度已签订生效的RTA

截至2018年4月底,印度已与孟加拉国、斯里兰卡、尼泊尔、阿富汗、新加坡、不丹、马尔代夫、巴基斯坦、智利、巴西、巴拉圭、阿根廷、乌拉圭、韩国、文莱、柬埔寨、印度尼西亚、老挝、马来西亚、缅甸、菲律宾、泰国、越南、日本等国家或地区签订并实施了13个区域贸易协定,表2-4是按照贸易协定签订的时间顺序列出的印度已签订生效的区域贸易协定情况。印度已经签订的贸易协定包含的类型较多,在已签署的13个区域贸易协定中包括4个PTA、4个FTA、3个CECA、1个EPA和1个CEPA,在合作层次上总体高于中国已经签订的区域贸易协定水平。

表2-4 印度已签订生效的RTA

名称	涉及伙伴国家或地区	进展情况	地域分布
亚太贸易协定PTA	孟加拉国、中国、老挝、韩国、斯里兰卡	1976年正式生效,2005年11月更名为《亚太贸易协定》,2007年10月至2016年8月进行了第四轮关税减让谈判	亚洲
印度—斯里兰卡FTA	斯里兰卡	1998年12月签署,2001年12月正式实施,是印度签署的第一个FTA。2005年2月正式启动升级谈判	南亚
印度—尼泊尔FTA	尼泊尔	1991年12月签署《贸易条约》,2002年3月正式生效	南亚

续表

名称	涉及伙伴国家或地区	进展情况	地域分布
印度—阿富汗 PTA	阿富汗	2003年3月签署《优惠贸易协定》,同年5月正式生效	西亚
印度—新加坡 CECA	新加坡	2003年联合研究小组进行了第一轮谈判,2005年6月正式签署协议,2015年11月签署《战略合作伙伴关系》	东南亚
南亚 FTA	孟加拉国、不丹、马尔代夫、尼泊尔、巴基斯坦、阿富汗、斯里兰卡	由南亚区域合作联盟发展而来,2004年1月6日,第12届首脑会议签署了《南亚自由贸易协定框架条约》,2006年1月1日南亚自由贸易区正式生效	南亚
印度—不丹 FTA	不丹	2006年7月28日签订《印度—不丹自由贸易协定》,2006年7月29日生效。2016年11月两国又签署了一项新的双边贸易协定	南亚
印度—智利 PTA	智利	2006年3月8日签署了《特惠贸易协定》,自2007年9月11日起正式生效。2017年5月16日起两国实施扩大的PTA	南美洲
印度—南方共同市场 PTA	巴西、巴拉圭、阿根廷、乌拉圭	2004年1月25日正式签署《特惠贸易协定》,自2009年6月1日起正式生效	南美洲
印度—韩国 CEPA	韩国	2006年3月23日启动谈判,历经12轮谈判,2009年8月7日正式签署,2015年5月印韩两国签署了包括避免重复征税在内的7项协议,2017年9月印度韩国双方启动升级谈判	东亚
印度—东盟 CECA	东盟十国	2003年启动谈判,2009年8月13日签订《全面经济合作协定》,2010年1月正式生效,2014年9月8日,《印度—东盟投资与服务协定》正式签署,并于2015年7月1日生效	南亚、东南亚
印度—日本 EPA	日本	2004年11月29日启动联合可行性研究,2007年1月31日启动谈判,2011年2月15日签署《全面经济伙伴关系协定》	东亚

71

续表

名称	涉及伙伴国家或地区	进展情况	地域分布
印度—马来西亚 CECA	马来西亚	2005年1月17日开始研究磋商,在2008年1月启动谈判,2011年2月18日签署协定,2011年7月1日正式生效	东南亚

资料来源:根据亚洲开发银行亚洲区域一体化中心FTA数据库数据整理,见https://aric.adb.org/database/fta1。

印度是亚太贸易协定的重要成员,由于中国2002年加入亚太贸易协定,对此在上一节已经进行了介绍。

印度—斯里兰卡FTA于1998年签署,并于2001年正式生效,这是印度签署的第一个具有实质性意义的自由贸易协定,该协定早期主要是针对货物贸易进行了相关规定,通过关税减让来扩大双边贸易。协定促进了两国的双边贸易发展,双边贸易额由2003年的13.38亿美元增长至2017年的51.9亿美元,增加了3倍,印度成为斯里兰卡第一货物出口国。为了进一步深化两国的经济联系与合作,印度和斯里兰卡于2003年4月共同决定全面升级原有的自由贸易协定,并建立了专门的联合研究小组,启动了印度—斯里兰卡FTA的升级进程,双方希望通过扩大印度—斯里兰卡双边贸易协定的范围来增加双方服务贸易与投资。基于共同研究小组提交的报告,印度—斯里兰卡FTA的升级谈判于2005年2月正式启动,历经13轮谈判后于2008年达成了协议,但由于斯里兰卡国内商界和学术界的反对,该协议的签署被搁置。后因双边日益增长的贸易需求,升级谈判于2010年12月重新启动,但在2013年印度—斯里兰卡FTA升级谈判再次被搁置。

印度—尼泊尔《贸易条约》1991年12月6日签署,2002年3月6日正式生效。目前印度是尼泊尔最大的贸易伙伴,尼泊尔卢比与印度卢比挂钩,尼泊尔的出口半数输往印度。

印度—阿富汗PTA于2003年3月6日正式签署,2003年5月13日正式生效。

第二章　中国和印度积极参与区域经济合作的现状

印度—新加坡《全面经济合作协定》(CECA)于2005年6月29日正式签署,2005年8月1日生效。该协定内容超越了传统FTA的范畴,包括更多的服务贸易和投资安排。根据协定,新加坡和印度两国进行了大范围和大幅度关税减让,一部分商品甚至立即实现零关税。该协议促进了印度与新加坡的贸易发展,双边贸易额在2017年达221亿美元。2012年,印度—新加坡《全面经济合作协定》开启了第二轮审查,CECA更新条款的审查工作已经进行了长达6年多的谈判至今仍未结束。2015年11月24日,印度、新加坡签署《战略合作伙伴关系》,以进一步推动重点领域的合作。

南亚FTA是在南亚区域合作联盟的基础上发展而来的,1985年12月,印度、孟加拉国、不丹、尼泊尔、巴基斯坦、斯里兰卡、马尔代夫七个南亚国家通过了《南亚区域合作宣言》和《南亚区域合作联盟宪章》,印度于1993年与其他南亚联盟各国共同签订了《南亚联盟特惠贸易安排协议》,进一步降低南亚联盟各国间的贸易门槛以促进成员间的贸易发展。1997年南亚联盟第九次首脑会议提出建立《南亚自由贸易区》,2004年1月6日的第12届首脑会议签署了《南亚自由贸易协定框架条约》,2006年1月1日南亚自由贸易区正式生效,南亚各国开始逐渐降低关税,取消非关税壁垒。2008年8月3日阿富汗加入。

《印度—不丹自由贸易协定》起源于1972年两国签署的一份贸易和商业协定。之后该协定又被更新了四次,最后一次更新日期为2006年7月28日,并于次日正式生效,有效期至2016年7月29日。2016年11月13日,印度和不丹签署了一项新的双边贸易协定,旨在通过贸易便利化加强两国间贸易。

印度—智利《特惠贸易协定》是在历经了4轮谈判后,于2006年3月8日签署的,自2007年9月11日起正式生效。根据此协议,印度出口的产品有91%受益,智利出口的产品有98%受益。由于原贸易协定对关税条款的规定较少,两国于2017年5月16日起实施双边扩大的特惠贸易协定,扩大的特惠贸易协定覆盖的范围更广,更加有助于贸易双方利用关税减让的优势来扩大贸易规模。

印度—南方共同市场《特惠贸易协定》于 2004 年 1 月 25 日正式签署,自 2009 年 6 月 1 日起正式生效,涉及的国家有巴西、巴拉圭、阿根廷、乌拉圭和印度。按照协议,一方面南方共同市场国家已同意为大约 450 种印度产品提供特惠准入;另一方面,印度将为 450 种南方共同市场成员国的产品提供特惠准入。该协议有效加强了区域间的经济关系,促进了区域内贸易规模的扩大。

印度—韩国更紧密经贸关系安排(CEPA)于 2006 年 3 月 23 日启动谈判,历经 12 轮谈判后,2009 年 8 月 7 日正式签署,2010 年 1 月 1 日该协定正式生效。根据印度—韩国 CEPA,韩国对 90% 的印度进口产品免除关税,印度则在 8 年过渡期内对 70% 的韩国进口产品免除关税,将 15% 的产品列入限制列表,对 5% 的产品减半征收关税。韩国—印度的 CEPA 是韩国与金砖国家成员签署的第一个自由贸易协定,是印度与发达经济体签署的第一份高水平的自由贸易协定。2015 年 3 月两国举行了磋商,决定扩大原协定中的商品范围。2015 年 5 月,印、韩两国签署了包括避免重复征税在内的 7 项协议。2017 年 9 月,印度、韩国双方启动升级谈判,以进一步促进双方的贸易与投资。

印度—东盟《全面经济合作协定》是一个较高层次的区域贸易协定。印度于 1992 年成为东盟的部门对话伙伴,1996 年该伙伴关系升级为全面对话伙伴关系。自 2002 年以来,印度一直与东盟国家举行年度首脑会议。2003 年启动谈判,2006 年 7 月谈判曾中止,经过 6 年多的谈判后,2009 年 8 月 13 日印度与东盟签订《全面经济合作协定》,并于 2010 年 1 月正式生效,印度和东盟协定中涉及的产品关税在 2013—2016 年四年间降至零。2010 年 1 月生效的协定只针对货物贸易做了相关规定,但印度一直在努力争取将服务和投资涵盖于其中,2014 年 9 月 8 日,《印度—东盟投资与服务协定》正式签署,并于 2015 年 7 月 1 日生效。

印度—日本《全面经济伙伴关系协定》(EPA)是印度签署的又一个较高层次的区域贸易协定。印度与日本两国于 2004 年 11 月启动联合可行性研究,并于 2007 年 1 月正式启动了印度—日本 EPA 谈判,2011 年 2

月15日EPA协定正式签署,并于同年8月1日生效实施。协定中规定在未来的十年里,两国均需降低对方的特定贸易产品的进口税,减幅高达94%。此协定内容达到"WTO+"标准[①],是印度与发达经济体签署区域贸易协定的成功范本。

印度—马来西亚《全面经济合作协定》于2005年1月17日开始研究磋商,在2008年1月启动谈判,于2011年2月18日正式签署,2011年7月1日正式生效。印度—马来西亚《全面经济合作协定》的签署使印度和马来西亚两国间的货物贸易自由化程度向前迈进了一大步。

二、印度已签订尚未实施的RTA

印度目前已签订了4个区域贸易协定的框架协定,分别为印度—泰国自由贸易协定、孟加拉湾多部门技术和经济合作协定、印度—南部非洲关税同盟优惠贸易协定、印度—海湾合作委员会的经济合作框架协定,这些框架协定虽已签订,但还没有进入正式启动实施阶段,具体见表2-5。

表2-5 印度已签订尚未实施的RTA

名称	涉及伙伴国家或地区	进展情况	地域分布
印度—泰国自由贸易协定	泰国	2003年10月签署框架协定。2014年重启谈判,2016年6月签署加强文化和教育合作的协议	东南亚
孟加拉湾多部门技术和经济合作协定	孟加拉国、不丹、尼泊尔、斯里兰卡、泰国、缅甸	2004年签订框架协议,2014年谈判重启	亚洲
印度—南部非洲关税同盟优惠贸易协定	南非、博茨瓦纳、纳米比亚、斯威士兰、莱索托	2004年9月签署框架协定,2007年10月启动PTA第一轮谈判	非洲

---

① 根据世贸组织发布的《2011年世界贸易报告》,区域经济合作深度一体化的内容分为"WTO+"和"WTO-X"两个方面。"WTO+"是包含在WTO框架内更深层次的一体化条款,也称为"第一代"国际贸易投资政策,主要包括工农业关税、海关管理、出口税收、国有贸易企业、贸易技术壁垒、卫生与植物卫生措施等14个议题。

续表

名称	涉及伙伴国家或地区	进展情况	地域分布
印度—海湾合作委员会经济合作框架协定	巴林、科威特、阿曼、卡塔尔、沙特阿拉伯、阿联酋	2004年8月25日签署经济合作框架协定，2008年9月，进行第二轮谈判，2013年年底，重启第三轮谈判	西亚

资料来源：根据亚洲开发银行亚洲区域一体化中心FTA数据库数据整理，见https://aric.adb.org/database/fta1。

2001年11月印度和泰国建立了关于建立印度—泰国自由贸易协定的联合可行性研究小组，2003年10月两国签署印度—泰国FTA框架协定，协定涵盖了主要的经贸领域议题。在签署框架协定后，两国建立了专门的贸易谈判委员会，已举行了28次会议。目前，印度是泰国的第十五大贸易伙伴国，是泰国在南亚地区的第一大贸易伙伴国。[①] 自由贸易协定旨在互惠互利，扩大两国的贸易规模，并促进两国在投资以及其他经济领域的合作。印度和泰国于2016年6月17日签署了两项旨在加强文化和教育领域合作的协议，同时两国都同意启动全面经济伙伴关系协定的谈判。

孟加拉湾多部门技术和经济合作协定成立于1997年，新的框架协议于2004年签订，2014年又谈判重启。成立初期的孟加拉湾多部门技术和经济合作协定有4个成员，分别是孟加拉国、印度、斯里兰卡和泰国，在以后的发展进程中成员不断扩大，现在已经有7个成员，除了原来的4个老成员外，又增加了不丹、尼泊尔和缅甸3个新成员。孟加拉湾多部门技术和经济合作协定成员中有5个是南盟成员，2个是东盟成员，因此被认为是连接南盟和东盟两个重要的区域经济一体化组织的纽带，是印度推行其"东向"政策的一个具有战略意义的区域组织。

印度—南部非洲关税同盟优惠贸易协定。印度与南部非洲关税同盟（SACU）成员于2004年9月7日签署框架协定，印度—南部非洲关税同盟优惠贸易协定2007年10月6日启动了首轮谈判，截至2018年5月底

[①] 资料来源：中国商务部官方网站，见http://www.mofcom.gov.cn/article/i/jyjl/j/201605/20160501322093.shtml。

双方已开展了5轮优惠贸易协定谈判,并且已经取得了一定的积极成果。

印度—海湾合作委员会FTA于2004年8月签署了经济合作框架协定,第二轮自由贸易协定谈判于2008年9月举行,之后一直进展缓慢甚至停滞。印度于2013年年底重启了与GCC(海湾合作委员会)关于建立自由贸易区的谈判,双方讨论了消减关税和非关税壁垒等问题。阿联酋是印度在海湾合作委员会国家中的首要合作伙伴,也是仅次于中国的世界第二大贸易伙伴。印度和阿联酋于2013年12月12日签订了一份双边投资促进与保护的初步协议。

三、正在谈判的RTA

截至2018年5月,印度正在进行12个不同层次的自贸协定谈判,其中6个是自由贸易协定(FTA),1个是全面经济合作协定(CECA),2个是优惠贸易协定(PTA),其他几个属于EPA层次(CECPA、EPA、RCEP),见表2-6。

印度与埃及于2002年10月开始优惠贸易协定谈判,目前尚未通知WTO。

印度与毛里求斯于2005年8月8日开始进行全面经济合作与伙伴关系协定(CECPA)的谈判,2016年,两国重新谈判了已搁置20年的双重避税协议(DTAA),并于5月签署了经修订的DTAA,继该协议签署之后,2016年10月,印度决定重启与毛里求斯关于签订自由贸易协定的谈判。毛里求斯是印度最大的外国直接投资来源地。从毛里求斯到印度的外国直接投资流入在2016年至2017年间达到157亿美元,占流入印度外国直接投资总额的34%。

印度与以色列于2004年12月8日开始对签署自由贸易协定问题进行联合可行性研究,2006年1月1日开始谈判,第一轮谈判于2010年5月26日正式启动,目前两国间已经进行了8轮谈判。该协定的谈判内容包括货物贸易、服务贸易及投资。

印度—欧盟自贸协定被称为"双边贸易和投资协定"(BTIA),印度与欧盟双方于2005年9月开始就自由贸易协定进行联合可行性研究,

2007年6月28日开始进行谈判,截至2017年8月,双方已进行了17轮谈判,谈判内容涉及货物和服务贸易、贸易便利化、投资、海关合作、公共采购和知识产权保护等诸多领域。

表2-6 印度正在谈判的RTA

名称	涉及伙伴国家或地区	进程情况	地域分布
印度—埃及PTA	埃及	2002年10月两国开始PTA谈判	非洲
印度—毛里求斯CECPA	毛里求斯	2005年8月开始谈判,2016年10月重启谈判	非洲
印度—以色列PTA	以色列	2004年12月开始进行联合可行性研究,2006年1月启动谈判,已进行了8轮谈判	西亚
印度—欧盟FTA	欧盟	2005年9月开始进行联合可行性研究,2007年6月启动谈判,已进行了17轮谈判	欧洲
印度—欧洲自由贸易联盟FTA	瑞士、挪威、冰岛、列支敦士登	2007年2月开始进行联合可行性研究。2008年1月启动谈判,截至2016年9月已经完成了14轮谈判	欧洲
印度—新西兰FTA	新西兰	2007年5月开始进行联合可行性研究,2010年4月启动谈判,已经进行了10轮谈判	大洋洲
印度—加拿大EPA	加拿大	2009年1月21日开始进行联合可行性研究,2010年11月16日正式进行谈判	北美洲
印度—印度尼西亚CECA	印度尼西亚	2005年8月8日开始进行研究磋商,2011年10月4日启动谈判	东南亚
印度—澳大利亚FTA	澳大利亚	2007年8月开始进行联合可行性研究,2011年7月28日开始第一轮谈判	大洋洲
区域全面经济伙伴关系(RCEP)	东盟十国、中日韩、印度、澳大利亚和新西兰	2011年11月东盟提出倡议,2012年11月开始谈判,已经开展了22轮谈判	亚洲、大洋洲
印度—欧亚经济联盟FTA	俄罗斯、白俄罗斯、哈萨克斯坦、亚美尼亚、吉尔吉斯斯坦	2016年年底,欧亚经济联盟与印度作出进行谈判决定;2017年6月,双方共同签署了开启谈判的联合声明	欧亚

续表

名称	涉及伙伴国家或地区	进程情况	地域分布
印度—秘鲁FTA	秘鲁	2014年5月30日开始进行联合可行性研究,2017年6月双方开始第一回合谈判	南美洲

资料来源:根据亚洲开发银行亚洲区域一体化中心FTA数据库数据整理,见https://aric.adb.org/database/fta1。

欧洲自由贸易联盟(European Free Trade Association,EFTA)是层次较低的一个区域贸易组织,是由一些当时不愿意参加欧洲经济共同体的欧洲国家组成的,EFTA将近一半的成员后来退出并加入了欧洲经济共同体,目前只剩下瑞士、挪威、冰岛、列支敦士登4个成员。2005年5月印度总统访问冰岛时双方表现出了建立FTA的意愿,并于2006年正式成立共同研究小组,于2007年2月启动了联合可行性研究。2008年1月26日,谈判正式启动,截至2016年9月已经完成了14轮谈判,他们的目标是通过降低贸易关税实现互利,实现更加自由的贸易,但数据安全、市场准入等问题一直悬而未决。2014年1月印度与欧洲自由贸易联盟之间的FTA谈判陷入僵局。

印度与新西兰于2007年5月开始对自由贸易协定进行联合可行性研究,2010年4月7日启动谈判,目前已经进行了10轮谈判,印度由于其高度保护的农业,包括乳业而反对新西兰产品自由市场准入,因此乳品业成为印度和新西兰之间尽快实现全面自由贸易协定的绊脚石。

印度—加拿大经济伙伴关系协定(EPA)于2009年1月21日开始进行联合可行性研究,2010年11月16日正式进行谈判。2017年3月,印度、加拿大双方针对投资协议的签订问题产生分歧。2017年8月21日,印度和加拿大展开经济合作伙伴协定的第10轮谈判,讨论了有关卫生、植物检疫(涉及植物和动物)和技术贸易壁垒的有关问题。服务部门准则的自由化和对各国之间交易的货物最大数量的逐步减税是此次谈判中的一些有争议的问题。此次拟议的协议旨在消除或减少货物以及开放服务部门的关税并提出促进投资的建议。

印度—印度尼西亚全面经济合作安排于2005年8月8日开始展开

中印建立自由贸易区的预期收益及实施策略研究

研究,两国联合研究小组的可行性报告认为,印度—印度尼西亚全面经济合作安排一旦建成,将大大提高两国的双边贸易。印度—印度尼西亚CECA谈判拟包含货物及服务贸易、投资、贸易便利化和其他经济领域诸多议题,并以一揽子的方式达成协议。CECA的开放程度预计在印度—东盟FTA之上。2011年10月4日印度—印度尼西亚全面经济合作安排谈判启动。

印度与澳大利亚于2007年8月就建立印度—澳大利亚FTA成立了联合研究小组,展开了对FTA的联合可行性研究,2011年7月28日两国开始了第一轮谈判,双方当初预计于2015年12月底前完成谈判,但两国在乳制品和葡萄酒减税等问题上差异较大,双方在2015年9月的第9轮谈判后陷入僵局,在2017年澳大利亚特恩布尔总理(时任)访印期间,共同宣布将恢复协议的讨论。印度和澳大利亚是重要的贸易伙伴,双边贸易投资潜力巨大。

印度是正在谈判中的RCEP的重要成员,但印度对推进谈判和实施的进程方面存在顾虑,这也是RCEP谈判迟迟没有结束的重要因素之一。目前,参与RCEP谈判的各成员国同意就货物贸易作出更大的减税承诺,希望在整个关税领域和关税水平方面实现90%的自由化率。但印度一直以来对多边自贸协定持模糊态度,存在诸多顾虑,因此倾向于谨慎推进RCEP谈判进程。印度对农产品、医疗产品等设置了较高的保护关税,就RCEP而言,印度不倾向于快速扩大开放,仅希望维持70%左右的自由化水平,这与RCEP作出的关税减让承诺存在较大差距。同时,印度又期待通过参与RCEP,从服务贸易自由化尤其是商业服务及专业服务类的贸易自由化中获益。而RCEP其他成员国要求其大多数种类的产品能够零关税进入印度市场。印度这种既希望从RCEP获益又想保护本国产业的矛盾心态正是其存在顾虑的主要原因,印度的这一态度为RCEP谈判的顺利推进增添了很大的不确定性。

欧亚经济联盟包括俄罗斯、白俄罗斯、哈萨克斯坦、亚美尼亚和吉尔吉斯斯坦5个成员国家,2016年年底,印度与欧亚经济联盟决定进行自由贸易谈判;2017年6月,双方共同签署了启动谈判的联合声明,标志印度与欧亚经济联盟的相互关系进入了一个新的发展阶段。

印度—秘鲁自由贸易协定于 2014 年 5 月 30 日开始启动研究磋商，2016 年 8 月开始谈判。2017 年 3 月 7 日印度和秘鲁举行了第一次意在达成区域贸易协定的会议，2017 年 6 月双方开始第一回合谈判，此次谈判涉及了经贸领域的广泛议题。

四、印度正在进行联合可行性研究的 RTA

印度正在进行联合可行性研究的区域贸易协定（见表 2-7）。

表 2-7　印度正在进行联合可行性研究的 RTA

名称	涉及伙伴国家或地区	进展情况	地域分布
印度—中国 FTA	中国	2005 年 4 月启动联合可行性研究，经 6 次工作组会议，2007 年 10 月完成联合可行性研究报告	东亚
印度—乌拉圭 PTA	乌拉圭	2004 年开始进行联合可行性研究	南美洲
印度—委内瑞拉 PTA	委内瑞拉	2004 年开始进行联合可行性研究	南美洲
印度—哥伦比亚 PTA	哥伦比亚	2004 年开始进行联合可行性研究	南美洲
东亚全面经济伙伴关系（CEPEA）	中日韩、澳大利亚、新西兰、东盟十国	2005 年 12 月 14 日开始进行联合可行性研究	亚洲、大洋洲
印度—俄罗斯 CECA	俄罗斯	2006 年 2 月 6 日开始进行联合可行性研究	欧洲
印度—土耳其 FTA	土耳其	2009 年 9 月 8 日开始进行研究磋商	西亚
印度—伊朗 FTA	伊朗	2015 年 1 月开始进行研究磋商	西亚
印度—厄瓜多尔 FTA	厄瓜多尔	2017 年 5 月 23 日开始进行联合可行性研究	南美洲
印度—格鲁吉亚 FTA	格鲁吉亚	2017 年 4 月开始进行联合可行性研究	西亚
印度—英国 FTA	英国	2017 年开始进行联合可行性研究	欧洲

资料来源：根据亚洲开发银行亚洲区域一体化中心 FTA 数据库数据整理，见 https://aric.adb.org/database/fta1。

中印建立自由贸易区的预期收益及实施策略研究

印度—中国区域贸易协定已于 2007 年 10 月如期完成了联合可行性研究报告，指出建立中印 RTA 有利于改善两国经贸关系，但由于印度国内的阻力较大，两国尚未就建立自贸区进行正式谈判。东亚全面经济伙伴关系目前是由日本所主导的一个区域贸易协定，由东亚峰会（EAS）的会员国所组成。① 2005 年 12 月 14 日开始进行联合可行性研究，旨在降低整个地区的贸易壁垒，创建全球最大的自由贸易市场和一个生产基地，但至今没有明显进展。印度—俄罗斯全面经济合作协定于 2006 年 2 月 6 日开始进行研究磋商，同意成立一个联合研究小组，2014 年 6 月印度与俄罗斯正式成立工作小组以推动 FTA 的发展。

2017 年 5 月 23 日，厄瓜多尔表示愿与印度就贸易协定进行谈判，以进一步推动两国之间的经贸关系。两国一致决定深化各自投资、促进机构间的合作交流。

印度—乌拉圭特惠贸易协定、印度—委内瑞拉特惠贸易协定、印度—哥伦比亚特惠贸易协定、印度—土耳其自由贸易协定、印度—伊朗自由贸易协定、印度—格鲁吉亚自由贸易协定、印度—英国自由贸易协定等印度参与的正在进行研究的区域贸易协定目前都还只处于酝酿和进行联合可行性研究的初期阶段。

通过前面对中印两国参与区域贸易一体化实践的梳理和分析可以看出，两个互为近邻的亚洲新兴大国参与区域贸易合作虽然起步较晚，但进入 21 世纪以来，都加快了参与区域经济合作的步伐，且成绩显著。比较而言，印度签订的区域贸易协定无论从数量上还是合作的层次上都超过了中国，印度与发达经济体签订的自由贸易协定较多，而且合作层次较高，协定在货物贸易、服务贸易及投资等领域的内容均达到了"WTO+"标准，值得中国借鉴和学习。对于中印两个正快速发展的人口大国来说，进行自贸区建设不仅是个经济问题，更是政治及国家战略问题。共同的发

---

① 东亚峰会是一个开放、包容、透明和具有前瞻性的论坛，由东盟轮值主席国主办，峰会的模式由东盟和东亚峰会其他所有参加国共同审议。参加者包括本区域 13 个国家（东盟十国及中日韩）和 5 个观察员（美国、澳大利亚、新西兰、俄罗斯、印度），还有潜在的成员国蒙古、东帝汶和潜在的观察员巴基斯坦、欧盟。

展背景和相似的国情,使中印两国参与区域经济合作的目标虽有不同之处,但更多的是共同的利益诉求,这种对区域经济合作的积极态度和两国共同的利益诉求是建立中印自由贸易区的重要基础。

第三章 中印经贸关系迅速发展是两国建立自由贸易区的现实基础

中印作为世界上快速发展的两个新兴经济大国,在 20 世纪末叶都进行了国内经济的改革,从而促进了国内经济的巨大发展。国内经济的迅速增长为对外贸易奠定了基础,两国都逐步进入到贸易大国的行列,为中印双边贸易关系发展创造了条件。1988 年年底时任印度总理甘地访华,中印政治关系开始改善,两国的双边贸易因此获得了迅速发展,双边贸易额不断创历史新高,两国贸易的紧密程度不断提高,中印双边贸易的迅速发展为两国建立 FTA 奠定了现实基础。

第一节 中国和印度对外贸易总体情况分析

一、中国对外贸易情况

1978 年改革开放政策的实施是中国经济的重要分水岭,伴随着对外开放的是中国对外贸易的迅速增长。1978 年中国的贸易总额仅有两百多亿美元,1988 年进出口总额突破千亿美元。此后的 40 年,随着中国经济的迅速发展和对外开放的深入,贸易规模实现了更快速的增长,且远远超出世界贸易的平均增长速度。根据商务部的统计,中国自 2009 年成为货物贸易第一大出口国以来,到 2018 年已经连续 10 年保持这一地位,中国目前是全球第二大进口国。表 3-1 和图 3-1 显示了 1991—2018 年中国货物贸易的进出口情况,从中可以看出,除了 2009 年和 2016 年略有波动外,这些年中国对外贸易均保持了快速平稳的发展。

第三章 中印经贸关系迅速发展是两国建立自由贸易区的现实基础

表3-1 1991—2018年中国和印度进出口贸易额变动情况

(单位:亿美元)

年份	印度情况 进出口总额	印度情况 进口额	印度情况 出口额	中国情况 进出口总额	中国情况 进口额	中国情况 出口额
1991	372.8	194.1	178.7	1357.0	637.9	719.1
1992	404.2	218.8	185.4	1655.3	805.9	849.4
1993	455.5	233.1	222.4	1957.0	1039.6	917.4
1994	549.8	286.5	263.3	2366.2	1156.1	1210.1
1995	684.8	366.8	318.0	2808.6	1320.8	1487.8
1996	726.0	391.3	334.7	2898.8	1388.3	1510.5
1997	764.9	414.8	350.1	3251.6	1423.7	1827.9
1998	756.1	423.9	332.2	3239.5	1402.4	1837.1
1999	864.9	496.7	368.2	3606.3	1657.0	1949.3
2000	951.0	505.4	445.6	4742.9	2250.9	2492.0
2001	952.4	514.1	438.3	5096.5	2435.5	2661.0
2002	1141.3	614.1	527.2	6207.7	2951.7	3256.0
2003	1419.9	781.5	638.4	8509.9	4127.6	4382.3
2004	1950.6	1115.2	835.4	11545.5	5612.3	5933.2
2005	2522.6	1491.7	1030.9	14219.0	6599.5	7619.5
2006	3121.1	1857.5	1263.6	17604.0	7914.6	9689.4
2007	3651.0	2175.4	1475.6	21737.3	9559.5	12177.8
2008	4708.8	2928.5	1780.3	25632.5	11325.6	14306.9
2009	4131.4	2499.7	1631.7	22072.2	10055.6	12016.6
2010	5519.1	3287.3	2231.8	29739.9	13962.4	15777.5
2011	7696.9	4629.6	3067.3	36418.6	17434.8	18983.8
2012	7804.7	4892.8	2911.9	38667.6	18178.3	20489.3
2013	7802.6	4655.4	3147.2	41603.3	19502.9	22100.4
2014	7853.8	4629.1	3224.7	43030.4	19602.9	23427.5
2015	6615.8	3938.0	2677.8	39586.4	16820.7	22765.7
2016	6264.0	3619.8	2644.2	36855.6	15879.3	20976.3
2017	7456.2	4472.4	2983.8	41045.0	18409.8	22635.2
2018	8367.1	5120.8	3246.3	46230.4	21356.7	24874.0

资料来源:根据《中国统计年鉴》1991—2018年各期整理所得。

(单位：亿美元)

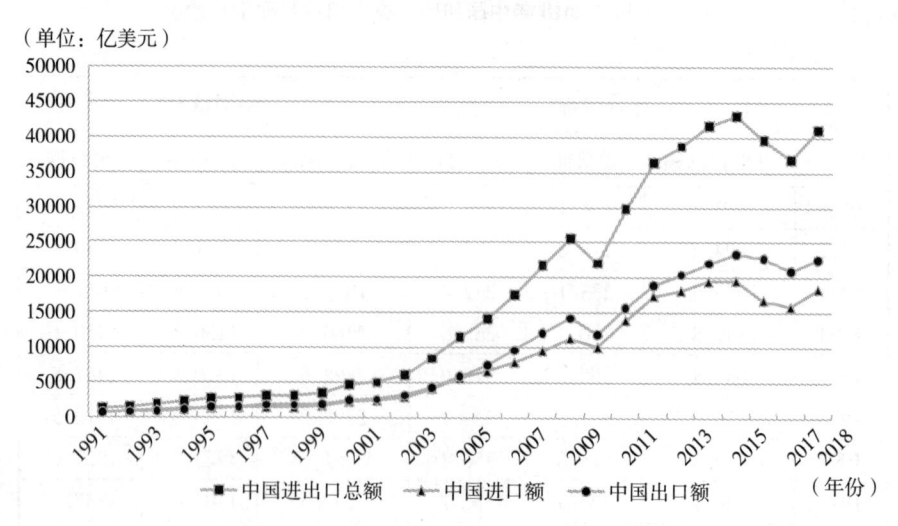

图 3-1　1991—2018 年中国进出口额变动情况

资料来源：根据表 3-1 数据绘制。

中国 1992 年的市场经济体制改革极大激发了市场活力，使进出口贸易增长更加迅猛，从表 3-1 可以看出，1994—1996 年，中国连续三年贸易额达到 2000 亿美元以上，1996 年中国的贸易总额是 2898.8 亿美元，接近 3000 亿美元，其中的出口额是 1510.5 亿美元，进口额为 1388.3 亿美元。1997 年中国的进出口又迈上一个新台阶，总额超过 3000 亿美元，达到 3251.6 亿美元。1998 年由于爆发了亚洲金融危机，中国国内经济受到了一定牵连，进口贸易因此受到了影响，中国的进口出现了 21.3 亿美元的负增长，但出口依然呈上升的势头。亚洲金融危机过后，国际国内经济形势都有所改善，1998—2000 年中国的进出口出现了迅猛发展的局面，2000 年时中国的出口额达到 2492.0 亿美元，进口额达到 2250.9 亿美元，进出口总额接近 5000 亿美元。

2001 年年底中国加入 WTO 后，对外贸易更是进入了加速发展之路，贸易额不断刷新历史高度，2001 年货物贸易总额就升至全球第六位，即使在世界货物贸易整体增长缓慢的情况下，2002 年中国依然达到了 21.8% 的外贸增长速度，货物贸易规模上升至全球第五位。2003 年中国实现了 37% 的外贸增长，进一步跃升至全球第四位，货物贸易总额从

2002年的6207.7亿美元增加到8509.9亿美元。2004年中国贸易额首次超过当时的世界第二大经济体日本,成为世界第三大贸易国,仅次于美国和德国,而且贸易额突破了1万亿美元,达到11545.5亿美元。2007年中国进一步超越德国,成为全球第二大贸易国,贸易总额突破两万亿美元,达到21737.3亿美元,占全球贸易总额的9.0%[1],其中进口额9559.5亿美元,出口额12177.8亿美元,出口额首次突破1万亿美元。

由于2008年爆发了由美国开始的严重的世界金融危机,全球经济因此遭受了巨大打击,导致国际贸易出现了严重下滑,2009年中国的进出口也出现了下降情况,从图3-1中可以直观地看出这一点。随着金融危机的影响减弱,中国的对外贸易出现了恢复性增长势头,2010—2014年中国的进出口均保持了较大幅度的增长情况,2012年中国出口额突破两万亿美元,到达20489.3亿美元。2013年中国进出口总额突破4万亿美元,达到41603.3亿美元。受汇率波动以及国际市场大宗商品价格变动的影响,2015年和2016年中国的货物贸易总额跌破了4万亿美元,2015年同比下降了8%,而在2016年,中国更是以204亿美元之差,成为落后于美国的全球第二货物贸易大国。2017年中国扭转了前两年连续下降的局面,且贸易额增幅创六年新高,再次超越美国成为全球第一货物贸易大国,2017年中国货物贸易总额是41045.0亿美元,比2016年增长11.4%,其中出口额22635.2亿美元,进口额18409.8亿美元,分别比上一年增长了7.9%和15.9%。

二、印度对外贸易情况

20世纪80年代之前,印度主要奉行内向型经济政策,严格限制进口以保护国内市场,对融入全球贸易体系持谨慎态度。此时印度的进出口增长都很缓慢,总体外贸规模占世界比例较小。进入90年代后,随着国际形势的变化,印度进行了经济改革,对外经济政策也发生了方向性转变,时任印度总理拉奥提出了"东向"政策,并积极融入国际社会,发展对

---

[1] 资料来源:《中国贸易外经统计年鉴2009》,中国统计出版社2009年版,第665页。

外贸易。印度国内经济迅速发展,进出口贸易也出现了快速发展的态势。图 3-2 是 1991—2017 年印度对外贸易的变动情况,从中我们可以看出,虽然印度总的贸易规模和进、出口额都落后于中国,但其对外贸易发展的整体情况和趋势与中国是极为相似的,从 1991 年到 2017 年的 27 年间,印度同中国一样,也是除 2009 年和 2016 年略有波动外,其他年份基本保持了快速平稳发展的态势(见图 3-2)。

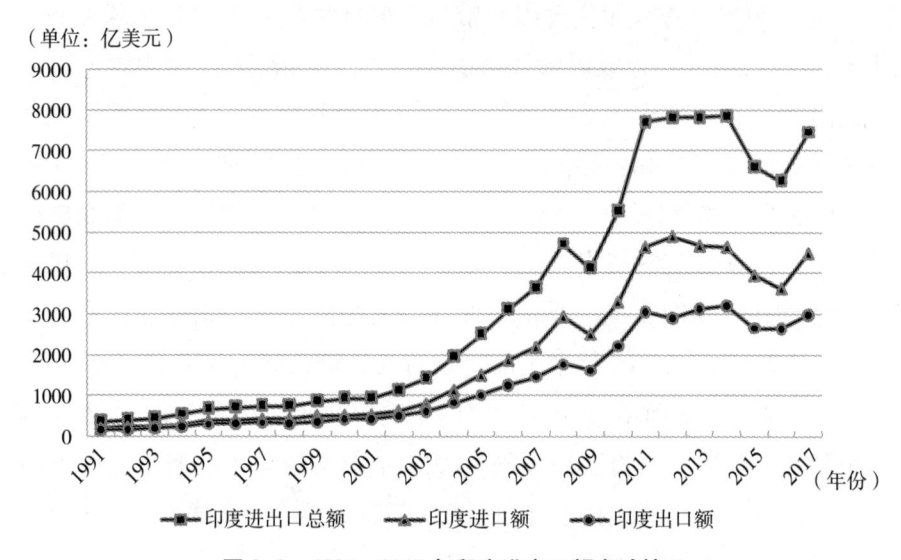

(单位:亿美元)

图 3-2 1991—2017 年印度进出口额变动情况

资料来源:根据表 3-1 数据绘制。

1991—2008 年的 18 年间,印度的贸易总额快速增长,从 1991 年的 372.8 亿美元,增长到 2008 年的 4708.8 亿美元,增长了 11.6 倍,其中的出口额从 178.7 亿美元增长到 1780.3 亿美元,进口额从 194.1 亿美元增长到 2928.5 亿美元,远高于同期世界贸易的增长水平。2002 年印度贸易总额突破千亿美元,达到 1141.3 亿美元,尤其突出的是 2005 年,印度的贸易总额比上一年增长 29.3%,贸易总额突破 2000 亿美元,达到 2522.6 亿美元。受全球金融危机影响,2009 年印度的进出口贸易也出现了较大幅度下降,2010 年以后,印度进出口贸易又快速增长,贸易总额达到 5519.1 亿美元,比上一年增长了 33.6%。2011 年印度贸易额又出现大幅度增长,达到 7696.9 亿美元,突破了 7000 亿美元,增速高达 39.5%,增长速度创历史新高。2011—2014 年 4 年间印度贸易总额变化不大,维持在 7000 多亿美元水平。受汇率波动和国际市场大宗商品价格变动的影响,印度的对外贸易在 2015 年和 2016 年也出现了明显下降。2017 年印度进出口都出现了增长的势头,扭转了前两年连续下降的局面,贸易总额又超过了 7000 亿美元,达到 7456.2 亿美元。

从图 3-2 可以明显看出,印度从 1991 年到 2017 年间的进出口贸易虽然基本处于不断增长的情况,但出口一直小于进口,始终存在贸易逆差,而且逆差额呈明显的扩大之势,这一点与中国不断增长的贸易顺差正好相反。印度对外贸易的这种情况主要基于两个方面原因:一是受印度政府对外贸易政策的影响;二是印度作为迅速发展的新兴经济体对生产资料、能源、技术等的需求强度较大。

三、中印对外贸易发展情况比较

从上面的分析可以看出,1991—2017 年 27 年间,中印两国货物贸易总额都呈波动上升的状态,且增长速度平均都在两位数,远超同期世界平均水平。2009 年两国对外贸易均明显下滑,2010 年又明显上升。两国又有一定的差异,中国从 2010 年到 2014 年贸易额一直处于较快增长状态,而印度从 2011 年到 2014 年贸易总额变化不明显,保持在 7000 多亿美元水平。受世界经济形势的影响,在 2015 年和 2016 年中印两国贸易额均出现了大幅下降,2017 年又都开始回升。下面根据表 3-1 数据绘制图 3-3,对中印两国对外贸易发展情况进行比较。

由图 3-3 可看出,中国在整体贸易规模上一直远远高于印度,尤其近十多年,这种差距呈扩大之势。从进出口增长速度看,1994—1996 年、1999 年、2004—2006 年、2008 年、2011 年和 2017 年印度进出口贸易总量增长率超过中国,其他年份均是中国的增长率高于印度。中国所有年份的进口和出口增加额都比印度高很多。中印两国对外贸易还有另外一个重要不同,1990 年至 2017 年的全球贸易中,中国除 1992 年有 122.2 亿美元的贸易逆差外,其他年份都是出口大于进口的贸易顺差状态,且顺差规模不断扩大。而印度在这期间全部是进口大于出口的贸易逆差状态,且逆差规模不断扩大。据印度商业信息统计署与印度商务部统计,印度2017年货物贸易逆差为1503.8亿美元,比上一年增长54.9%。印度贸易逆差来源国前三位分别是中国、瑞士和沙特阿拉伯。① 总之,中国的整体贸易规模远远高于印度,且差距呈不断扩大之势,顺差规模不断扩大,而印度则正好相反,贸易逆差呈不断扩大之势。

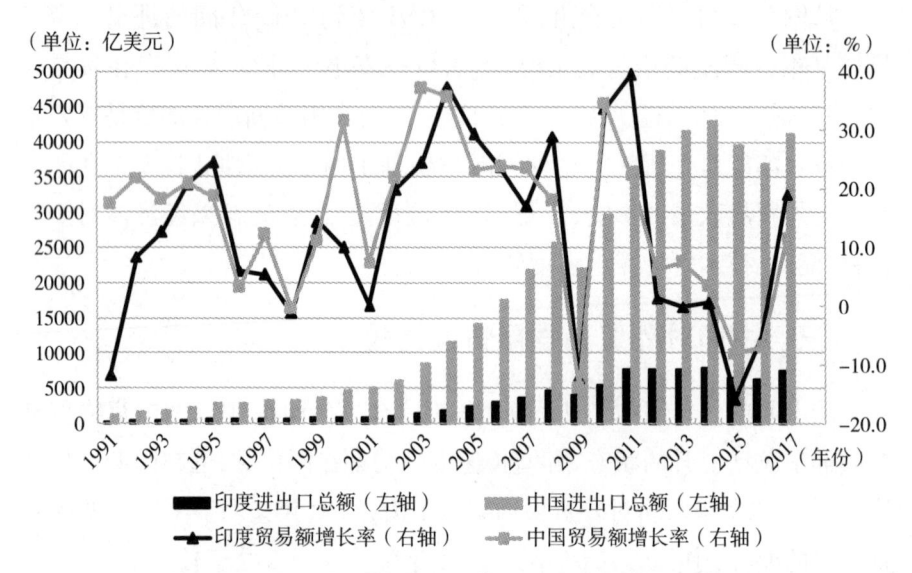

图3-3 1991—2017年中国和印度的进出口总额及增长率的变化情况

资料来源:根据表3-1数据绘制。

第二节 中印双边贸易发展情况分析

一、中印双边进出口贸易总体情况

印度自20世纪40年代末取得民族独立后至80年代末,奉行的是内向型经济政策,严格限制进口以保护国内市场,对融入全球贸易体系持谨

---

① 资料来源:中国商务部官网国别贸易报告,见https://countryreport.mofcom.gov.cn/indexType.asp? p_coun=%D3%A1%B6%C8。

第三章 中印经贸关系迅速发展是两国建立自由贸易区的现实基础

慎态度。加上中印间存在的历史问题,两国政治关系紧张,致使两国间贸易规模很小。1988年年底时任印度总理甘地访华两国双边经贸关系才开始回暖,此后双边贸易出现了较快的发展,进出口额不断刷新纪录。表3-2和图3-4是1991年至2018年中印间双边贸易发展情况。

表3-2　1991—2018年中国和印度的双边贸易情况　（单位:亿美元）

年份	中印贸易总额	中国对印度出口额	中国从印度进口额	贸易差额
1991	2.6482	1.4448	1.2034	0.24
1992	3.3943	1.5844	1.8099	-0.23
1993	6.7577	2.5919	4.1658	-1.57
1994	8.948	5.7302	3.2178	2.51
1995	11.6281	7.6528	3.9753	3.68
1996	14.0519	6.8602	7.1917	-0.33
1997	18.3032	9.3306	8.9726	0.36
1998	19.2242	10.1669	9.0573	1.11
1999	19.8773	11.6196	8.2577	3.36
2000	29.1423	15.6075	13.5348	2.07
2001	35.9624	18.9627	16.9997	1.96
2002	49.4591	26.7173	22.7418	3.98
2003	75.9508	33.4359	42.5149	-9.08
2004	136.041	59.2667	76.7743	-17.51
2005	187.03	89.35	97.68	-8.33
2006	248.60	145.82	102.78	43.04
2007	386.28	240.11	146.17	93.94
2008	518.44	315.85	202.59	113.26
2009	386.4	287.9	98.5	189.4
2010	555.8	381.6	174.2	207.4
2011	739.2	505.4	233.8	271.6
2012	687.9	539.4	148.5	390.9
2013	654.7	484.3	170.4	313.9
2014	716.0	582.8	133.2	449.6
2015	716.6	582.6	134.0	448.6

续表

年份	中印贸易总额	中国对印度出口额	中国从印度进口额	贸易差额
2016	711.8	594.3	117.5	476.8
2017	845.3	720.5	124.8	595.7
2018	902.7	737.4	165.3	572.1

资料来源:1991—2014年数据根据《中国统计年鉴》1991—2015年各期数据整理所得;2015—2017年数据来源于中国商务部官方网站,见http://www.mofcom.gov.cn。

从表3-2和图3-4可以看出,1991年两国间贸易总额仅为2.6482亿美元,只占当年中国对外贸易总额的0.2%,占印度同期贸易总额的0.7%。自1992年之后中印间贸易规模和增长速度都不断加快,1999年双边贸易总额达到19.8773亿美元,是1991年的7.5倍。1995年至2001年两国间贸易额年均增长速度高达22.8%,而同期中国对外贸易额年均增长12%,印度年均增长17%。1991年至2001年,两国间贸易额10年间增长12.6倍。

进入21世纪后,中印贸易关系呈现出更加迅猛的发展势头。2000年至2003年的4年间中印贸易额平均增速高达46%,2004年中印贸易规模更是超过了100亿美元,为136.041亿美元,比2003年增长了将近80%,同期中国对外贸易额年均增速为26.7%,印度同期增速为14%。2006年双边贸易总额更是达到了248.60亿美元,提前完成了之前两国规划的2008年双边贸易额达到200亿美元的目标。2006年中国对印度的进出口从之前的逆差变成顺差,之后顺差额不断扩大。2008年中印双边贸易额虽受金融危机冲击,但仍然增长34%,达到518.44亿美元。2009年受全球金融危机和印度国内贸易保护加强的影响贸易规模有所下降,2009年双边贸易额是386.4亿美元。即使如此,中印双边贸易保持着迅速扩大的态势是显而易见的。

2010年以来,中印贸易呈波动上升的态势。2010年和2011年中国对印度进口和出口贸易都出现了较大的增长,2011年贸易总额达到739.2亿美元,比上一年增长33%,贸易逆差继续扩大到271.6亿美元。受世界经济低迷不振和中印国内经济增长放缓的影响,2012年和2013

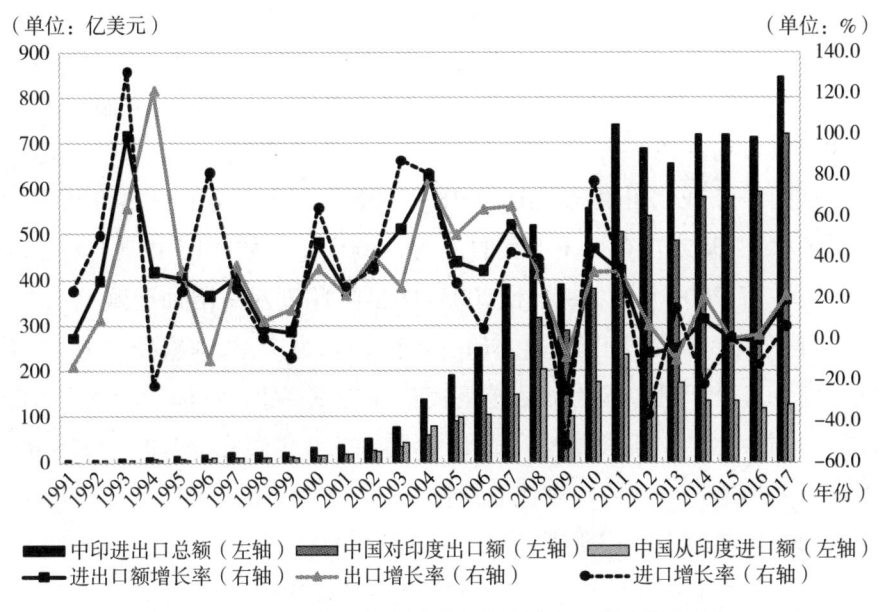

第三章 中印经贸关系迅速发展是两国建立自由贸易区的现实基础

图 3-4 1991—2017 年中国对印度的进出口额及其增长率

资料来源：根据表 3-2 数据计算并绘制。

年，两国间贸易呈现了明显的下滑局面，2012 年双边贸易总额比上一年下降 51.3 亿美元，2013 年又比 2012 年下降 33.2 亿美元。2012 年中国对印度的出口略有增加，而进口出现了较大幅度下降，下降了 85.3 亿美元，下降幅度为 36.5%，印度的贸易逆差扩大到 390.9 亿美元。2013 年中国对印度出口下降而进口略有增加，双边贸易逆差有所回落。2014 年中印贸易总额又回升到 716.0 亿美元，其中出口增幅较大，而从印度的进口出现了下降，印度的贸易逆差进一步扩大。由于中印出现政治关系紧张，印度针对中国的贸易保护加强，在 2015 年和 2016 年两国间贸易水平处于停滞状态。2015 年，印度对中国双边货物贸易总额下降了 1.1%，其中印度对中国的出口下降幅度较大，比上一年下降 27.2%。2016 年中印双边货物贸易总额是 711.8 亿美元，同比下降 0.7%。其中，中国从印度进口 117.5 亿美元，下降了 12.3%，中国对印度出口 594.3 亿美元，增长了 2%，中印贸易逆差达到 476.8 亿美元。2017 年中印双边进出口贸易出现了较大的回升，贸易总额高达 845.3 亿美元，增长幅度为 18.8%。其

93

中,中国从印度的进口增长率为6.2%,中国对印度出口额为720.5亿美元,比上一年增长了21.2%,印度对中国的贸易逆差增长了24.9%,达到595.7亿美元。截至2017年12月,中国是印度的第一大进口来源国和第四大出口市场。

从图3-4我们可直观看出,1991—2002年中印双边的进出口基本处于平衡状态,间或互有规模不大的盈余。2003年开始两国出现了明显的贸易不平衡,2003年、2004年和2005年三年,印度对中国处于顺差状态,2006年两国贸易形势出现逆转,印度由顺差转为逆差,一直到2017年年底印度一直处于对中国的贸易逆差状态,且逆差规模不断扩大,逆差额由2006年的43.04亿美元增长到2017年的595.7亿美元,增加了12.8倍。贸易逆差迅速扩大致使印度忧心忡忡,频繁对中国实施贸易救济措施,给中印经贸关系蒙上一层阴影。

中印作为超过13亿人口的大国,经济都处于快速增长状态,这是两国双边经贸关系不断发展的坚实基础和强劲动力。虽然从20世纪90年代以来中国和印度的双边贸易关系发展迅速,但现有贸易规模与两国快速上升的经济总量相比还是非常低的,且双边贸易处于不平衡发展状态。双方还有广阔的合作前景,市场的巨大潜力有待深入挖掘。图3-5是1991—2017年中印贸易额分别占中印两国对外贸易总额的比重。

从基本趋势看,中印两国的双边贸易额占两国各自对外贸易总额的比重整体上呈上升趋势,中印双边贸易额占中国对外贸易总额与印度对外贸易总额的比重是不断上升的,这体现了中印贸易关系是在稳定发展的,密切程度在不断上升。但两国贸易关系的密切程度上升较慢,总体上还处在较低水平。这一点从图3-5可以直观看出来。1991年两国贸易规模只占中国外贸总额0.23%,1995年上升至0.41%,2000年上升至0.61%,2005年上升幅度较大,达到1.32%,2008年上升至2%,2009年略有下降,为1.97%。之后一直到2017年这一比重变化很小,基本维持在2%左右水平。同时期印度的这一比重分别是1991年0.63%、1995年1.69%、2000年3.06%、2005年7.41%、2008年11%和2009年10.5%,2009年以后这一比重在印度出现了较大波动。比较而言,中印双边贸易

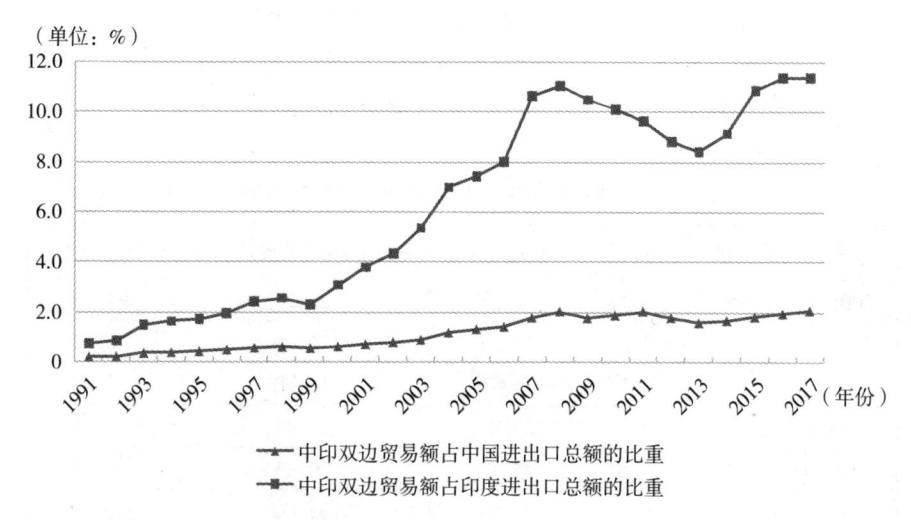

第三章 中印经贸关系迅速发展是两国建立自由贸易区的现实基础

图 3-5　1991—2017 年中印贸易额分别占中印两国对外贸易总额的比重

资料来源：根据表 3-1 和表 3-2 数据绘制。

额占印度外贸总额的比重上升幅度更大一些。这说明与中国的进出口贸易在印度对外贸易中所占地位上升更快，而中印双边贸易在中国进出口贸易的比重上升幅度还较小，两国间的相互贸易对中印两国各自对外贸易的重要程度呈现出不平衡性特征。

二、中印农产品贸易发展状况分析

农产品贸易是中印的传统贸易领域，是两国双边贸易的重要组成部分。近年来，中印农产品贸易也得到了较快发展，从总体上看，中印农产品贸易规模表现为在波动中增长的态势。2005 年以前，中印两国农产品贸易规模很小且增长缓慢，2005 年以后，两国农产品贸易可以分为两个阶段，第一阶段是 2005—2012 年，这一阶段中印两国的农产品贸易迅速发展，规模不断扩大（2009 年由金融危机引起的波动除外）。第二阶段是 2013—2016 年，表现为中印两国的农产品贸易规模逐年缩小，中国的贸易逆差逐年下降。在与印度双边农产品贸易中，中国一直呈逆差状态，两国农产品贸易额占两国各自农产品进出口贸易总额的比重很小，而且这一比重还呈现出在波动中逐年下降的趋势。对比印度与其主要贸易伙伴

95

的农产品贸易规模,中国对印度农产品出口规模仍很小,且中国对印度农产品出口规模变动不大,而中国从印度进口农产品规模则呈现较大的波动性,两国农产品贸易规模呈倒"U"型变动趋势(见表3-3和图3-6)。

表3-3 2005—2016年中印双边农产品贸易情况 (单位:亿美元)

年份	进口额	出口额	贸易总额	贸易总额同比增速(%)	贸易差额
2005	3.98	2.13	6.11	26.24	-1.85
2006	11.60	2.25	13.85	126.68	-9.35
2007	12.93	3.51	16.44	18.70	-9.42
2008	16.08	4.12	20.20	22.87	-11.96
2009	9.34	4.83	14.17	-29.85	-4.51
2010	25.37	5.19	30.55	115.60	-20.18
2011	37.01	5.49	42.50	39.12	-31.52
2012	41.10	5.84	46.94	10.45	-35.26
2013	32.94	6.03	38.97	-16.98	-26.91
2014	23.10	6.27	29.37	-24.63	-16.83
2015	11.82	5.50	17.32	-41.03	-6.32
2016	8.17	6.18	14.35	-17.15	-1.99

数据来源:根据中国商务部中国农产品进出口月度统计报告资料整理所得。

2005—2008年,中印的农产品贸易增长很快,尤其是2006年双边农产品贸易甚至呈现出跳跃式增长,双边农产品贸易总额从2005年的6.11亿美元增长到2006年的13.85亿美元,增长了一倍多,这种增长主要表现为中国从印度进口的农产品大幅增长,而对印度的农产品出口增长幅度不大。2009年受金融危机影响,两国农产品贸易首次出现负增长,主要表现为中国农产品进口额的负增长。2010—2012年,中印两国农产品贸易总额同比逐年增长,但其增速除了2010年大幅提升外其他年份均明显放缓。2013—2016年中印农产品贸易总额一直是负增长,2016年这种负增长幅度有所下降,一方面是因为中国从印度进口的农产品同比降幅较小;另一方面是2016年中国对印度农产品出口同比增速较快。对比中印农产品进出口变动情况可以看出,中国对印度农产品出口额基

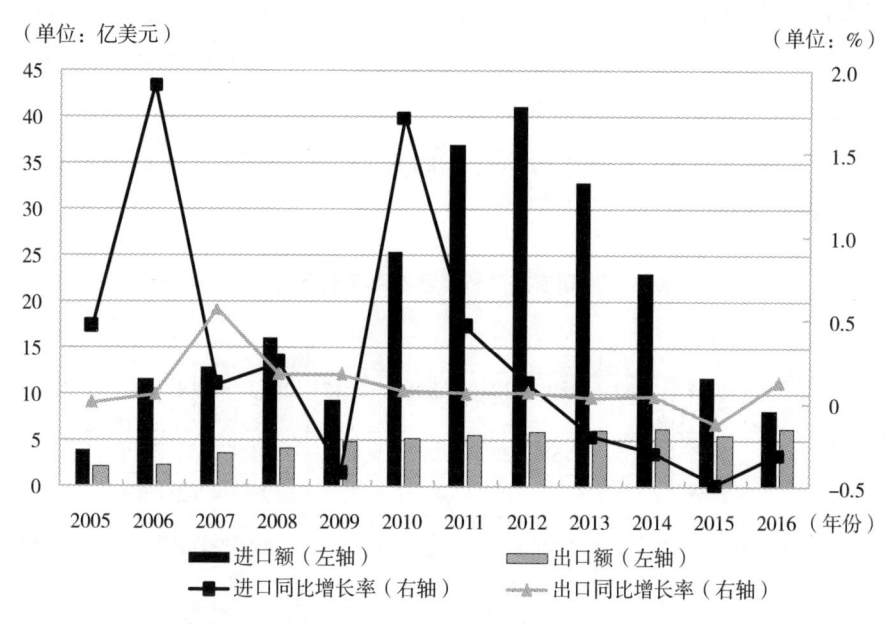

第三章 中印经贸关系迅速发展是两国建立自由贸易区的现实基础

图3-6 2005—2016年中国对印度农产品贸易情况

数据来源：根据中国商务部中国农产品进出口月度统计报告资料整理所得。

本保持小幅稳定增长,仅2015年出现负增长,但中国从印度进口农产品的规模波动很大。此外,中国对印度的农产品贸易一直呈逆差状态,且逆差随着中国从印度进口的农产品的增加而扩大。

2012年两国实现农产品进出口总额46.94亿美元,为2005—2016年的最高点,其中中国从印度进口额41.10亿美元,中国对印度农产品的贸易逆差额创纪录的高达-35.26亿美元。2014年中国对印度农产品出口额为6.27亿美元,为2005—2016年的最大值,中国的贸易逆差额下降为-16.83亿美元,此后中国的逆差额逐年下降。这表明中印农产品贸易在逐渐朝着更加均衡的方向发展,从图3-6可以直观看出这一点。

此外,中印两国农产品贸易总额占各自对外农产品贸易总额的比重较小且呈现出波动中下降的趋势。从表3-4可以看出,中印农产品贸易额占中国农产品进出口总额的比重由2007年的2.12%下降到2016年的0.78%,中印农产品贸易额占印度农产品进出口总额的比重由2007年的7.41%下降到2016年的2.44%。其中,2007—2011年两

97

国农产品贸易额占比受金融危机影响均出现了波动,其后则逐年下降,2016年中印农产品贸易额占中印两国农产品进出口总额的比重分别仅为0.78%和2.44%,为历年最低。这说明两国农产品贸易不仅规模较小而且波动较大,两国作为农业大国和人口大国,农产品贸易还有较大的发展空间。

表3-4　2007—2016年中印农产品贸易额占两国农产品进出口总额的比重

(单位:%)

国别\年份	2007	2008	2009	2010	2011	2012	2013	2014	2015	2016
中国	2.12	2.05	1.55	2.53	2.76	2.7	2.11	1.52	0.93	0.78
印度	7.41	6.9	5.24	8.77	8.45	7.63	6.29	4.62	3.07	2.44

数据来源:根据中国商务部中国农产品进出口月度统计报告和世界主要进口国(地区)农产品贸易月度统计报告整理计算得出。

中印农产品贸易虽然呈现出不断增长的态势,但中印两国农产品贸易规模尤其是中国对印度农产品出口仍较小,同印度与其主要贸易伙伴的农产品贸易规模相比仍有一定差距。表3-5为2009—2015年印度农产品进出口前五名的国家的贸易规模。从印度农产品进口市场来看,中国只在2011年排到第五位,而印度从中国的进口额却仅为8.38亿美元,而同期印度从排在第一位的印度尼西亚的农产品进口额高达53.05亿美元,为中国的6.3倍。这表明中国对印度农产品的出口规模一直较小;从印度的农产品出口市场来看,中国是印度的主要农产品出口市场之一,大部分年份中国都排在印度出口农产品市场的前五名之内,因此印度对中国农产品出口额在印度对中国农产品进出口贸易总额中占较大比重,这也是中印农产品贸易总额排名靠前的主要原因;从进出口总额看,除个别年份,印度尼西亚和美国历年一直稳居印度农产品进出口贸易前两名,而中国虽然大部分年份与印度农产品贸易规模排在印度农产品贸易伙伴的前五位,但与印度同这两个农产品贸易大国相比仍有较大差距,而且2014年以来中印农产品贸易规模有缩小的趋势,2015年中国未能排进印度农产品贸易伙伴前五名。这

第三章 中印经贸关系迅速发展是两国建立自由贸易区的现实基础

一方面说明了中印农产品贸易存在波动性,另一方面也表明中印农产品贸易有较大的可挖掘的潜力。

表 3-5　2009—2015 年印度农产品进出口前五名的国家

(单位:亿美元)

年份	进口 国家	金额	出口 国家	金额	总额 国家	金额
2009	印度尼西亚	30.83	阿联酋	13.96	印度尼西亚	34.17
	巴西	10.28	美国	11.81	美国	17.88
	缅甸	8.52	沙特阿拉伯	9.98	中国	14.64
	马来西亚	7.68	越南	9.93	阿联酋	14.62
	美国	6.07	中国	9.79	马来西亚	13.65
2010	印度尼西亚	37.47	中国	25.57	印度尼西亚	43.17
	阿根廷	8.95	美国	16.28	中国	30.46
	美国	8.05	阿联酋	15.67	美国	24.33
	马来西亚	7.84	巴基斯坦	12.21	阿联酋	16.34
	巴西	7.08	越南	11.57	巴基斯坦	13.08
2011	印度尼西亚	53.05	美国	35.72	印度尼西亚	65.55
	马来西亚	15.57	中国	35.01	中国	43.39
	阿根廷	10.05	越南	22.67	美国	43.36
	乌克兰	8.39	阿联酋	21.14	越南	24.18
	中国	8.38	沙特阿拉伯	13.63	阿联酋	21.81
2012	印度尼西亚	56.22	美国	73.96	美国	82.24
	马来西亚	26.10	中国	39.18	印度尼西亚	67.98
	乌克兰	12.09	越南	25.98	中国	47.02
	阿根廷	10.99	阿联酋	19.97	马来西亚	38.54
	美国	8.28	孟加拉国	17.50	越南	27.83
2013	印度尼西亚	53.10	美国	48.40	印度尼西亚	65.16
	马来西亚	19.14	越南	37.00	美国	59.02
	乌克兰	12.21	中国	34.46	中国	40.52
	美国	10.62	伊朗	32.82	越南	39.04
	阿根廷	9.22	孟加拉国	20.03	伊朗	33.77

99

续表

年份	进口		出口		总额	
	国家	金额	国家	金额	国家	金额
2014	印度尼西亚	43.11	美国	48.66	美国	59.86
	马来西亚	26.23	越南	46.27	印度尼西亚	52.67
	阿根廷	15.96	沙特阿拉伯	22.62	越南	49.21
	乌克兰	15.62	中国	21.54	马来西亚	37.02
	美国	11.97	孟加拉国	21.35	中国	27.25
2015	印度尼西亚	40.04	美国	37.24	美国	49.88
	马来西亚	24.46	越南	36.21	印度尼西亚	44.80
	阿根廷	20.35	阿联酋	20.17	越南	39.17
	加拿大	13.92	沙特阿拉伯	19.47	马来西亚	35.03
	乌克兰	13.35	孟加拉国	14.60	阿联酋	23.12

数据来源:根据中国商务部世界主要进口国(地区)农产品贸易月度统计报告整理所得。

结合以上分析可以看出,中印农产品贸易规模仍较小,中国自印度进口农产品规模波动幅度较大,受可能的国内供需变动情况、进口渠道多元化及金融危机的影响具有一定的不确定性;中印农产品贸易额占各自农产品贸易总额比重较小,且呈现波动中下降的趋势,表明中印农产品贸易发展驱动力不足,但仍有较大的发展空间。同时对比印度与其主要贸易伙伴的农产品贸易规模,中国对印度农产品出口规模仍较小。中印建立FTA后带来的两国农产品贸易的便利化程度提高,将推动中印两个13亿人口大国的农产品贸易获得巨大的发展。

第三节 中印贸易结合度指数分析

贸易结合度指数也称贸易强度指数,最早由布朗(Brown)于1949年提出,经后来的学者不断完善,成为衡量贸易伙伴间贸易紧密程度的重要方法。该指数越大,表明两国的贸易联系越紧密;该指数越小,表明两国的贸易联系越疏远。贸易结合度指数表达公式为:

$$TII_{ij} = (T_{ij}/T_i)/(T_j/T_w) \tag{3-1}$$

T_{ij}/T_i 代表 i 国与 j 国的贸易量占 i 国贸易总量的比重，T_j/T_w 是 j 国在全球贸易中的比重。贸易结合度指数又区分为进口贸易结合度指数和出口贸易结合度指数，分别用 MII_{ij} 和 XII_{ij} 表示，其计算公式为：

$$MII_{ij} = (M_{ij}/M_i)/(X_j/X_w) \tag{3-2}$$

$$XII_{ij} = (X_{ij}/X_i)/(M_j/M_w) \tag{3-3}$$

MII_{ij} 代表 i 国从 j 国的进口量占 i 国进口总量的比重除以 j 国出口量占全球出口总量的比重，XII_{ij} 代表 i 国向 j 国的出口量占 i 国出口总量的比重除以 j 国进口额占全球进口总量的比重。当 T_{ij}/T_i 比 1 大时，表明两国贸易关系密切，若比 1 小，则表明两国贸易关系不够密切。使用这一指数评价两国贸易效应时，若 i、j 两国的贸易结合度指数上升，说明 i、j 两国有较大的贸易扩大潜力。下面依据公式计算中印的进口和出口贸易结合度指数，以评估两国的双边贸易关系。表 3-6、表 3-7 是以 1991—2017 年贸易数据计算出的中印两国进口贸易强度指数和出口贸易强度指数情况。

表 3-6　1991—2017 年中印两国进口贸易强度指数情况

（单位：亿美元）

年份	中国进口总额	中国从印度进口额	印度出口额	世界总出口额	中国进口贸易强度指数
1991	637.9	1.2034	178.65	35150	0.37
1992	805.9	1.8099	185.37	37660	0.46
1993	1039.6	4.1658	222.38	37820	0.68
1994	1156.1	3.2178	263.30	43260	0.46
1995	1320.8	3.9753	317.97	51640	0.49
1996	1388.3	7.1917	334.70	54030	0.84
1997	1423.7	8.9726	350.06	55910	1.01
1998	1402.4	9.0573	332.18	55010	1.07
1999	1657.0	8.2577	368.22	57120	0.77
2000	2250.9	13.5348	445.60	64560	0.87
2001	2435.5	16.9997	438.27	61910	0.99
2002	2951.7	22.7418	527.19	64930	0.95
2003	4127.6	42.5149	638.43	75860	1.22

101

续表

年份	中国进口总额	中国从印度进口额	印度出口额	世界总出口额	中国进口贸易强度指数
2004	5612.3	76.7743	835.35	92190	1.51
2005	6599.5	97.68	1030.92	104890	1.51
2006	7914.6	102.78	1263.6	121120	1.24
2007	9559.5	146.17	1475.64	139870	1.45
2008	11325.6	202.59	1780.34	160700	1.61
2009	10055.6	137.14	1631.67	125220	1.05
2010	13962.4	174.20	2231.80	152380	0.85
2011	17434.8	233.80	3067.30	182550	0.80
2012	18178.3	148.50	2911.90	184040	0.52
2013	19502.9	170.40	3147.17	187840	0.52
2014	19602.9	133.20	3224.68	189350	0.40
2015	16820.7	134.00	2677.78	164820	0.49
2016	15874.8	117.50	2644.23	154600	0.43
2017	18409.8	124.80	2983.76	177300	0.40

资料来源:根据《中国统计年鉴》1992—2018年各期数据计算所得。

表3-7 1991—2017年中印两国出口贸易强度指数情况

(单位:亿美元)

年份	中国出口总额	中国对印度出口额	印度进口额	世界总进口额	中国出口贸易强度指数
1991	719.1	1.4448	194.11	36330	0.38
1992	849.4	1.5844	218.82	38820	0.33
1993	917.4	2.5919	233.06	38760	0.47
1994	1210.1	5.7302	286.54	44290	0.73
1995	1487.8	7.6528	366.78	52840	0.74
1996	1510.5	6.8602	391.33	55460	0.64
1997	1827.9	9.3306	414.84	57390	0.71
1998	1837.1	10.1669	423.89	56830	0.74
1999	1949.3	11.6196	496.71	59210	0.71
2000	2492.0	15.6075	505.36	67270	0.83

第三章　中印经贸关系迅速发展是两国建立自由贸易区的现实基础

续表

年份	中国出口总额	中国对印度出口额	印度进口额	世界总进口额	中国出口贸易强度指数
2001	2661.0	18.9627	514.13	64850	0.90
2002	3256.0	26.7173	614.12	67450	0.90
2003	4382.3	33.4359	781.50	78650	0.77
2004	5933.2	59.2667	1115.16	95710	0.86
2005	7619.5	89.3500	1491.67	108570	0.85
2006	9689.4	145.8200	1857.47	124300	1.01
2007	12177.8	240.1100	2175.43	142730	1.30
2008	14306.9	315.85	2928.48	164220	1.24
2009	12016.6	296.67	2499.67	127780	1.26
2010	15777.5	381.60	3287.30	155030	1.14
2011	18983.8	505.40	4629.60	184990	1.06
2012	20489.3	539.40	4892.80	186010	1.00
2013	22100.4	484.30	4655.40	188740	0.89
2014	23427.5	582.80	4629.12	190240	1.02
2015	22765.7	582.60	3938.00	167660	1.09
2016	20976.3	594.30	3619.80	157900	1.24
2017	22635.2	720.50	4472.40	180240	1.28

资料来源：根据《中国统计年鉴》1992—2018年各期数据计算所得。

1991—2017年中印双边贸易结合度变化整体呈波动上升状态。从进口贸易来看，中印双边进口贸易结合度指数1991年仅为0.37，2008年达到最高值，为1.61，贸易强度上升4.4倍。2009年以后中印的进口贸易结合度指数出现明显下降的趋势。1991—2017年两国有9年贸易结合度指数超过1，有7年贸易结合度指数接近1，说明大部分年份中印的进口贸易关系呈现紧密度较高的状态。从出口贸易来看，中印双边出口贸易结合度指数1991年仅为0.38，2007年达到最高值，为1.29，出口贸易强度上升了3.4倍。由表3-7数据可以看出，1995年以来中印出口贸易结合度指数绝大部分年份是大于1或接近1的，从出口贸易结合度衡量的中印双边贸易关系紧密度也较高且不断加强。

(单位：%)

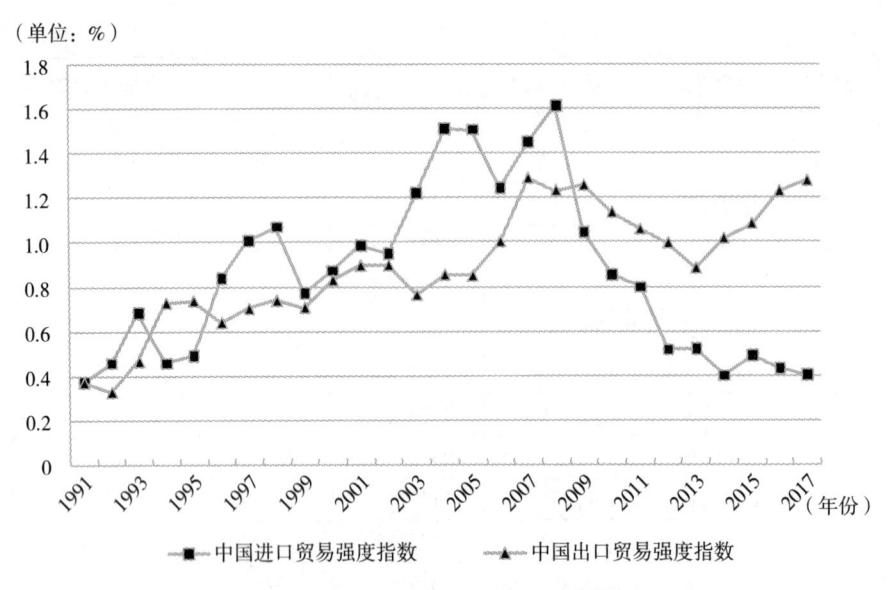

图 3-7　1991—2017 年中印进出口贸易强度指数

数据来源：根据表 3-6 和表 3-7 数据绘制。

整体来看，虽然中印双边贸易结合度有一定的波动，但总体变化呈上升状态，大多数年份两国的进口贸易关系的紧密度较高，从出口贸易结合度衡量的中印双边贸易关系的波动相对较小，紧密程度较高且不断加强。总之，近些年来中印两国的双边贸易关系表现为紧密程度不断加强的态势，为中印自由贸易区的建立奠定了较好的现实基础。

第四节　中印双边投资分析

近年来中印两国的相互投资虽出现了增长的势头，但相对于两国的经济规模和巨大的市场需求，两国间的投资规模还很小。印度对中国投资一直心存疑虑，有强烈的"不安全感"，并对中国的投资施加了很多限制，致使中印投资渠道一直处于阻滞状态，两国经济的互补性决定两国间有广阔的投资合作空间和潜力可挖掘。投资协定是当前自由贸易协定谈判的重要内容，投资自由化和便利化必然也是中印建立自贸区需要考虑的基本问题之一。目前，中印相互投资发展已经具备了一定的有利条件，

第三章　中印经贸关系迅速发展是两国建立自由贸易区的现实基础

两国的贸易规模不断扩大会带动投资的增长，2006年签署的《中印双边投资促进和保护协定》为促进两国投资发展提供了制度基础和法律依据，中印高层频繁互访会晤为中印相互投资深入发展带来了新的契机。这些积极因素都为推动中印建立自贸区并在自贸区框架下实现投资自由化和便利化奠定了一定的现实基础。

一、中国对印度直接投资现状

中国一直以来十分重视对印度的投资。在中印两国的经贸关系不断发展和中国企业积极"走出去"的推动下，中国对印度直接投资也呈现了良好的发展势头。但总体而言，尚处在起步阶段。

1.中国对印度直接投资规模

中国对印度的直接投资起步较晚，始于2003年。由于印度基础设施落后，基础设施需求量大，同时印度消费需求旺盛，给中国企业提供了很好的投资机会。近些年来，中国对印度直接投资的发展速度呈上升趋势，但总体规模还很小。表3-8和图3-8是2003—2017年中国对印度直接投资存量和流量的变动情况。

表3-8　2003—2017年中国对印度直接投资存量和流量

（单位：万美元）

年份	2003	2004	2005	2006	2007	2008	2009	2010
投资存量	96	455	1462	2583	12014	22202	22127	47980
投资流量	15	35	1116	561	2202	10188	-2488	4761
年份	2011	2012	2013	2014	2015	2016	2017	
投资存量	65738	116910	244698	340721	377047	310715	474733	
投资流量	18008	27681	14857	31718	70525	9293	28998	

资料来源：根据《中国商务年鉴》2004—2018年各期资料整理所得。

由表3-8和图3-8我们可以看出，中国对印度直接投资存量大体呈上升趋势，尤其是2010—2015年投资存量增长速度较快，但在2016年有一定程度的下滑，直接投资流量和投资存量都出现了较大波动，2017年

中印建立自由贸易区的预期收益及实施策略研究

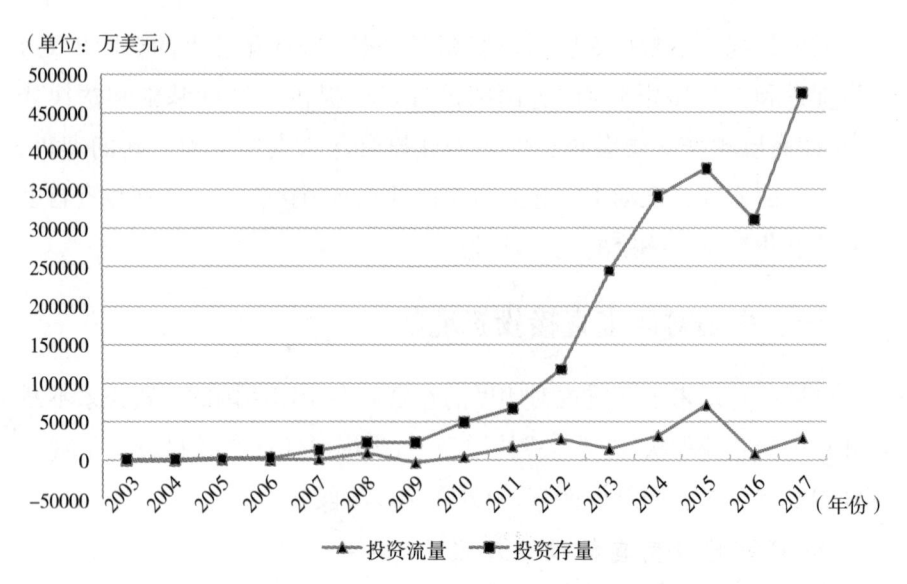

图 3-8 2003—2017 年中国对印度直接投资存量和流量

资料来源：根据表 3-8 数据绘制。

又呈现快速增长的势头。中国对印度的直接投资 2008 年突破了 1 亿美元大关，而 2009 年却降到了 -2488 万美元，较上年减少了 12676 万美元，这主要是全球金融危机的影响导致的。2010 年中国对印度的直接投资流量开始回暖，在随后几年呈较大幅度上升趋势，尤其是 2013 年至 2015 年上升速度很快，这表明近年来中国对印度的投资出现了较快增长势头，印度已成为中国企业海外最重要投资对象国之一。

虽然中国对印度投资额呈增长之势，但其占印度整体吸引外资的比例并不高。2011 年中国投资规模在印度所有外资来源国中仅排到第 35 位，2014 年升至第 28 位，2016 年再次提升至第 17 位，投资规模是五年前的约 10 倍。虽然近些年中国对印度的直接投资规模相比过去有了显著增加，但 2016 年中国投资也仅占印度吸收外资总存量的 0.5%，而日本和美国的这一占比却分别高达 7.7% 和 6.13%，远远超过中国。中国对印度的直接投资占中国整体对外投资的比重也较低，中国对印度直接投资存量在中国对外直接投资存量中的比重不足 0.4%，截止到 2017 年年底投资存量也仅为 47.4733 亿美元，这相对于中国巨大的经济规模和中印双边贸易的规模,中国对印度的投资规模还相对很小,有巨大的发展潜力可挖掘。

中国的"一带一路"倡议提出后,印度官方一直持比较消极的态度。中国曾在多个场合对印方提出共建"一带一路"的建议,但没有得到印度的明确回应。印度对"一带一路"倡议在心态上是充满矛盾的,一方面,印度意识到参与"一带一路"倡议是印度经济发展难得的机遇;另一方面,从地缘政治和国家战略角度考虑,印度认为"一带一路"倡议会威胁其国家安全,因而提出了针对中国"一带一路"倡议的"季节计划"和印度与伊朗翻新恰巴哈尔港口的工程计划等反制计划,印度的这种做法为中国企业对印度的投资蒙上了一层阴影。

2. 中国对印度直接投资的产业分布

尽管中国诸多企业对进军印度市场表现出比较浓厚的兴趣,但是存在一些客观障碍因素,中国对印度的直接投资主要集中在基础设施、家电和IT领域等。由于印度基础设施落后,印度政府有完善本国基础设施的愿望,中国企业在公路、铁路、电力方面有着较强的优势,印度政府愿加强同中国这方面的投资合作。近些年,印度政府积极完善基础设施建设,投入了巨资修路架桥、建设通信网络、兴建机场等,这些更是为中国具有较强优势和较好经验的大型国企进军印度提供了良好契机。2016年,中国对亚洲地区的投资主要集中于租赁和商务服务业、采矿业、批发和零售业。但若剔除对亚洲地区两个离岸金融中心的投资,对亚洲其他地区的投资主要分布在建筑业与制造业,这符合中国对亚洲投资的总体行业特征。表3-9是2017年中国企业在印度投资的主要产业分布情况。

表3-9　2017年中国企业在印度投资的主要产业分布情况

产业	行业	企业数(个)	占比(%)	
第一产业	农业	0	0	
第二产业	制造业	14	51.9	66.7
	建筑业	4	14.8	

续表

产业	行业	企业数（个）	占比（%）	
第三产业	交通运输业	2	7.4	33.3
	信息通信业	3	11.1	
	金融业	2	7.4	
	其他	2	7.4	

资料来源：根据《对外投资合作国别（地区）指南》（2018年版）印度卷资料整理得出。

从表3-9可以看出，2017年中国企业在印度投资的主要产业分布情况与2016年基本一致，在对印度投资的27家主要中国企业都集中于第二产业和第三产业，其中有18家企业属于第二产业，占对印度投资企业的66.7%，这说明第二产业是中国对印度投资的核心产业，有9家企业属于第三产业，占对印度投资企业的33.3%。具体来看，投资第二产业的企业中有14家属于制造业，比例为51.9%，占据了主要企业总数的半壁江山，位居各行业之首。第三产业中，各行业所占份额较为平均。由此可见，中国对印度的直接投资以制造业为核心，以建筑业、信息通信业等其他行业为补充。

如今中铁、中建、中兴等诸多中国大型企业已相继投资印度。中国在家电和IT领域对印度的直接投资有着较好的发展。其他如机械制造、钢铁和能源等领域也有涉及。目前，在家电、通信、钢铁等领域有很多中国国有企业和一些具有一定实力的私营企业都已相继进入印度进行投资。中国较有实力的手机、家用电器等制造企业已占据了较大的印度市场，一些大的电商企业也已开始进军印度的移动支付和电商市场，印度的城镇化建设中出现了越来越多的中国房地产企业的身影，如万达、华夏幸福等。

但总体来看，中国对印度的直接投资领域还很狭窄，基本集中在基础设施、家电和IT这几个基本领域，其他领域涉及很少。即便在这些已涉足的领域，中国的投资企业仍然受到印度的层层阻碍，2003年以来印度政府以"危害国家安全"为由，拒绝中国对印度投资的事件层出不穷，华为就是中国企业在印度投资受阻的典型案例。华为于1999年开始投资

第三章 中印经贸关系迅速发展是两国建立自由贸易区的现实基础

印度进行软件开发,并在印度成立了华为在国外最大的研发中心,但华为一直受到印度的种种阻碍,步履艰难。2006年,印度政府以可能"危害国家安全"为借口,拒绝向华为颁发在印度直接销售产品的贸易许可证,致使华为在印度兴建1.64亿美元新设施的计划搁浅。2009年,华为投资印度国有电信公司巴拉特·圣哈尔·尼甘有限公司(Bharat Sanchar Nigam Limited,BSNL)的项目也因印度当局以"危害国家安全"为由不允许使用中国公司的设备,以及BSNL先后三次毁约而使该项目失败。印度政府及相关部门还以"危害国家安全或边界敏感地区安全"为由,在全国很多电信服务区域强制性禁止使用中国设备。2013年,印度电信部又以"危害国家安全"为借口,拒绝了华为提出的加入印度国内认可的电讯设备供应商总清单的申请①。这些禁令严重影响了华为等中国企业在印度的业务扩展及生存,从而造成中国对印度直接投资发展缓慢,投资领域狭窄;但发展空间很大。

3. 中国对印度直接投资的主要方式

目前,在国家"走出去"战略的推动下,中国拥有资金实力和技术设备优势的企业开始积极到国外投资设厂。一些出口规模较大的中国企业到主要出口目的地国家直接投资办厂,就地生产和销售以绕过贸易壁垒和增加竞争力。虽然中国企业对投资印度市场始终抱有极大的热情,但是现实中存在的一些障碍因素,阻碍了中国对印度直接投资的进一步发展。中国企业应该根据印度本国对吸引外资的政策来选择适宜的投资方式。目前中国对印度的投资方式主要是绿地投资,近年来也开始有一些中国企业通过并购的形式进入印度市场。

绿地投资是中国企业对印度直接投资的主要方式。中国企业根据印度公司法的相关规定,以独资形式或合资形式建立私营企业。这种投资方式的好处是这类公司一旦成功设立将会等同于印度本地企业。同时中国企业也可以以设备、专利技术等非货币资产方式在印度建立公司,只是

---

① 李晓:《"一带一路"战略实施中的"印度困局"——中国企业投资印度的困境与对策》,《国际经济评论》2015年第5期。

这些资产必须通过当地中介机构的评估,并且经过股东各方同意后报公司事务部批准。例如,中国海尔公司于2005年2月成功在印度建立电视机工厂,该工厂生产的产品主要是彩色电视机,同时不断延伸至其他家用电器,并在满足印度当地市场的基础上不断扩大规模促进出口。目前,世界上越来越多的跨国公司在印度的投资选择在当地建造制造基地等方式的绿地投资,中国企业在印度投资起步晚、经验不足,受跨国公司的启发,也开始尝试以这样的方式对印度进行投资。中国企业这种绿地投资的绝大部分资金用于投资办厂,而用于研发中心和资源开发等方面的投资则比较少。但这种绿地投资方式在实际投资中经常会面临环境许可问题、土地批准问题及复杂的劳工问题等障碍,这些投资风险是中国企业投资印度时必须认真考虑的风险。中国万达集团曾计划于2015年在印度哈里亚纳邦投资建设一个占地面积为7000—9000英亩的工业园区,哈里亚纳邦官员当时虽然表示支持该项目建设,但认为不能提供如此大面积的土地。可见,直接在东道国设立公司也存在着诸多困难甚至面临风险。绿地投资占中国对印度投资的主体这种情况表明,中国企业对印度的直接投资仍然处在初级发展阶段。

其次是跨国并购。目前,中国企业在全球市场上"走出去"的主要方式是跨境并购,但中国企业对印度的直接投资中采取对印度企业收购兼并的情况并不多见。根据印度的吸引外资政策,外资并购印度本地企业是允许的,但规定印度本地企业在向外转让股份时要符合其所在行业外资持股比例的要求,不然必须经过印度财政部的批准。同时所有印度本地企业股权和债权的转让也都需要获得印度储备银行的批准。近几年来,开始有一些中国企业以并购的形式进入印度进行投资经营。例如,2013年1月底中国中材国际公司以2518万美元投资设立全资子公司——中国中材国际有限公司,之后由其采取股权收购和增资方式取得了印度LNVT私人科技有限责任公司68%的股权,本次并购过程总体还算顺利,完成时间不到半年即与印度市场实现了有效对接。比较而言,这种跨国并购的直接投资方式在节省时间和经济成本上有一定的优势。

然而,整体来看,中国企业对印度本地企业的跨国并购并不顺利,而是阻力重重。近年来,在印度市场上外资的反垄断审查力度不断加强,不少知名企业都在印度遭遇了调查罚款。例如2009年中国的华为科技公司计划收购想要通过转让或者合资方式拯救其旗下三种业务的印度传统国有电信设备制造商——印度电话设备公司。但是印度以"危害国家安全"为由禁止了华为公司的收购计划。中国企业在国家大力推进"一带一路"倡议的背景下积极投资印度,在印度甚至出现了中国企业的并购热潮,中国企业在移动互联网等高新技术领域面临的反垄断调查风险也越来越高,面对印度投资的相关法律风险,中国企业进入印度市场进行投资前务必全面了解印度相关的法律法规,以避免因盲目投资而陷入困境。

二、印度对中国直接投资状况

一直以来印度对外直接投资的区域主要集中在发达国家或地区,如新加坡、荷兰和美国,以及少数发展中国家,如泰国、马来西亚和越南。说明在其对外直接投资区位选择中,除南亚国家以外就是少数几个发达国家。而对中国及东南亚地区多数发展中国家的相互投资却相对很少。在印度积极进行经济改革和振兴制造业的背景下,印度对中国的直接投资近年来一直呈现良好的发展态势,但投资规模始终不高,对中国的直接投资占印度对外直接投资总量的比重较低。

1. 印度对中国直接投资规模

印度对中国的直接投资始于20世纪90年代后期,中国庞大的市场,同样廉价的劳动力和较低的原材料价格等是印度投资中国较为有利的因素。然而从投资金额来看,印度对中国的直接投资始终偏小,但占印度对外直接投资总额的比重大于中国对印度投资在中国对外直接投资总额的比重。图3-9是1998—2017年印度对中国的直接投资情况。

从图3-9可以看出,1998—2017年印度对中国的直接投资整体呈上升态势,但波动幅度较大,投资额较低。印度对中国的直接投资额在1998年仅有557万美元,而在2002年以后出现了多次跳跃式增长,2002年印度对中国的投资额达到3057万美元,2006年高达5293万美元,2008年又一跃到8805万美元,2015年是8080万美元,2016年受中国整体经

(单位：万美元)

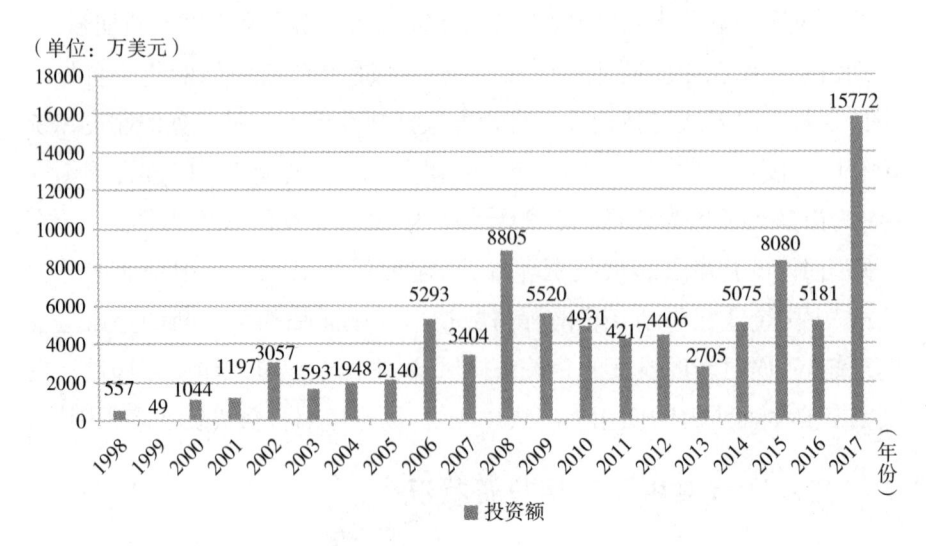

图 3-9　1998—2017 年印度对中国的直接投资情况

数据来源：根据《中国统计年鉴》1999—2018 年各期资料整理所得。

济增长回落的影响，印度对中国的投资也出现了回落，投资额仅为 5181 万美元。印度对中国的投资虽然波动较大，但整体上是不断增长的，尤其是 2006 年以来增长明显加快，2017 年比上一年增加了 3 倍多，但总投资额与两国整体经济实力和地缘优势还是非常不相称，两国间还蕴含着巨大的投资潜力。

2. 印度对中国直接投资的主要领域

根据中国商务部统计，2012 年印度对中国投资 77 个项目的实际使用金额为 4406 万美元。印度对中国的投资领域是印度有比较优势的产业，主要包括信息技术、医药、能源和化工等行业。印度的制药业和化工业从 20 世纪末期开始投资中国。进入 21 世纪，印度在 IT、能源、钢铁等行业加快了对中国投资的步伐，开始相继投资中国。2003 年，萨蒂扬公司、印孚瑟斯技术有限公司分别在上海设立其全资子公司和自己的独资企业。2005 年印度燃气公司成为中国燃气公司的第二大股东，并于 2006 年与北京市燃气集团建立合资企业。2005 年印度米塔尔钢铁集团收购了华菱集团持有的华菱管线约 37% 的国有股，成为与华菱集团并列的华菱管线第一大股东。2013 年 12 月，河南辅仁药业集团有限公司与印度熙德隆制药集团有限公司签署协议,双方合资成立了辅仁药业集团熙德隆肿瘤药品有限公司,总投资3亿美元,在郑州建立亚洲最大的抗肿瘤和抗艾滋病药品及生物药品研发和生产基地。相比较于中国对印度直接投资领域,印度对中国直接投资的领域较宽。但总体而言,印度对中国的直接投资领域还只局限于有限的几个领域,尚处于初期阶段。

3. 印度对中国直接投资的主要方式

印度公司在中国一般以股权参与和非股权安排的形式进行直接投资。目前而言,印度企业在中国投资都还比较谨慎。同时他们对于中国市场中存在的一些不确定因素也都存有一些疑虑。所以,就在中国的大多数印度公司来说,基本上都以股权参与形式即建立合资企业和独资企业为主要的投资方式。

合资企业也被称为合资经营企业,是由两个或两个以上的国家和地区属于不同的公司(企业)或其他经济组织来建立一家合资企业,同时这些都必须是经东道国政府在东道国批准的经济实体。这种形式更适合生产规模小、技术水平不高的小型跨国公司,因为使用这种形式的直接投资可以得到东道国政府的支持。它通常是由新的投资项目或购买东道国企业股权的方式建立合资企业。2005年1月,印度米塔尔钢铁集团以25.99亿元人民币协议收购华菱管线集团持有的国有股约37%,并列为华菱集团的第一大股东。这是中国股票A股市场对外资开放的情况下的最大一笔收购,也是外国钢铁公司首例尝试投资中国国有钢铁企业。

独资企业是根据东道国相关法律的规定,在东道国境内成立的全部资本由国外投资者提供的企业。它拥有独特的法律地位,投资企业不是投资国的企业和法人,而是东道国的企业和法人。因此,从企业从事民事活动在东道国的法律地位来说,既可以接受东道国的法律保护国家,也受到所在国政府的监督和管理;同时,它具有完全自主的权限管理,除了东道国行使法律规定的必要的行政职能之外,不干预独资企业的一般业务活动。2003年2月,印度萨蒂扬公司在上海成立了自己的独资企业——萨蒂扬软件技术(上海)有限公司。萨蒂扬软件技术(上海)有限公司拥有超过130名员工(98%的当地工作人员)。目前在上海、大连和广州设有研发中心。

三、中印相互投资的关联性分析

相互投资的关联性分析是研究两个国家相互投资联系程度强弱问题的基本方法,具体研究内容包括:两国在投资领域的联系强弱,双方投资和引资关系以及投资合作的发展起点等问题。下面以中印两国相互直接投资额为基础,引入FDI集中度指数对中印两国相互投资的联系程度进行分析。

集中度指数(Intensity Index)指的是两国双边FDI输出或输入的联系程度。A、B两国的FDI集中度指数也可以称为两国FDI输出或输入集中度指数。其含义可以表示为A国对B国的直接投资(或B国引进的来自A国的直接投资),与A国对外投资总额及B国吸引外资总额之间联系的密切程度或者前者对后者的影响程度。

以A国对B国的FDI输出集中度指数为例,其计算公式表示为:

$$FDIAB = (FDIOAB/FDIOA)/[FDIIB/(FDIIW - FDIIA)]$$

($O = Outflow, I = Inflow$),$FDIAB$是FDI的输出集中度指数,($FDIOAB/FDIOA$)是指A国总FDI输出中向B国的投资所占比重,$FDIIB/(FDIIW - FDIIA)$是指除A国的FDI输入额外全世界FDI总输入中B国的输入所占的比重。该指数大于1时表示两国间的联系程度较好,反之小于1时表示两国间的联系程度较弱。

由于A国相对B国的FDI输出集中度指数也可以理解为B国相对A国的FDI输入集中度指数,所以我们可以通过只分析FDI输出集中度指数来分析中印两国的FDI集中度指数。表3-10是2003—2017年中印两国FDI输入与输出情况。

表3-10　2003—2017年中印两国FDI输入与输出情况

(单位:亿美元)

年份	中国FDI输入额	印度FDI输入额	中国FDI输出额	印度FDI输出额
2003	535.1	43.2	28.6	18.8
2004	606.3	57.8	55.0	21.8

第三章 中印经贸关系迅速发展是两国建立自由贸易区的现实基础

续表

年份	中国 FDI 输入额	印度 FDI 输入额	中国 FDI 输出额	印度 FDI 输出额
2005	724.1	76.2	122.6	29.9
2006	727.2	203.3	211.6	142.9
2007	835.2	255.1	224.7	172.3
2008	1083.1	434.1	521.5	211.5
2009	950.0	356.0	565.3	160.3
2010	1147.3	241.6	688.1	159.3
2011	1239.9	361.9	746.5	124.6
2012	1210.8	255.4	842.2	85.8
2013	1239.1	282.0	1078.4	16.8
2014	1285.0	345.8	1231.2	117.8
2015	1356.1	440.6	1275.6	75.7
2016	1337.0	444.9	1831.0	51.2
2017	1310.4	567.9	1395.0	80.5

数据来源：根据联合国贸发会 FDI 数据库资料整理所得。

从表3-10可以看出，2003—2017年中国FDI输入额和输出额大体呈逐年递增的趋势。印度在2008年之前FDI输入额和输出额逐年递增，2009年之后受2008年金融危机的影响，印度的FDI输入额连续几年出现波动下滑，由2009年的356.0亿美元下降到2010年的241.6亿美元，2011年有所上升后，2012年和2013年又出现较大幅度下降。2014年以来开始回升。中国吸引外商的直接投资额和对外直接投资额显著高于印度并呈现逐步上升势头。印度FDI输入额和输出额虽然在2006年出现了大幅度的提高，吸引的FDI增长了近三倍，对外直接投资增长了近五倍，但是2008年金融危机以后发展相对较缓慢。与此同时，中国的FDI输入额和输出额都在稳步上升。这说明与印度相比，近些年中国在吸引外资和鼓励对外直接投资方面具有更强的竞争力和更好的成果。但从2017年的数据看，由于受到经济增长放缓、劳动力成本上升及人民币贬值等因素影响，中国的FDI输入额和输出额均出现了下滑，而同期的印度无论是FDI输入额还是输出额均有较大幅度的增加，这与印度经济的高速增长密切相关。近年来,印度不断放宽外国直接投资规定,对相关法律法规进行修订,这些都有利于印度进一步吸引外资。虽然中印两国引进外资的数量差距在缩小,但从中长期来看,中国吸引外资仍然具有突出的比较优势和条件。

表 3-11 2003—2017 年中国对印度 FDI 输出集中度指数

(单位:亿美元)

年份	中国对印度 FDI 输出额	中国 FDI 总输出额	印度 FDI 输入额	中国 FDI 输入额	世界 FDI 输入总额	中国对印度 FDI 输出集中度指数
2003	0.0015	28.6	43.2	535.1	5870	0.006477
2004	0.0035	55.0	57.8	606.3	7443	0.007527
2005	0.1116	122.6	76.2	724.1	9807	0.108503
2006	0.0561	211.6	203.3	727.2	14634	0.018136
2007	0.2202	224.7	255.1	835.2	19755	0.072681
2008	1.0188	521.5	434.1	1083.1	17907	0.075713
2009	-0.2488	565.3	356.0	950.0	11978	-0.013600
2010	0.4761	688.1	241.6	1147.3	13090	0.034202
2011	1.8008	746.5	361.9	1239.9	15244	0.093347
2012	2.7681	842.2	255.4	1210.8	13509	0.158266
2013	1.4857	1078.4	282.0	1239.1	14432	0.064453
2014	3.1718	1231.2	345.8	1285.0	13239	0.089056
2015	7.0525	1275.6	440.6	1356.1	17740	0.205590
2016	0.9293	1831.0	444.9	1337.0	17464	0.018397
2017	2.8998	1395.0	567.9	1310.4	14298	0.047539

数据来源:根据《中国统计年鉴》和联合国贸发会 FDI 数据库资料整理计算得出。

表 3-12 2003—2017 年印度对中国 FDI 输出集中度指数

(单位:亿美元)

年份	印度对中国 FDI 输出额	印度 FDI 总输出额	中国 FDI 输入额	印度 FDI 输入额	世界 FDI 输入总额	印度对中国 FDI 输出集中度指数
2003	0.159	18.8	535.1	43.2	5870	0.092094
2004	0.195	21.8	606.3	57.8	7443	0.108956
2005	0.214	29.9	724.1	76.2	9807	0.096182

第三章 中印经贸关系迅速发展是两国建立自由贸易区的现实基础

续表

年份	印度对中国 FDI 输出额	印度 FDI 总输出额	中国 FDI 输入额	印度 FDI 输入额	世界 FDI 输入总额	印度对中国 FDI 输出集中度指数
2006	0.529	142.9	727.2	203.3	14634	0.073461
2007	0.340	172.3	835.2	255.1	19755	0.046172
2008	0.881	211.5	1083.1	434.1	17907	0.067199
2009	0.552	160.3	950.0	356.0	11978	0.042127
2010	0.493	159.3	1147.3	241.6	13090	0.034658
2011	0.422	124.6	1239.9	361.9	15244	0.040651
2012	0.441	85.8	1210.8	255.4	13509	0.056262
2013	0.271	16.8	1239.1	282.0	14432	0.184209
2014	0.508	117.8	1285.1	345.8	13239	0.043269
2015	0.808	75.7	1356.1	440.6	17740	0.136162
2016	0.518	51.2	1337.0	444.9	17464	0.128785
2017	1.577	113.0	1310.4	567.9	14298	0.146225

数据来源：根据《中国统计年鉴》和联合国贸发会 FDI 数据库资料整理计算得出。

表 3-11 和表 3-12 是以 FDI 集中度指数计算公式为依据，用中印两国各自的 2003—2017 年相互投资数据计算得出的中国对印度 FDI 输出集中度指数和印度对中国 FDI 输出集中度指数。

中国与印度的相互直接投资尚处于初始探索阶段。从总体趋势而言，两国双边直接投资额在 2008 年之前大体上逐年递增，但增幅始终较小，受 2008 年金融危机的影响两国双边投资额均出现了不同程度的下降。特别是中国在 2009 年对印度的直接投资甚至下降到-2488 万美元，这一年中国对印度的直接投资总额大大低于印度对中国的投资总额。通过中印两国 FDI 输出集中度指数的数据我们可以看出，中印两国 FDI 输出集中度指数非常低，都距离 1 相差很远。

2017 年印度对中国的 FDI 输出额同比增长幅度较大，但印度对中国 FDI 输出集中度指数仍只有 0.146225，水平很低。这说明中印两国相互直接投资联系程度和发展程度都处于较低的水平，两国的相互投资均没有以对方国为主要投资地，吸引的外商投资也都不以对方国为主要目标。

相比较而言,印度对来自中国 FDI 的依存度还比中国对来自印度 FDI 的依存度更低,造成这种情况的主要原因是中国对印度的 FDI 输出额占印度本国吸收 FDI 总额的比例偏低。

通过以上分析可以看出,近年来中印双边投资已经有了一定程度的发展,但整体规模小且有较大的波动,投资领域狭窄。由于中印双方对待来自对方国家投资的立场和态度有显著差别,致使两国相互投资的发展呈现出不平衡性特征,相互投资的关联度不高,投资合作的起点较低,这与两国巨大的经济规模和在亚太地区的地位相比,中印双边投资处于明显的阻滞状态,仍有巨大的投资合作空间。

第四章 中印经贸关系的互补性分析

依据经济一体化理论,国家或经济体间经济互补性大小是判定其能否进行经济合作的重要依据,经济互补性强的国家间进行区域经济合作带来的经济效应更大,因此更适合通过签订区域经济一体化协议进行区域经济合作。反之,若两个经济体经济缺乏互补性,则达成一体化协议的可能性就小。中印两国经贸关系的互补性如何是中印间是否适合建立 FTA 的重要判定依据。通过上一章分析我们已经了解到,20 世纪末期以来中国和印度两个发展中大国经济都迅速增长,两国的经贸关系的紧密程度也不断提升,相互间加强经贸合作的愿望也得到加强。中印两国经济发展有很多相似的特点。中印两国贸易关系有竞争性一面,但也有较强的互补性,双边贸易有巨大的合作潜力,深入分析中印经济的互补性可以进一步了解中印建立 FTA 的现实基础之所在。

第一节 中印宏观经济层面的互补性分析

一、两国经济规模差距决定的互补性

虽然近年来印度经济一直处于快速发展阶段,但印度经济发展水平与中国相比还有较大差距,印度的整体经济规模落后于中国,中印经济发展所处的阶段是不同的,中国已处于工业化中期向后期过渡阶段。中国在 GDP(国内生产总值)、投资环境及引进外资等指标上领先于印度,但印度也在某些经济领域拥有优势。中印经济发展水平这种梯度差异决定了两国相互间存在较大互补性。

中印建立自由贸易区的预期收益及实施策略研究

20世纪80年代初,中国和印度经济都比较落后,两国总的经济规模和人均国民生产总值不相上下。中国自1978年起实行改革开放政策,90年代初又进行了市场经济改革。印度也从80年代起开始以降低对私营经济限制为核心的国内经济政策变革,进入90年代,印度又开始进行了以积极融入全球经济体系为核心的经济改革。中印两国经济都因经济改革增长速度加快,表4-1和图4-1是1990年以来中印两国以美元为单位的GDP的变动情况。

表4-1 1990—2018年中国和印度GDP增长情况

(单位:亿美元;%)

年份	中国 总量	增长率	印度 总量	增长率	中印国内生产总值之比
1990	3569	3.8	3175	6.1	1.124
2000	11985	8.4	4602	5.7	2.604
2005	22359	10.4	8102	9.2	2.760
2006	26579	11.6	9149	9.8	2.905
2007	33823	13.0	11769	9.4	2.874
2008	43262	9.0	12175	7.4	3.553
2009	49912	15.4	13653	12.1	3.660
2010	59305	18.8	17109	25.3	3.470
2011	73219	23.5	18728	9.5	3.910
2012	82271	12.4	18417	-1.7	4.470
2013	96070	16.8	18570	0.8	5.170
2014	104820	9.1	20350	9.6	5.150
2015	110650	5.6	20900	2.7	5.290
2016	111990	1.2	22640	8.3	4.950
2017	122428	9.3	24390	7.7	5.020
2018	134573	9.9	26900	10.3	5.000

资料来源:根据世界银行WDI数据库资料整理计算所得。

从表4-1和图4-1中可以看出,1990年中国和印度的国内生产总值差距还不大,中国的GDP略高一些,是印度的1.124倍。2000年以后,中

第四章 中印经贸关系的互补性分析

(单位：亿美元)   (单位：%)

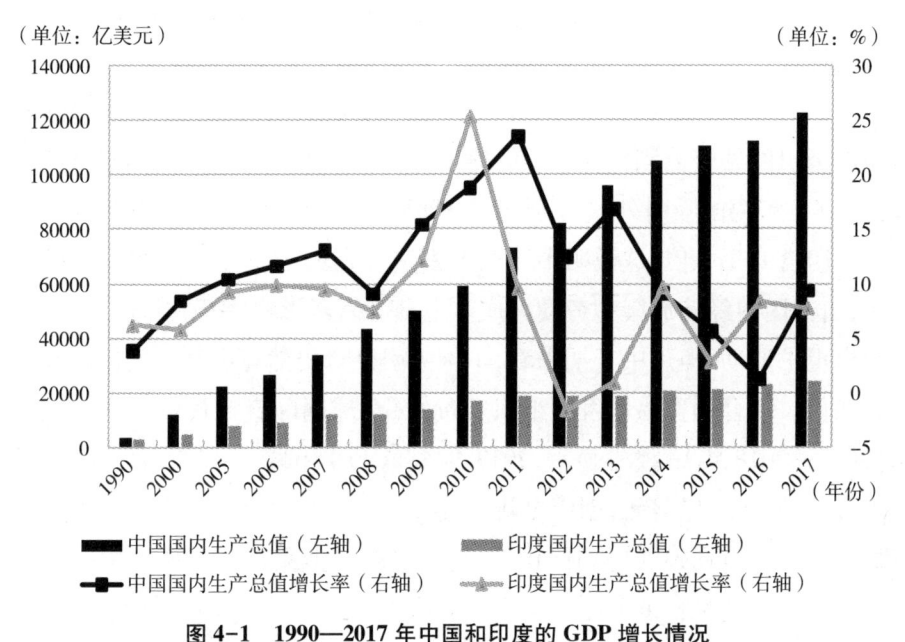

■ 中国国内生产总值（左轴）　　■ 印度国内生产总值（左轴）
━■━ 中国国内生产总值增长率（右轴）　　━▲━ 印度国内生产总值增长率（右轴）

图 4-1　1990—2017 年中国和印度的 GDP 增长情况

数据来源：根据表 4-1 数据绘制。

国 GDP 增长速度明显快于印度，两国经济规模差距迅速扩大，2000 年中国的经济规模突破 1 万亿美元，达到 11985 亿美元，印度只达到 4602 亿美元，此时中国的 GDP 是印度的 2.604 倍。2008 年中国的国内生产总值达到 43262 亿美元，印度的国内生产总值也达到 12175 亿美元，中国的 GDP 是印度的 3.553 倍，两国经济规模的差距进一步拉大。中国 GDP 总量 2010 年首次超过了日本，一跃成为世界第二大经济体，仅次于美国，这一年印度是全球第九大经济体。2017 年中国的国内生产总值已经达到 122428 亿美元，稳居世界第二大经济体地位。到 2017 年印度的国内生产总值也有了很大的增长，达到 24390 亿美元，上升为世界第七大经济体，2017 年中国的 GDP 已经是印度的 5.02 倍。2018 年印度 GDP 增长速度高于中国，但中国的 GDP 仍然是印度的 5 倍，遥遥领先于印度。

中国在吸引外资方面也存在一定的优势。在世界银行的《2006 年各国投资环境报告》关于世界主要国家投资环境的综合排名中，中国排在第 91 位，印度排在第 116 位，印度比中国落后 25 位。中国引进外资的总体规模也超过了印度,2005年中国引进外资比印度多将近10倍。印度近些年来出台了一系列针对外资的优惠措施,不断优化自身的投资环境,对外资的吸引力迅速扩大,但与中国相比仍有一定差距。2007年中国和印度吸引的外资分别是835.2亿美元和255.1亿美元,中国是印度的3.3倍,2008年两国吸引外资分别达到1083.1亿美元和434.1亿美元①,中国是印度的2.5倍,这说明中印两国引进外资的数量差距在缩小。近几年,由于国内经济放缓和劳动力成本上升等因素影响,中国引进外资的数量出现了波动,但从中长期来看,中国吸引外资仍然具有突出的比较优势和条件。联合国贸易和发展组织发布的《全球国际直接投资回顾与展望(2017—2018年)》报告显示,2017年全球FDI下降了16%,而中国流入外资达到1440亿美元,创历史新高,仅次于美国,居世界第二位。中国引进外资结构也在不断得到优化,出现向高端产业集聚的势头。中印经济发展水平的这种梯度差距决定了两国的宏观经济层面存在较大互补性。

二、两国国民经济结构差异决定的互补性

虽然中印都是发展水平相对落后的发展中国家,但两国的经济结构存在较大差异,这种结构差异使两国经济具有一定的互补性。中国的改革开放始于1978年,印度20世纪90年代才开始进行融入国际经济体系的改革,改革后经济的发展速度中国也比印度更快一些,因而中国经济结构的总体水平高于印度。中国改革开放后产业结构的发展比较重视制造业,因此制造业在中国获得了较快的发展,目前中国经济已经达到了工业化的中期向后期过渡的阶段。印度则比较重视第三产业发展,印度第三产业优势显著,制造业发展起步较晚,印度目前还处于工业化初期向中期过渡的阶段。工业增加值占国内生产总值的比重中国远超过印度,而两国在第一产业方面则差异不大。表4-2和表4-3分别是中印两国2000年、2008年、2016年国内生产总值的产业构成和三大产业对GDP的贡献率。

---

① 资料来源:《国际统计年鉴》2010年版。

第四章　中印经贸关系的互补性分析

表 4-2　中印两国 GDP 的产业构成　　　　　　　　（单位:%）

产业	中国 GDP 的产业构成			印度 GDP 的产业构成		
	2000 年	2008 年	2016 年	2000 年	2008 年	2016 年
第一产业	15.1	11.3	9.0	23.4	17.6	17.4
第二产业	45.9	48.6	40.5	26.2	29.0	30.0
第三产业	39.0	40.1	50.5	50.5	53.4	52.6

资料来源:根据《国际统计年鉴》2001 年、2009 年和 2017 年数据整理所得。

表 4-3　中印三次产业对 GDP 的贡献率　　　　　　（单位:%）

产业	中国三次产业对 GDP 的贡献率			印度三次产业对 GDP 的贡献率		
	2000 年	2008 年	2016 年	2000 年	2008 年	2016 年
第一产业	3.9	6.3	4.7	-2.6	6.7	-0.6
第二产业	51.9	49.7	41.2	37.7	17.8	26.2
第三产业	44.2	44.0	54.1	64.9	75.6	74.4

资料来源:根据《国际统计年鉴》2001 年、2009 年和 2017 年数据整理所得。

表 4-2 和表 4-3 数据表明,中印两国产业结构的构成和对 GDP 的贡献率有明显的差异。在第一产业,两国的差距不大,印度的第一产业在国内生产总值中的比重略高于中国,而第一产业对国内生产总值的贡献率从总体上看印度比中国低一些。中印最主要的差异体现在第二产业和第三产业上,中国在第二产业优势显著,而印度在以软件技术为核心的第三产业方面具有显著优势。在第二产业中,中国和印度的产值比在 2000 年为 45.9∶26.2,2008 年为 48.6∶29,2016 年为 40.5∶30,这表明中国第二产业在国内产业构成中的比重超过印度很多,但这种差异有缩小的趋势,这和印度大力发展制造业和中国积极推动服务业发展的现实是相吻合的。从第二产业对国内生产总值的贡献率来看中国也远远高于印度,2000 年中国和印度第二产业对国内生产总值的贡献率分别是 51.9 和 37.7,中国是印度的 1.38 倍;2008 年中印两国分别是 49.7 和 17.8,中国是印度的 2.79 倍;2016 年中印两国分别是 41.2 和 26.2,中国是印度的 1.57 倍,呈现为差异不断扩大,但近几年差异又缩小的趋势。从第三产

业在国内生产总值中的比重看,中印的产值比在2000年是39.0∶50.5, 2008年是40.1∶53.4,2016年是50.5∶52.6,表明印度的第三产业一直占优势,但呈现差距缩小的趋势。表4-3数据表明在第三产业对国内生产总值的贡献率上,印度远远高于中国,但也呈现差距减弱的趋势,与表4-2数据表明的结论一致。

在第二产业中,除了非电子产品和石油外,其他制造业行业,中国的劳动生产率均超过印度。除劳动密集型产品外,中国在电子设备和IT硬件上的竞争力不断上升。从制造业整体发展水平衡量,印度虽比中国落后,但印度在仿制药生产和生物技术及应用等高技术产品生产上有明显的优势,制药业尤其是仿制药在印度的生产规模和产值在世界名列前茅,且增长速度很快。以软件业为中心的服务业发达是印度突出的产业特征,印度第三产业对GDP的贡献率增长非常迅速,2008年已达到75.6%,占GDP的比重超过一半。根据麦肯锡的研究报告,2008年印度有7%的GDP来源于IT服务和后勤办公业务,印度正在迅速成为很多欧美等发达国家企业的"世界办公室",而中国则被称为"世界工厂",这表明印度和中国分别在服务业和制造业占有优势,两国经济结构这种明显的差异成为两国宏观经济层面互补性的重要前提和基础,为两国进一步拓展经济合作提供了广阔的空间。

三、两国经济发展模式差异决定的互补性

中印作为世界人口最多的两个新兴大国有很多相似之处,同时又各有优势与不足,两国的经济发展之路也有很大不同。中国经济增长更快一些,基础设施较完备,制造业发展快,出口规模较大,吸引和利用外资方面有一定优势。印度的法律体系和金融体制比较完善,而且是与西方接轨的。印度以软件产业为核心的服务业居于世界领先地位,国际竞争力很强。中国是"硬件"领先的经济模式,制造业是龙头,出口与内需并重。印度则是"软件"领先的经济模式,以软件业为代表的服务业是发展重点。中国的"硬件"和印度的"软件"两种不同模式也有很多共性,二者之间存在很强的互补性。

第四章　中印经贸关系的互补性分析

中印两国都是在保持国内政治稳定的前提下，推行的以市场为导向和对外开放的渐进式改革。中国采取的是"硬件"优先的发展模式，这种模式是由特定的国情和历史背景决定的，中国实行改革开放时，信息技术还处于萌芽状态，中国本身的收入水平低和劳动力素质不高也对第三产业发展形成一定的制约。中国改革开放前长期实施优先发展重工业的战略，导致中国非常缺乏生活品，正因为如此，改革开放初期劳动密集型的轻工业首先得到迅速发展。随后，东南亚国家或地区开始产业升级，大量机械电子类产品的加工装配环节转移到中国，同时中国进行了大规模基础设施建设，建筑业也快速发展，因此第二产业率先在中国成为经济增长的领跑者。印度的经济改革始于20世纪90年代，此时信息产业正在全球范围内兴起，发达的高等教育和官方使用英语的语言优势使印度正好符合了当时软件业发展的条件，印度抓住了这一宝贵时机成为软件业强国。而基础设施落后、储蓄率偏低以及对外资限制严格等情况，制约了印度制造业发展。

中国经济的增长主要是靠外资和出口推动的，印度则主要依靠的是内资和内需，这是中国和印度经济发展模式的另一个重要差别。《印度觉醒》一文的作者罗奇说："中国所采取的是一种显而易见的外国直接投资推动的发展模式，这种发展模式的希望在于，外国直接投资所带来的利益能在国内得到扩散；印度所采取的是一种更明显得多的土生土长的发展模式，这种模式目前正在获得全球影响。这两种发展方式都具有自己的缺点。然而，最吸引人的事情之一是，它们都能起作用。"[1]印度主要从自身内部寻找发展动力，更注重内部的有机增长。由于印度的文化传统和价值观念相对保守，且宗教情绪与民族主义强烈，对外国投资持有较多的不信任，印度因此更注重利用本国的资源，从而培育了一大批国际竞争力很强的本国公司和民族品牌，印度这种以内需和自身资源为发展动力的经济方式，比中国靠外需和外资推动的增长方式更有优势，发展潜力更大。

---

[1]　尹倩：《中国模式与印度模式之比较》，《理论与现代化》2006年第4期，第64页。

中国经济模式以"硬"为主,印度经济模式以"软"见长。中国的"硬"显而易见,印度的"软"经常是隐性看不见的。中国在交通、通信、电力等基础设施建设方面远远领先于印度,完善的基础设施是工业发展的重要保障。印度则在金融体系和法律制度方面比中国更完善。由于法律体系和金融体制完善,使印度与欧美等发达国家的法律和金融体系有很好的兼容性,这一点是印度成为全球第二大软件出口国的重要原因。此外,印度延续的是英国留下的比较健全的金融制度,已有一百多年历史,资本市场的效率和透明度较高,印度民营银行占多数,国际信誉好,呆账坏账率较低,为印度私营企业发展提供了非常好的金融保障。

中印两国由于国情不同,采取了不同的发展模式,但两国都走上了持续快速发展之路,同时也遇到了诸多困难和挑战。经济发展模式并非是一成不变的,印度模式和中国模式各有优劣,相互之间有很多互补性,只有取长补短,相互借鉴,才能互利共赢。

综上所述,从宏观经济层面看,中印两国经济存在很强的互补性。印度的整体经济规模和发展水平还落后于中国,中印经济发展还处于不同的阶段,这种梯度差异决定了两国间存在较大互补性。虽然中印两国有相似的国情,但两国经济结构的差异较大,两国的制造业处于不同的发展阶段,中国偏重制造业的产业结构已处于工业化中期向后期过渡阶段,偏重服务业的印度则处于工业化初期向中期过渡阶段,中国工业增加值占国内生产总值的比重远超印度,而印度的第三产业优势显著,印度和中国分别在服务业和制造业上占有优势,两国经济结构这种明显的差异成为两国宏观经济层面互补性的重要前提和基础,为两国进一步拓展经济合作提供了广阔的空间。从经济发展模式看,中国是"硬件"领先的经济模式,制造业是龙头,出口与内需并重;印度则是"软件"领先的经济模式,以软件业为代表的服务业是发展重点。印度模式和中国模式之间存在很强的互补性。"硬件"和"软件"对中印两国从大国走向强国都是必不可少的,中印两国在"硬件"和"软件"领域有广阔的合作空间。

第二节 基于贸易专业化指数的中印贸易商品互补性分析

下面依据国际贸易标准分类,使用贸易专业化指数进一步分析中印两国贸易商品的互补性情况。贸易专业化指数是用于分析一国贸易商品的比较优势和国际竞争力状况的重要指标。贸易专业化指数简称 TSI,也称为贸易特化系数或贸易竞争力指数,其表达公式为:

$$TSI_{ij} = \frac{X_{ij} - M_{ij}}{X_{ij} + M_{ij}} \tag{4-1}$$

X_{ij}、M_{ij} 分别代表某个国家某种产品的出口和进口,i 代表某个国家,j 代表某种产品。TSI 的取值范围是正负 1 之间。若该指数大于 0,代表该产业处于顺差;若该指数小于 0,代表该产业处于逆差;若该指数等于 0,代表该产业处于贸易平衡的状态;若 TSI 达到 0.5 时代表产业存在一定的比较优势;TSI 在 0.6—0.7 之间代表产业比较优势较大;若 TSI 等于 1 则代表某国该产品只有出口,拥有完全的专业化优势;若 TSI 为 -1,则表明某国只进口该产品,处于绝对劣势地位。总而言之,TSI 越接近于 1,代表某国该产业的专业化优势越大,TSI 越接近于 -1,代表某国该产业的专业化优势越小。

当公式中的 TSI 取值在正负 1 和 0.75 之间时代表两国是高度垂直型分工,TSI 在正负 0.75 和 0.5 之间时为垂直型分工,TSI 在正负 0.5 和 0.25 之间时为水平型分工,TSI 在正负 0.25 和 0 之间时为高度水平型分工。金姆(Kim)则认为,贸易专业化指数 $-1 \leqslant TSI \leqslant -0.7$ 称为进口专业化阶段,$-0.3 \leqslant TSI \leqslant 0.3$ 称为贸易平衡阶段,$0.7 \leqslant TSI \leqslant 1$ 称为出口专业化阶段。

从近年来总体变化趋势来看,中国和印度产业的竞争力变化是不同的。中国出口商品尤其是中高端技术产品的国际竞争力在不断提高,而中低端技术产品尤其是纺织服装类产品和初级产品的国际竞争力走弱。印度自 2000 年以来贸易结构及不同类别产品出口国际竞争力情况总体看变化不大。表4-4是依据2016年数据计算出的中国和印度的贸易专业化指数情况。

表4-4 2016年中国和印度的贸易专业化指数情况

(单位:百万美元)

章		中国			印度		
		出口	进口	TSI值	出口	进口	TSI值
01—05	活动物;动物产品	17617	21614	-0.10	9590	157	0.97
06—14	植物产品	24388	53890	-0.38	14188	8756	0.24
15	动、植物油、脂、蜡;精制食用油脂	584	7041	-0.85	844	10491	-0.85
16—24	食品;饮料、酒及醋;烟草	28544	19609	0.19	5872	2689	0.37
25—27	矿产品	30124	275689	-0.80	30847	95221	-0.51
26	矿砂、矿渣及矿灰	270	94479	-0.99	1316	3731	0.48
28—38	化学工业及其相关工业的产品	99306	109791	-0.05	33651	33757	-0.01
29	有机化学品	42164	43906	-0.02	11253	14767	-0.14
30	医药品	7012	20771	-0.50	13043	1698	0.77
39	塑料及其制品	62350	61049	0.01	5213	11391	-0.37
41—43	生皮、毛皮及制品;鞍具及挽具;旅行用品、手提包及类似品;动物肠线制品	31397	9189	0.55	3266	936	0.55
42	皮革制品;旅行箱包;动物肠线制品	27367	2202	0.85	2346	317	0.76
44	木及木制品;木炭	13544	19627	-0.18	401	2146	-0.69
47—49	木浆及其他纤维状纤维素浆;纸及纸板的废碎品;纸、纸板及其制品	21333	22819	-0.03	1479	4603	-0.51
50—63	纺织原料及纺织制品	238801	28368	0.79	35429	6081	0.71
52	棉花	14966	7744	0.32	6262	1071	0.71
54—55	化学纤维长丝及短纤	28675	4953	0.71	3972	1315	0.50

续表

章		中国			印度		
		出口	进口	TSI 值	出口	进口	TSI 值
60—62	针织物及服装	160894	7653	0.91	17227	1101	0.88
64—67	鞋、帽、伞、杖、鞭及其零件;已加工的羽毛及其制品;人造花;人发制品	59435	3356	0.89	3036	583	0.68
72—73	钢铁制品	95136	26494	0.56	12257	12238	0.01
74	铜及其制品	5795	33259	−0.70	2327	3266	−0.17
76	铝及其制品	21208	5946	0.56	2733	3372	−0.10
84	核反应堆、锅炉、机械器具及零件	343771	147660	0.40	13557	32516	−0.41
85	电机、电气、音像设备及其零附件	553169	412879	0.15	8218	37005	−0.64
87	车辆及其零附件,但铁道车辆除外	60145	71506	−0.09	14988	4763	0.52
90	光学、照相、医疗等设备及零附件	67488	92689	−0.16	2650	7237	−0.46
94—96	杂项制品	146053	7518	0.90	2213	2424	−0.05
94	家具;寝具等;灯具;活动房	87509	3219	0.93	1354	1462	−0.04
95	玩具、游戏品、运动用品	43707	1910	0.92	298	514	−0.27
98	特殊交易品及未分类商品	4557	12910	−0.48	821	10613	−0.86

数据来源:根据联合国官方网站资料整理所得,见 http://www.trademap.org/countrymap。

一、中国和印度有专业化优势的产业分析

1. 中国有专业化优势的产业

由表4-4可知,2016年中国TSI值在0.5及以上的产品类别主要有:41—43(生皮、毛皮及制品;鞍具及挽具;旅行用品、手提包及类似品;动物肠线制品)为0.55,42(皮革)为0.85,50—63(纺织原料及纺织制品)为0.79,54—55(化学纤维长丝及短纤)为0.71,60—62(针织物及服装)

129

为0.91,64—67(鞋、帽、伞、杖、鞭及其零件;已加工的羽毛及其制品;人造花;人发制品)为0.89,72—73(钢铁制品)为0.56,76(铝及其制品)为0.56,94—96(杂项制品)为0.90,94(家具;寝具等;灯具;活动房)为0.93,95(玩具、游戏品、运动用品)为0.92。这种情况表明中国在工业制品中的劳动密集型产品和部分资本技术密集型产品上有明显的竞争优势。其中的60—62(针织物及服装)、94—96(杂项制品)、94(家具;寝具等;灯具;活动房)、95(玩具、游戏品、运动用品),这几类劳动密集型产品的TSI值都超过0.9,表明中国这些产品在世界上极具比较优势。另外,42(皮革)、50—63(纺织原料及纺织制品)、64—67(鞋、帽、伞、杖、鞭及其零件;已加工的羽毛及其制品;人造花;人发制品)、72—73(钢铁制品)、76(铝及其制品)等产品的TSI值都超过0.5,是中国有较强专业化优势的产品类别。

而15(动、植物油、脂、蜡;精制食用油脂)、25—27(矿产品)、26(矿砂、矿渣及矿灰)、74(铜及其制品)等产品的TSI值都在-0.7以下,是中国最缺乏专业化比较优势的产品,在世界市场上具有明显的竞争劣势。此外,中国在06—14(植物产品)、30(医药品)、44(木及木制品;木炭)、47—49(木浆及其他纤维状纤维素浆;纸及纸板的废碎品;纸、纸板及其制品)、90(光学、照相、电影、医疗等设备及零附件)、98(特殊交易品及未分类商品)等产品类别上的TSI值都是负数,也在世界市场上处于竞争劣势。

可见,中国主要在工业品中的劳动密集型产品和部分资本密集型产品上专业化优势较大,处于劣势的商品主要集中在初级产品和资源性产品上,其原因在于中国的人均资源日趋贫乏,且在生产投入中的效率较低。

2. 印度有专业化优势的产业分析

由表4-4可以看出,2016年印度TSI值超过0.5的产品类别主要有:01—05(活动物;动物产品)为0.97,30(医药品)为0.77,41—43(生皮、毛皮及制品;鞍具及挽具;旅行用品、手提包及类似品;动物肠线制品)为0.55,42(皮革)为0.76,50—63(纺织原料及纺织制品)为0.71,52(棉

第四章 中印经贸关系的互补性分析

花)为0.71,54—55(化学纤维长丝及短纤)为0.50,60—62(针织物及服装)为0.88,64—67(鞋、帽、伞、杖、鞭及其零件;已加工的羽毛及其制品;人造花;人发制品)为0.68,87(车辆及其零附件,但铁道车辆除外)为0.52。这些是印度在世界上专业化优势强的主要产品类别。其中的30(医药品)和87(车辆及其零附件,但铁道车辆除外)属于资本技术密集型产品类别。此外,26(矿砂、矿渣及矿灰)、16—24(食品:饮料、酒及醋;烟草)、06—14(植物产品)、72—73(钢铁制品)、94(家具;寝具等;灯具;活动房)是印度有一定比较优势的产品类别。综上所述可以得出结论:印度比中国拥有专业化优势的商品范围更广一些,印度除了在较多的初级产品和劳动密集型产品上占有优势外,还在部分资本和技术密集型产品上有专业化优势。在这种情形下建立中印自由贸易区,将有利于印度对中国的出口增加,缓解印度对中国贸易逆差的局面。

印度不具有专业化优势的产品主要是:15(动、植物油、脂、蜡;精制食用油脂)、25—27(矿产品)、44(木及木制品;木炭)、47—49(木浆及其他纤维状纤维素浆;纸及纸板的废碎品;纸、纸板及其制品)、85(电机、电气、音像设备及其零附件)、98(特殊交易品及未分类商品)等商品的TSI值都小于-0.5,是印度在世界市场上劣势地位显著的商品类别。

二、中印两国贸易商品的互补性大于竞争性

通过上述分析我们可以看出,中印贸易商品在世界市场上既有竞争性又有互补性。中印两国存在竞争性的商品主要是一些劳动密集型产品,主要包括:41—43(生皮、毛皮及制品;鞍具及挽具;旅行用品、手提包及类似品;动物肠线制品)、42(皮革)、50—63(纺织原料及纺织制品)、16—24(食品:饮料、酒及醋;烟草)、54—55(化学纤维长丝及短纤)、60—62(针织物及服装)、64—67(鞋、帽、伞、杖、鞭及其零件;已加工的羽毛及其制品;人造花;人发制品)等。

中印在货物贸易方面也有很强的互补性,两国互补性较大的贸易商品主要是初级产品和资本密集型产品,具体包括:01—05(活动物、动物产品)、06—14(植物产品)、26(矿砂、矿渣及矿灰)、30(医药品)、44(木及木制

品;木炭)、72—73(钢铁制品)、74(铜及其制品)、76(铝及其制品)、84(核反应堆、锅炉、机械器具及零件)、85(电机、电气、音像设备及其零附件)、87(车辆及其零附件,但铁道车辆除外)、94—96(杂项制品)、94(家具;寝具等;灯具;活动房)、95(玩具、游戏品、运动用品)等。从上述情况看,中印两国间有明显互补性的商品种类要多于两国间有竞争性的商品种类,具体来看,中国和印度在国际市场上存在竞争性的商品是部分劳动密集型产品,两国在国际市场上存在较强互补性的商品既有初级产品也有资本和技术密集型产品,这表明中印两国商品的互补性大于竞争性。

综上所述,中国主要在工业品中的劳动密集型产品和部分资本密集型产品上专业化优势较大,处于劣势的商品主要集中在初级产品和资源密集型产品上。印度比中国拥有专业化优势的商品范围更广一些,印度除了在较多的初级产品和劳动密集型产品上有优势外,还在部分资本和技术密集型产品上有专业化优势。中印贸易商品在世界市场上既有竞争性又有互补性。中印两国存在竞争性的商品主要是一些劳动密集型产品,中印在货物贸易方面也有很强的互补性,两国互补性较大的贸易商品主要是初级产品和资本密集型产品,中印间具有互补性的商品种类明显比有竞争性的商品种类多。由此我们得出的结论是:中国和印度部分劳动密集型产品在国际市场上存在竞争性,在初级产品、资本和技术密集型产品上有很强的互补性,且互补性大于竞争性,这种竞争和互补的状况有利于中印自由贸易区的建立。

第三节 中印产业间贸易互补性分析

中印双边贸易商品基本来自两国各自具有专业竞争优势的产业,中国向印度的出口以制成品为主,中国从印度的进口以原材料和初级产品为主,两国间贸易存在较强的产业间贸易互补。下面根据2017年中国和印度双边贸易数据分析中印两国产业间贸易的互补情况。表4-5是2017年中国向印度出口的商品构成情况。

表 4-5 2017 年中国向印度出口的商品构成情况（单位：百万美元）

HS 编码章	商品类别	2017 年	同比（%）	占比（%）
章	总值	72053	18.8	100
85	电机、电气、音像设备及其零附件	27529	31.8	38.2
84	核反应堆、锅炉、机械器具及零件	12818	19.0	17.8
29	有机化学品	6576	17.7	9.1
39	塑料及其制品	2139	16.3	3.0
72	钢铁	1658	0.7	2.3
90	光学、照相、医疗等设备及零附件	1600	21.7	2.2
73	钢铁制品	1376	14.3	1.9
87	车辆及其零附件，但铁道车辆除外	1321	15.8	1.9
38	杂项化学产品	1244	52.4	1.7
31	肥料	1114	-27.6	1.6
94	家具；寝具等；灯具；活动房	1104	25.6	1.5
89	船舶及浮动结构体	857	-53.7	1.2
27	矿物燃料、矿物油及其产品；沥青等	822	26.4	1.1
76	铝及其制品	719	13.2	1.0
71	珠宝、贵金属及制品；仿首饰；硬币	635	29.2	0.9
28	无机化学品；贵金属等的化学物	579	3.8	0.8
48	纸及纸板；纸浆、纸或纸板制品	540	39.2	0.8
59	浸、包或层压织物；工业用纺织制品	525	16.0	0.7
70	玻璃及其制品	521	20.9	0.7
32	鞣料；着色料；涂料；油灰；墨水等	467	17.2	0.7
95	玩具、游戏品、运动用品	444	6.9	0.6
64	鞋靴、护腿和类似品及其零件	418	28.8	0.6
60	针织物及钩编织物	417	13.4	0.6
83	贱金属杂项制品	390	23.5	0.5
68	矿物材料的制品	355	-0.5	0.5
54	化学纤维长丝	354	12.2	0.5
69	陶瓷产品	351	11.3	0.5
40	橡胶及其制品	330	-16.2	0.5
42	皮革制品；旅行箱包；动物肠线制品	306	28.0	0.4
96	杂项制品	282	21.7	0.4
	以上合计	67791	19.4	94.1

资料来源：根据中国商务部官网资料整理所得，见 http://countryreport.mofcom.gov.cn/record/view.asp? news_id=14748。

由表4-5可以看出,2017年中国出口印度按章划分的前十位商品以制成品为主,包括:85(电机、电气、音像设备及其零附件)、84(核反应堆、锅炉、机械器具及零件)、29(有机化学品)、39(塑料及其制品)、72(钢铁)、90(光学、照相、医疗等设备及零附件)、73(钢铁制品)、87(车辆及其零附件,但铁道车辆除外)、38(杂项化学产品)、31(肥料)等。2017年中国从印度进口的商品构成情况见表4-6。

表4-6 2017年中国从印度进口的商品构成情况（单位:百万美元）

HS编码章	商品类别	2017年	同比(%)	占比(%)
	总值	12484	39.3	100
29	有机化学品	1579	92.4	12.7
26	矿砂、矿渣及矿灰	1531	34.6	12.3
74	铜及其制品	1386	116.9	11.1
52	棉花	1155	-8.6	9.3
27	矿物燃料、矿物油及其产品;沥青等	1060	46.7	8.5
84	核反应堆、锅炉、机械器具及零件	669	43.3	5.4
25	盐;硫磺;土及石料;石灰及水泥等	660	27.6	5.3
85	电机、电气、音像设备及其零附件	461	16.5	3.7
39	塑料及其制品	430	62.4	3.4
15	动、植物油、脂、蜡;精制食用油脂	424	55.6	3.4
72	钢铁	397	79.6	3.2
79	锌及其制品	272	2851.3	2.2
71	珠宝、贵金属及制品;仿首饰;硬币	217	86.4	1.7
32	鞣料;着色料;涂料;油灰;墨水等	157	45.1	1.3
90	光学、照相、医疗等设备及零附件	156	4.5	1.3
67	已加工的羽毛及制品;人造花;人发制品	151	-0.4	1.2
3	鱼及其他水生无脊椎动物	142	10.1	1.1
38	杂项化学产品	133	17.5	1.1
28	无机化学品;贵金属等的化合物	131	10.3	1.1
53	其他植物纤维;纸纱线及其织物	125	42.5	1.0
33	精油及香膏;香料制品及化妆盥洗品	114	90.9	0.9
41	生皮(毛皮除外)及皮革	105	-4.4	0.8

续表

HS 编码	商品类别	2017 年	同比(%)	占比(%)
87	车辆及其零附件,但铁道车辆除外	84	11.1	0.7
73	钢铁制品	66	0.7	0.5
55	化学纤维短纤	63	9.6	0.5
44	木及木制品;木炭	58	160.5	0.5
40	橡胶及其制品	58	129.0	0.5
62	非针织或非钩编的服装及衣着附件	49	-12.5	0.4
13	虫胶;树胶、树脂及其他植物液、汁	47	-31.8	0.4
88	航空器、航天器及其零件	44	27.3	0.4
	以上合计	11924	44.0	95.5

资料来源:根据中国商务部官网资料整理所得,见 http://countryreport.mofcom.gov.cn/record/view.asp? news_id=14748。

由表 4-6 可知,2017 年中国从印度的进口以初级产品和原材料为主,中国从印度进口按章划分前十位的商品是:29(有机化学品)、26(矿砂、矿渣及矿灰)、74(铜及其制品)、52(棉花)、27(矿物燃料、矿物油及其产品;沥青等)、84(核反应堆、锅炉、机械器具及零件)、25(盐;硫磺;土及石料;石灰及水泥等)、85(电机、电气、音像设备及其零附件)、39(塑料及其制品)、15(动、植物油、脂、蜡;精制食用油脂)。

从上述两国间商品构成可看出,中国对印度主要出口的是第二产业的工业制成品,而印度向中国出口的商品主要是原材料、初级产品和半制成品,中印双边贸易商品的这种结构与上一节分析的两国各自拥有专业化优势的产品类别基本一致,与两国所处不同的工业化发展阶段也是一致的。印度制造业由于起步晚,所以相对落后,初级产品和原材料是其对中国的主要出口商品;中国对印度出口的商品则主要集中在制成品。由于中国制造业起步早,发展比较成熟,制造业占 GDP 的比重显著高于印度,比较优势最显著的是机电产品、机械制造及高新科技产品,因此对印度出口的这类产品最多。

从贸易规模看,中国和印度产业间贸易的总体规模较低,但出现了快速发展的态势,表 4-5 和表 4-6 中 2017 年中国对印度的出口同比增长

18.8%,而从印度的进口同比增加高达39.3%。随着两国经济合作的不断加强,中印两国产业间贸易的巨大潜力必将得到释放。

另外,我们从表4-5和表4-6还看到,中印两国各自向对方市场出口规模前十位的产品中,84(核反应堆、锅炉、机械器具及零件)、29(有机化学品)、85(电机、电气、音像设备及其零附件)、39(塑料及其制品)这4章是重合的,表明中国和印度在这些产品上有较大规模的产业内贸易。可见,中印两国间既有较强的产业间贸易互补,也有产业内贸易互补。关于中印双边产业内贸易的互补性,将在下一节展开分析。

通过上述对中印产业间贸易的互补性分析可知,中印双边贸易商品基本来自两国各自具有竞争优势的产业,中国向印度的出口以制成品为主,中国从印度的进口以原材料和初级产品为主,两国间贸易存在较强的产业间贸易互补,这与两国不同的工业化水平也是一致的。从贸易规模看,中印产业间贸易的总体规模较低,但出现了快速发展的态势。从两国间贸易商品构成可看出,印度从中国进口的主要是第二产业的工业制成品,而向中国出口的是原材料、初级产品及半制成品等。两国间贸易的商品与上一节分析的各自拥有专业化优势的产品类别是一致的。随着两国经济合作的不断加强,中印两国产业间贸易的巨大潜力必将充分发挥出来。

第四节 中印产业内贸易互补性分析

产业内贸易是指同一个产业内部差异产品或者非差异产品的国际贸易。分析产业内贸易互补性可以更好地了解中印两国的产业分工状况。产业内贸易互补性强是国家间进行区域经济合作的重要基础,从区域经济合作的实践看,以欧盟为代表的发达国家间进行一体化成功的一个重要因素,是成员国之间产业内贸易的互补性很强,在实现经济一体化过程中各成员生产要素及经济结构的调整成本较低,欧盟产生的贸易创造效应主要体现为产业内贸易的增加。而多数发展中经济体进行经济一体化难以成功,其中一个重要原因是发展中经济体产业内贸易互补性不强。

第四章 中印经贸关系的互补性分析

对外贸易主要表现为与发达经济体的产业间贸易。中印两国的产业内贸易发展状况和潜力对未来的中印自由贸易区的建设非常重要。下面基于产业内贸易指数对中印产业内贸易的总体水平、产业分布及产业内贸易模式加以分析。

一、中印产业内贸易总体水平分析

GL 指数即产业内贸易指数,是被学术界普遍使用的评价产业内贸易水平的工具,该指数于 1975 年由格鲁贝尔和劳埃德两位学者提出,其计算公式为:

$$GL_i = 1 - \frac{|X_i - M_i|}{X_i + M_i} \tag{4-2}$$

公式中的 GL 代表产业内贸易指数,M 和 X 分别表示进出口额,GL 在 0 和 1 之间取值,GL 接近 1 时,表示两国产业内贸易水平越高,GL 接近 0 时,表示两国产业间贸易水平越高,如果 GL 正好为 0,则表明两国在该产业进行的全部是产业间贸易。如果 GL 值持续上升,说明开展贸易的国家其贸易总量与贸易结构都有了明显改善。

本书依据国际贸易标准 SITC 编码及第三次修订标准(SITC Rev.3)[①]进行分类,在三位数分类层次上统计了 261 个样本数据。SITC 标准是将所有的贸易商品共划分为 10 大类:0 类为食品及活畜;1 类为饮料和烟草;2 类为非食用粗材料,不可食用;3 类为矿物燃料,润滑剂及相关材料;4 类为动物和植物油,油脂和蜡;5 类为化学品及有关产品;6 类为主要以材料分类的制成品;7 类为机械和运输设备;8 类主要为家具及其零件,床上用品,服装及其配件等;9 类为杂项。其中 SITC 0—4 大多为初级产品,SITC 5 和 SITC 7 大多为资本或技术密集型的制成品,SITC 6 和 SITC 8 大多为劳动密集型的制成品,SITC 9 为未分类商品杂项。表 4-7 是依据 2006—2016 年中印贸易数据运用上述所介绍的分类方法去除了中印间

---

① SITC 采用经济分类标准,即按原料、半制品、制成品分类并反映商品的产业部门来源和加工程度。该标准目录使用 5 位数字表示,第 1 位数字表示类,前 2 位数字表示章,前 3 位数字表示组,前 4 位数字表示分组。

贸易不平衡因素后计算的产业内贸易指数情况。

表 4-7　2006—2016 年中印产业内贸易指数情况

年份	SITC 0	SITC 1	SITC 2	SITC 3	SITC 4	SITC 5	SITC 6	SITC 7	SITC 8	SITC 9	总体指数
2006	0.41	0.26	0.07	0.21	0.07	0.66	0.53	0.12	0.28	0.62	0.35
2007	0.56	0.22	0.07	0.19	0.05	0.47	0.47	0.09	0.28	0.71	0.30
2008	0.46	0.24	0.05	0.41	0.42	0.35	0.36	0.06	0.22	0.23	0.21
2009	0.94	0.63	0.54	0.54	0.03	0.38	0.59	0.08	0.23	0.31	0.36
2010	0.70	0.12	0.07	0.87	0.03	0.30	0.54	0.08	0.18	0.46	0.32
2011	0.60	0.11	0.09	0.25	0.02	0.33	0.64	0.08	0.23	0.00	0.41
2012	0.73	0.09	0.13	0.80	0.02	0.36	0.75	0.08	0.21	0.01	0.55
2013	0.80	0.13	0.11	0.41	0.02	0.36	0.84	0.10	0.17	0.00	0.68
2014	0.99	0.50	0.23	0.44	0.02	0.28	0.79	0.11	0.14	0.11	0.75
2015	0.96	0.85	0.33	0.64	0.02	0.26	0.72	0.08	0.12	0.37	0.83
2016	0.66	0.13	0.31	0.48	0.03	0.27	0.69	0.08	0.13	0.87	0.80

资料来源：根据联合国商品贸易统计数据库数据计算，见 http://comtrade.un.org/db/。

从表 4-7 可看出，中印 SITC 0—SITC 9 中 SITC 0、SITC 3、SITC 5 及 SITC 6 四大类产品的产业内贸易水平较高。这说明，中印间的产业内贸易主要集中在中印的传统行业中，产业内贸易水平总体不高但整体呈现出上升的态势。

在 SITC 0—SITC 4 中，SITC 0（食品及活畜）的产业内贸易指数最高，SITC 0 的初级产品总体产业内贸易指数上升速度很快，除个别年份有所波动外，2006—2016 年大部分年份产业内贸易指数都很高，尤其是 2009 年以后，一直保持较高的产业内贸易水平。2014 年、2015 年分别达到 0.99 和 0.96，SITC 0 是中印在 SITC 0—SITC 4 中最主要的产业内贸易产品。此外，SITC 3（矿物燃料、润滑剂及相关材料）的产业内贸易指数上升速度也很快，尤其是 2010 年高达 0.87，2012 年为 0.8，虽然有所波动，但整体是上升趋势，2016 年的产业内贸易指数已经是 2006 年的 2.3 倍，是中印在 SITC 0—SITC 4 中主要的产业内贸易产品。

SITC 5 是化学品及有关产品，属于资本或技术密集型产品，2006 年

SITC 5 的产业内贸易指数为 0.66,在中印贸易中产业内贸易水平相对较高,但近几年 SITC 5 整体的产业内贸易水平出现了下降。在 SITC 5 下的部分产品一直表现为较高产业内贸易水平,例如 2009—2016 年 511(有机化学品类产品)的产业内贸易指数是 0.9,512(醇、酚等)、531(合成的颜色,染料,着色剂)与 551(油、香水)、575(其他以塑料为主要形式的产品)的产业内贸易指数也都在 0.6 左右,591(杀虫剂等)的产业内贸易指数则有较快增长。因此,中印 SITC 5 中部分产品依然保持着较高的产业内贸易水平。

SITC 6 产品是指以材料分类的制成品。2002—2016 年间整体产业内贸易水平较高,且增长速度很快,2012—2016 年 5 年的产业内贸易指数平均为 0.758,也是中印两国产业内贸易中的主要产品类别。SITC 7(机械和运输设备)的产业内贸易水平较低,产业内贸易指数大多年份接近于 0,这类产品在中印间主要以产业间贸易为主。SITC 8(家具及其零件,床上用品,服装及其配件)产业内贸易指数也都在 0.5 以下,2006—2016 年的产业内贸易指数都在 0.2 左右,表明产业内贸易水平也较低。中印 SITC 0—SITC 9 整体产业内贸易指数呈上升趋势,且上升趋势非常显著,这说明中国和印度两国的产业内贸易整体水平是不断提高的。

整体来看,中印的产业内贸易水平不高,主要集中在中印两国的传统行业中,而且劳动密集型产品的产业内贸易水平要高于资本技术密集型产品的产业内贸易水平。产业内贸易水平较高的是 SITC 0(食品及活畜)、SITC 3(矿物燃料,润滑剂及相关材料)、SITC 5(化学品及有关产品)、SITC 6(主要以材料分类的制成品)。中国和印度两国的产业内贸易水平整体不断提高,且上升趋势非常显著。

二、中印产业内贸易的产业分布

依据要素密集度,一般将产业部门划分为初级产品部门、劳动密集型产品部门及资本密集型产品部门。中印两国的产业内贸易存在于劳动密集型产品和部分资本技术密集型产品部门中,且劳动密集型产品的产业内贸易水平高于资本技术密集型产品的产业内贸易水平。劳动密集型产品产业内贸易在中印双边贸易中所占比重更大。

1. 中印三类产品部门产业内贸易指数构成

表4-8是2006—2016年中印两国三类产品部门产业内贸易指数及所占比重情况。

表4-8　2006—2016年中印三类产品部门产业内贸易指数及所占比重情况

年份	SITC 0—SITC 4 贸易指数	所占比重(%)	SITC 5、SITC 7 贸易指数	所占比重(%)	SITC 6、SITC 8 贸易指数	所占比重(%)
2006	0.21	31.76	0.31	43.81	0.50	24.26
2007	0.14	29.64	0.21	46.65	0.45	23.57
2008	0.16	35.17	0.15	45.26	0.34	19.18
2009	0.16	23.55	0.16	54.04	0.52	22.10
2010	0.14	26.52	0.15	49.29	0.45	24.11
2011	0.19	22.31	0.16	51.26	0.55	26.35
2012	0.21	15.93	0.18	53.76	0.61	30.27
2013	0.36	11.99	0.19	53.06	0.64	34.94
2014	0.48	9.51	0.17	53.05	0.61	37.43
2015	0.62	6.94	0.15	56.45	0.53	36.59
2016	0.60	6.46	0.13	59.85	0.50	33.65

资料来源:根据联合国商品贸易统计数据库数据计算,见http://comtrade.un.org/db/。

在表4-8中,中印SITC 0—SITC 4的产业内贸易指数大多数年份都不高,这说明初级产品的产业内贸易水平在中印两国间整体较低,但呈上升趋势,2015年和2016年初级产品部门产业内贸易指数分别达到0.62和0.6。中印SITC 5、SITC 7的产业内贸易指数都较低,且呈现下降态势,2006—2016年产业内贸易指数从0.31下降到0.13。从表4-8可知,资本或技术密集型产品的SITC 5即化学品及有关产品的产业内贸易指数高于SITC 7即机械和运输设备的产业内贸易指数,SITC 7的产业内贸易指数很低,所以以SITC 5、SITC 7为代表的中印资本密集型产品中只有部分产品的产业内贸易水平较高,整体产业内贸易水平不高。而中印以SITC 6、SITC 8为代表的劳动密集型产品的产业内贸易指数在大多数年份保持着较高水平,其中SITC 6的产业内贸易水平高于SITC 8的产业内贸易水平。

2. 中印三类产品部门产业内贸易所占比重

从表4-8可以看出,从各大部门产业内贸易占中印双边贸易的比重看,中印两国的产业内贸易中资本和技术密集型产品所占比重超过50%,是最高的。初级产品(SITC 0—SITC 4)所占的比重和劳动密集型产品(SITC 6和SITC 8)所占的比重加在一起接近50%。如前文所述,中印产业内贸易指数较高的产品为SITC 0、SITC 3、SITC 5及SITC 6,中印的产业内贸易主要集中在这几类产品,其中的SITC 5所占的比重较大,SITC 0所占的比重较小。表4-9是2006—2016年中印两国主要产业内贸易产品所占比重情况。

表4-9 2006—2016年中印三类产品部门的产业内贸易所占比重情况

(单位:%)

年份 类别	2006	2007	2008	2009	2010	2011	2012	2013	2014	2015	2016
SITC 0	1.47 15.3	0.95 14.7	1.01 13.2	1.15 13.5	1.00 15.1	1.05 17.0	1.06 18.5	1.07 18.4	0.76 19.8	0.76 20.3	0.74 17.2
SITC 6	20.8	20.2	15.8	17.5	18.7	20.5	22.3	24.7	27.1	25.1	22.1

资料来源:根据联合国商品贸易统计数据库数据计算,见 http://comtrade.un.org/db/。

从表4-9可以看出,2006—2016年SITC 0的产业内贸易额占的比例较低,也没有明显的波动。SITC 6所占比例最高,超过SITC 0和SITC 5所占比例,在双边贸易中占到了20%左右,2008年以后呈明显上升之势,2015年和2016年有所回落。SITC 5所占比重仅次于SITC 6,在中印双边贸易中占比约为15%,SITC 5在2009年以后上升趋势显著,但2015年以后略有下降。从发展速度看,中印这三大类产业内贸易产品的增长速度都不显著。总之,2006—2016年SITC 5和SITC 6在中印双边贸易中所占的比重较大,SITC 0所占比重非常小,SITC 5和SITC 6对中印双边贸易的贡献大于SITC 0的贡献。

三、中印产业内贸易的模式分析

在现代国际贸易理论中,产业内贸易主要体现为差异产品的贸易,差异产品一般包括水平差异类产品、垂直差异类产品和技术差异类产品。由于差异产品类型不同,产业内贸易相应的也分为垂直型产业内贸易和水平型产业内贸易两种类型。垂直型产业内贸易是指在同一产品组中质量存在差异的产品类别内的贸易。水平型产业内贸易是指产品在质量和价格上相似,但在属性和特征上有所不同的产品间的贸易,一般指在同一个产品组别中存在外观特征、属性差异的产品贸易。为了更加深入地了解中印产业内贸易,下面依据格兰威等(1994)提出的区分产业内贸易模式分析方法测算中印不同类别产品的产业内贸易模式,依据这种方法:当相对价格(用出口价格与进口价格之比表示,即 P_x/P_m)介于 0.75 与 1.25 之间时即为水平型产业内贸易模式,用 HIIT 表示;当相对价格 (P_x/P_m) 介于 0 与 0.75 之间时即为垂直型产业内贸易模式,α 为离散因子,取值 0.25。下面选取 2006—2016 年贸易数据分别对中印 SITC 0、SITC 5、SITC 6 中产业内贸易指数较高的产品组别进行测算,以了解中印两国主要产业内贸易产品的贸易模式。

1. 中印 SITC 0 产品的产业内贸易模式

SITC 0 即食品及活畜,其中 058(水果保存和水果制品)、059(果汁和蔬菜汁,未发酵和未加酒精)、074(茶、香料类制品)这 4 组产品在近几年均保持水平型产业内贸易模式。056(蔬菜、食用植物油)、098(同质化的食品调味品)这 2 组产品的贸易模式在测算的年份内有所变化。表 4-10 是 2014—2016 年中印 SITC 0 产品中产业内贸易水平较高的产品贸易模式。

表 4-10 2014—2016 年中印 SITC 0 中主要产业内贸易产品的贸易模式

年份		2014 年		2015 年		2016 年	
产品名称	SITC 码	相对价格	贸易模式	相对价格	贸易模式	相对价格	贸易模式
蔬菜等食用植物产品	054	0.47	垂直型	0.48	垂直型	1.33	垂直型
蔬菜、食用植物油	056	1.07	水平型	0.38	垂直型	0.88	水平型
水果保存和水果制品	058	1.09	水平型	1.08	水平型	1.19	水平型

续表

年份 产品名称	SITC 码	2014 年 相对价格	贸易模式	2015 年 相对价格	贸易模式	2016 年 相对价格	贸易模式
果汁和蔬菜汁，未发酵和未加酒精	059	1.16	水平型	1.13	水平型	1.13	水平型
茶、香料类制品	074	0.78	水平型	0.91	水平型	0.93	水平型
调味品	075	1.05	水平型	1.17	水平型	0.78	水平型
动物饲料	081	4.68	垂直型	2.80	垂直型	2.66	垂直型
同质化的食品调味品	098	0.81	水平型	0.39	垂直型	0.60	垂直型

数据来源：根据联合国商品贸易统计数据库数据计算，见 http://comtrade.un.org/db/。

从表4-10中可以看出，中印SITC 0中主要的产业内贸易产品少数表现为垂直型贸易模式，多数是水平型贸易模式。其中054（蔬菜等食用植物产品）和081（动物饲料）一直保持垂直型产业内贸易，这是由于两国在传统农业技术普及方面一直处于世界较低水平，所以整体还是表现为以低附加值为主的垂直型贸易模式。058（水果保存和水果制品）、059（果汁和蔬菜汁，未发酵和未加酒精）、074（茶、香料类制品）、075（调味品）近几年一直保持水平型产业内贸易模式。水果制品与茶、香料类制品都属于两国的传统农业产品，其中水果制品一直是两国出口排名前五位的产品之一，也是两国同时具有比较优势的产品。茶、香料类制品是印度多年来一直保持比较优势的产品，两国庞大的农产品市场容量使得两国同时出口和进口不同质量的传统农产品，这也就是两国在此类农产品上发生水平型产业内贸易的原因。056（蔬菜、食用植物油）由2015年的垂直型转变为2016年的水平型，这是因为两国产品的专业化程度差异逐步缩小，竞争力逐步增强。但总体来说，SITC 0水平型贸易模式产品越来越多。

2. 中印SITC 5主要产业内贸易产品的产业内贸易模式

SITC 5为化学品及有关产品，这类产品一直是中印双边贸易中的主要产品类别，也是中印两国产业内贸易的主要产品。其中，有机化学品类产品（511）和醇、酚等产品（512）以及以塑料为主的产品（575）在2014—

2016年的三年内主要表现为垂直型产业内贸易模式。合成的颜色、着色剂（531），油、香水等产品（551）、乙烯聚合物类产品（571）这 3 组产品在近几年主要表现为水平型产业内贸易模式。表 4-11 是 2014—2016 年中印 SITC 5 中产业内贸易水平较高产品的贸易模式。

表 4-11　2014—2016 年中印 SITC 5 中主要产业内贸易产品的贸易模式

年份 产品名称	SITC 码	2014 年 相对价格	贸易模式	2015 年 相对价格	贸易模式	2016 年 相对价格	贸易模式
有机化学品类产品	511	2.16	垂直型	1.98	垂直型	2.44	垂直型
醇、酚等产品	512	0.32	垂直型	0.40	垂直型	0.23	垂直型
合成的颜色、着色剂	531	0.88	水平型	0.87	水平型	0.81	水平型
油、香水等产品	551	1.04	水平型	0.98	水平型	0.53	垂直型
乙烯聚合物类产品	571	1.12	水平型	1.25	水平型	1.23	水平型
聚合物苯乙烯类产品	572	0.83	水平型	0.69	垂直型	0.76	水平型
以塑料为主的产品	575	1.54	垂直型	1.73	垂直型	1.53	垂直型
杀虫剂等产品	591	0.84	水平型	0.58	垂直型	0.71	垂直型

数据来源：根据联合国商品贸易统计数据库数据计算，见 http://comtrade.un.org/db/。

从进出口价格的比值来看，511 与 575 这 2 组产品属于中国较高质量的产品，贸易方向是由中国出口质量较高的该种产品，并从印度进口较低质量的同类产品。而 591 组产品属于中国较低质量的产品，贸易方向是从印度进口高质量的该种产品并向印度出口较低质量的产品。另外，合成的颜色、着色剂（531），油、香水等产品（551），乙烯聚合物类产品（571）和聚合物苯乙烯类产品（572）这 4 组产品的水平型产业内贸易模式的趋势正在增强。表明了这类产品单位进出口价格差距在不断缩小，产品的专业化程度的差距也在缩小。两国这类产品的国际竞争力的不断增强，促进了两国此类产品的产业内贸易水平的提高。总体来说，中印间的 SITC 5 化学品及有关产品的贸易模式在近几年越来越多地表现为水平型产业内贸易模式。

3. 中印 SITC 6 主要产业内贸易产品的产业内贸易模式

SITC 6 主要是以材料分类的制成品,664(玻璃制品)、659(地板覆盖物,地毯等)、671(铁制品)、684(铝制品)、687(锡制品)在贸易模式上主要表现为垂直型产业内贸易模式。而 612(皮革及皮革制品)、621(橡胶制品)、651(纺织纱线,织物制成品)则主要表现为水平型产业内贸易模式。表 4-12 是 2014—2016 年中印 SITC 6 中产业内贸易水平较高产品的贸易模式。

表 4-12 2014—2016 年中印 SITC 6 中主要产业内贸易产品的贸易模式

年份 产品名称	SITC 码	2014 年 相对价格	贸易模式	2015 年 相对价格	贸易模式	2016 年 相对价格	贸易模式
皮革及皮革制品	612	1.05	水平型	0.91	水平型	1.46	垂直型
橡胶制品	621	0.59	垂直型	0.75	水平型	0.76	水平型
纺织纱线,织物制成品	651	1.15	水平型	1.29	垂直型	1.07	水平型
地板覆盖物,地毯等	659	0.56	垂直型	0.75	水平型	0.58	垂直型
玻璃制品	664	0.77	水平型	0.70	垂直型	0.45	垂直型
铁制品	671	2.14	垂直型	1.52	垂直型	1.23	水平型
铝制品	684	1.51	垂直型	1.32	垂直型	1.43	垂直型
锡制品	687	0.64	垂直型	0.85	水平型	0.52	垂直型

数据来源:根据联合国商品贸易统计数据库数据计算,见 http://comtrade.un.org/db/。

从进出口价格比值来看,中国在贱金属制品方面更具有优势,在垂直贸易中表现为高质量的产品。贸易方向为由中国出口高附加值的产品,同时从印度进口低附加值的同类产品。另外,中印纺织制品的产业内贸易主要表现为水平型产业内贸易模式,纺织制品一直也是中印双边贸易中两国同时进出口的主要产品之一。两国都是纺织品大国,在纺织制品方面都存在着优势。随着近几年来中国低劳动力成本优势的减弱,中印两国在纺织制品上的优势差距也在逐步缩小,水平型产业内贸易的程度在加强。中印间这种垂直型产业内贸易模式整体看处于较低的水平,这与当前全球范围内产业内贸易的状况类似,发展中国家之间多为垂直型产业内贸易,发达国家间多为水平型产业内贸易。比较来看,水平型产业内贸易水平更能反映一国的贸易竞争力。若两国间某类产品的水平产业内贸易规模提高,则表明两国在该产品生产上的比较优势在增强。中印间若要提高双边产业内贸易水平,需要实现产业内贸易从垂直型产业内贸易向水平型产业内贸易模式的升级。建立中印自由贸易区可以有效促进中印两国不断向水平型产业内贸易模式转变。

综上所述,中印两国的产业内贸易总体上看多集中于中印的传统行业中,主要存在于部分资本技术密集型产品和劳动密集型产品中,劳动密集型产品整体的产业内贸易水平要高于资本和技术密集型产品,且劳动密集型产品贸易额在双边贸易中所占的比重大,资本技术密集型产品所占的比重小。中印两国产业内贸易主要还是存在于传统劳动密集型产业中,产业内贸易的合作在其他部门并不是很凸显,尤其是在资本和技术密集型产品中。两国的合作也只是基于一些附加值较低的、传统的资源类产品。这种垂直型的产业内贸易模式处于较低的水平。中印两国需要将传统行业的垂直型产业内贸易模式升级为高水平的水平型产业内贸易模式,才能从总体上提高中印两国的产业内贸易水平。而建立中印自由贸易区加强经贸合作,可以有效促进两国的产业内贸易产品的贸易模式不断向水平型产业内贸易模式转变。

第五章　中印建立自由贸易区预期经济效应的实证分析

近年来,中印经贸关系的快速发展和两国参与自贸区建设的积极态度为中印双边 FTA 的建立奠定了现实基础。通过上一章的分析我们已经了解到,中印两国无论在宏观经济层面还是在产业间贸易和产业内贸易领域都有显著的互补性,有巨大的合作潜力。中印两个新兴经济大国若建立自由贸易区,将会给两国带来多方面的经济效益,也会惠及亚洲甚至整个全球经济。本章在前面分析研究的基础上,进一步从定量的角度对中印建立 FTA 的经济效益进行实证分析。运用贸易引力模型分析中印自由贸易区的贸易创造效应,通过格兰杰因果检验分析中印自由贸易区产业内贸易效应,运用全球贸易分析模型(GTAP)模拟分析中印自由贸易区可能带来的福利效应。

第一节　中印建立自由贸易区贸易创造效应的实证分析

贸易创造效应是建立 FTA 所带来的最基本的经济效应,贸易引力模型是目前对区域贸易协定带来的贸易规模变动情况进行计量分析的基本方法,由于贸易引力模型包含区域贸易协定变量,所需的数据也比较易得,且有较高可信度,使得贸易引力模型能够较好地对现实中很多贸易现象作出解释,如今贸易引力模型已被广泛用于分析贸易模式、区域贸易一体化效果及贸易潜力预测等领域。本书也选用贸易引力模型并依据中印贸易的最新动态来预测中印自由贸易区建立的贸易创造效应及贸易潜力。

一、贸易引力模型的提出及演变

最早提出贸易引力模型的是丁伯根(Tinbergen,1962)和波伊豪宁(Poyhonen,1963)两位学者,他们将牛顿的万有引力定律应用于国际贸易领域,指出地理距离越远运输成本越高,因此国家间的贸易水平与其地理距离成反比关系,而与两国的经济规模成正比关系。后来不断有学者对这一思想进行完善,从不同角度加入了新的变量。伊尼曼(Ljnnemannn,1966)在模型中加上了人口变量,认为人口规模与贸易规模成正相关关系。伯特兰德(Berstrand,1989)用人均 GDP 替代了人口数量指标,从而使模型更加合理。改进的贸易引力模型表达公式为:

$$\ln T_{ij} = \alpha_0 + \alpha_1 \ln G_i G_j + \alpha_2 \ln D_{ij} + \mu \tag{5-1}$$

其中,T_{ij} 表示 i、j 两国的贸易量,G_i、G_j 分别是 i、j 两国的 GDP 水平,D_{ij} 表示空间距离,通常用各国首都间的距离表示,α_0 是常数项,α_1 和 α_2 分别是 T_{ij} 对 $G_i G_j$ 和 D_{ij} 的弹性值,μ 是随机误差项。

随着制度经济学的发展,越来越多的学者关注制度因素对贸易流量的影响。林纳曼(1966)首次将贸易政策(如特惠贸易协定)作为变量引入了模型,贸易引力模型因而能够更好地解释现实双边贸易关系。艾特肯(1973)进一步将是否地理位置相邻和是否属于同一个区域经济一体化组织两个虚拟变量引入贸易引力模型,使模型进一步得到丰富。随着第二次世界大战后产业内贸易的迅速发展,学者们更加重视贸易引力模型的经济计量学意义,不断提出一些新的变量,并力图使原来的解释变量更加准确精练。

伯格斯特朗·安德森(Bergstrand Anderson,1979)指出,引力模型的简化形式和柯布—道格拉斯的支出系统有类似之处,但他的贸易引力模型没有考虑到距离等因素。1985 年他又在当年的研究模型中引入人均 GDP,提出了一般均衡世界贸易模型,弥补了之前的贸易引力模型不考虑价格因素而导致的偏差。沃尔、加曼和塔米里萨(Wall、Garman 和 Tamirisa,1999)把贸易保护、贸易管制及贸易一体化等制度因素加入引力

第五章　中印建立自由贸易区预期经济效应的实证分析

模型的分析框架中。之后又不断有学者将人口密度、非关税覆盖指数、汇率、消费者偏好差异、文化联系、共同语言等因素作为解释变量加入模型中。

但并非解释变量越多就越好，在具体的研究中还应根据分析对象的实际情况加以取舍。本书依据贸易引力基本模型，结合中印两国的特点和现实情况，选取适宜的分析变量，构建符合中国双边贸易实际的贸易引力模型，重点分析区域贸易协定对中国与主要贸易伙伴的贸易关系产生的影响，然后在此基础上预测建立中印自由贸易区后所产生的贸易创造效应和贸易潜力大小。魏巍（2009）从中国双边贸易的实际情况出发，对前面的贸易引力模型进行了扩展和修正，认为影响中国与贸易伙伴国贸易规模的变量主要是：经济规模、人均收入水平、空间距离以及双边贸易安排情况，修正后的贸易引力模型用公式表示为：

$$\ln T_i = \alpha_0 + \alpha_1 \ln(Y \cdot Y_i) + \alpha_1 \ln[AY \cdot (AY)_i] + \alpha_3 \ln Dist_i + \alpha_4 FTA_i + \mu \qquad (5-2)$$

其中，T_i 表示双边贸易额，Y 和 Y_i 是以购买力平价（PPP）计算的 GDP（国际元，2011年不变价），AY、$(AY)_i$ 代表人均收入水平，是按 PPP 计算的人均 GDP（国际元），FTA_i 是代表区域贸易协定的虚拟变量，若中国和 i 国同属某一区域贸易协定成员，FTA_i 取值为1，否则取值为0，$Dist_i$ 用首都间的最短距离表示，通常代表运输成本的高低，距离越远运输成本越高，两国之间的贸易量也就偏少。[①] 本书选用魏巍修正后的贸易引力模型分析中国和印度建立自由贸易区所产生的贸易创造效应。

基于修正后的贸易引力模型分析 FTA 建立的贸易创造效应，需要作出两点说明：首先，采用按购买力平价计算的 GDP 和人均 GDP 是因为，依据 IMF 1993 年的报告，用名义汇率计算的 GDP 和人均 GDP 存在对发展中国家的市场潜力和经济规模低估的问题。其次，将 APEC 作为区域贸易协定的虚拟变量是因为，CAFTA 和 APEC 在中国参与经济一体化初

---

① 魏巍：《基于引力模型的中韩 FTA 贸易扩大效应研究》，《商业研究》2009年第12期，第210—211页。

期最具代表性。CAFTA 中的伙伴国都在东南亚,这一因素已由距离因素部分替代,因此不再考虑将其作为虚拟变量。APEC 有 21 个成员,遍及环太平洋地区的 5 个大洲,成员包含中国大多数主要贸易伙伴,因此本书选取 APEC 作为代表区域贸易协定的虚拟变量。

二、数据选取及实证结果分析

1. 数据选取

本书选取与中国贸易关系密切的 29 个国家或地区 2009—2016 年的截面数据为样本数据①,选取中国和 29 个国家或地区的双边贸易额(百万美元)、各国的 GDP(以购买力平价计算的 GDP,10 亿国际元,2011 年不变价)、各国的人均 GDP(以 PPP 计算的人均 GDP,国际元,2011 年不变价)、中国与各国首都间的距离(公里)、是不是 APEC 成员(是用 1 表示,不是用 2 表示)。

中国与这 29 个国家或地区的贸易额占中国贸易总额的绝大部分,而且区域遍布全球,基本上可以反映中国的对外贸易情况。其中,中国与各贸易国进出口数据来自 UCOMTRADE 数据库,GDP 及人均 GDP 来自 WORLD BANK 数据库,采用中国首都与各国首都间的距离来表示两国间的距离,数据来自网站(www.indo.com)中的距离计算器。因涉及数据较多,所以数据列表放在附录部分,详见附录部分附表 5-1 至附表 5-11。

2. 实证及回归结果分析

下面将引力公式(5-2)利用 Eviews 8.0 版本进行回归分析,对数据进行对数化,以改善贸易引力模型的异方差问题。由于本书使用截面数据,因此不存在时间序列自相关问题。回归结果如表 5-1 所示,除 2009 年受全球金融危机影响外,各主要解释变量没有明显的统计显著性,2009—2016 年,各主要解释变量 t 检验都非常显著,F 值也较显著,说明方程拟合度比较高。

---

① 29 个国家或地区分别是印度、韩国、印度尼西亚、马来西亚、新加坡、泰国、智利、菲律宾、日本、巴基斯坦、俄罗斯、澳大利亚、新西兰、美国、加拿大、墨西哥、德国、荷兰、英国、意大利、法国、西班牙、沙特、比利时、巴西、伊朗、越南、南非和芬兰。

第五章　中印建立自由贸易区预期经济效应的实证分析

表 5-1　回归结果分析

年份	2009	2010	2011	2012	2013	2014	2015	2016	综合
常数项	34.3987 (3.2186)	-3.5151 (-1.1542)	-6.5152 (-1.9581)	-2.9269 (-0.8999)	-2.6347 (-0.7683)	-2.4035 (-0.7145)	-1.7580 (-0.5126)	-1.6019 (-0.4670)	-2.1017 (-0.6460)
GDP	0.2164 (-0.6204)	0.5876 (6.0229)	0.5880 (6.0427)	0.5593 (5.4816)	0.5406 (5.1151)	0.5432 (5.3255)	0.5546 (5.4249)	0.5608 (5.5901)	0.5609 (5.5776)
人均GDP	-0.1426 (-0.309)	0.4701 (3.6271)	0.4793 (3.7052)	0.4530 (3.2952)	0.4445 (3.0850)	0.4273 (3.0425)	0.3895 (2.7450)	0.3648 (2.5940)	0.4218 (3.0891)
距离	-2.9329 (-5.1067)	-0.5139 (-3.2193)	-0.5126 (-3.2175)	-0.5098 (-3.0528)	-0.4953 (-2.8683)	-0.4905 (-2.9480)	-0.5246 (-3.1572)	-0.5169 (-3.1863)	-0.5550 (-3.3822)
FTA	-1.7747 (-2.3229)	0.4618 (2.1707)	0.4422 (2.0856)	0.5186 (2.3292)	0.5608 (2.4329)	0.5366 (2.4130)	0.5815 (2.6121)	0.6152 (2.8262)	0.5171 (2.3611)
R^2	0.5370	0.7122	0.7133	0.6865	0.6662	0.6764	0.6886	0.6995	0.6959
ADJ-R^2	0.4629	0.6661	0.6674	0.6363	0.6128	0.6247	0.6387	0.6514	0.6472
F	7.2492	15.4637	15.5481	13.6851	12.4761	13.0660	13.8190	14.5481	14.2992
n	30	30	30	30	30	30	30	30	240

注：采用显著性水平为 5%；将 8 年数据汇总后再回归得到综合值。
资料来源：联合国商品贸易统计数据库、世界银行数据库、世界银行（WDI）数据库、《中国统计年鉴》（2017），距离为北京到各国首都的距离，距离计算器计算所得。

本书采用引力扩展模型公式（5-2）对建立中印自由贸易区的贸易创造效应加以分析。从表 5-1 可以了解，2009—2016 年中国与 29 个主要贸易伙伴之间的贸易影响因素情况。结果分析如下。

第一，中国和 29 个主要贸易伙伴的 GDP 及人均 GDP 两个因素对双边贸易水平有着显著的促进作用。贸易伙伴的 GDP 总值每升高 1%，与中国的双边贸易额就能增加 0.5609%。当贸易伙伴的人均 GDP 升高 1%，中国与贸易伙伴的双边贸易额能提高 0.4218%。2010—2016 年间 GDP 的系数始终大于人均 GDP 的系数，表明中国贸易规模主要由贸易伙伴国的 GDP 总量决定。这说明中国贸易结构还没有达到较高发展阶段，参与贸易的商品主要是资源和劳动密集型商品。

第二，首都间的距离对双边贸易有较明显的阻碍作用。从具体数据来看，与贸易伙伴的地理距离每增加 1%，双边贸易额则减少 0.555%。2010—2016 年中国与贸易伙伴的距离对两国贸易的影响基本保持不变，在0.5%左右。但随着科技的进步、经济全球化深入发展以及交通越来越便利,使得空间距离的阻碍作用逐渐减弱。

第三,是否APEC成员对中国与各国的贸易水平有着很强的促进作用。亚太经合组织对各国贸易额的影响可以利用公式:EXP(X)-1得到。因此,计算出2016年中国与亚太经济组织成员之间的交易额高出最惠国情形下85%[EXP(0.6152)-1=0.85]。2009—2016年的数据运算的平均值为67.72%。这很明显地说明,参与APEC对中国与伙伴国的贸易水平有极大的促进作用。

三、建立中印自由贸易区的贸易潜力预测

由上述分析我们已经了解到,建立中印自由贸易区可以促进中国与印度在内的贸易伙伴的贸易往来以及自由贸易规模的扩大。贸易潜力大小将直接决定中印两国的贸易规模变动的程度,因此对中印建立FTA的贸易潜力进行估算和测量就显得非常必要。下面就使用引力模型进一步对中印两国的双边贸易潜力进行预测,以确定建立中印自由贸易区后两国双边贸易规模的变动程度大小。

若两国双边贸易实际数值与预测值之比超过1.2,意味着两国的双边贸易规模已处于饱和状态,基本没有贸易潜力可挖掘,因此建立自贸区对两国的贸易水平不会有明显的促进作用;若两国双边贸易实际数值与预测值之比在0.8和1.2之间,则意味着两国的双边贸易已有较好的发展,但仍有一定潜力,有一定的发展空间,因此建立自贸区会进一步密切双边贸易关系及扩大贸易规模;若两国双边贸易实际数值与预测值之比小于0.8,则表明两国的双边贸易还有极大的潜力可挖掘,两国通过建立FTA降低或拆除贸易壁垒,可以极大促进两国贸易关系的发展。

通过贸易引力模型对中国长期双边FTA建设的经验进行模拟,以2016年的数据为例,模拟中印建立FTA的贸易潜力,公式为:

$$T_i = e^{-1.6019} \times (Y \times Y_i)^{0.5608} \times (AY \times AY_i)^{0.3648} \times Dist_i^{-0.5169} \times e^{0.6152APEC_i}$$

(5-3)

表 5-2　中印双边贸易潜力预测结果

	中印间实际贸易额(T)(百万美元)	GDP(PPP,10亿国际元)	人均 GDP(PPP,国际元)	距离(公里)	预测模拟双边贸易额(T′)(百万美元)	T/T′
中国	70179.47	19852.01	14399.45	3768	90071.65	0.78
印度		8067.71	6092.6481			

资料来源：联合国商品贸易统计数据库和世界银行数据库。

从表 5-2 可以看出，中国和印度两国的进出口贸易额与模拟贸易额的比率是 0.78，低于 0.8，据此可以得出结论：中国和印度之间的贸易还存在较大发展潜力。若建立 FTA 消除贸易壁垒，将进一步提高中印两国的双边贸易规模，进而促进两国经济和自由贸易的发展，因此中印应尽快启动自贸区建设进程。

综上所述，运用贸易引力模型对中印建立 FTA 对双边贸易影响的实证分析说明，GDP 总量、人均 GDP、空间距离及汇率税率这些变量对中国的进出口贸易具有显著的影响作用。一般来说，一国的经济规模和地理距离相对稳定，实际汇率的作用也难以准确把握，这些影响因素中只有税率最容易把控。通过对中印建立 FTA 贸易潜力的估计，结果表明中印之间还存在较大的贸易潜力。因此，中国和印度通过建立自由贸易区这种制度安排而降低或取消两国的关税及其他贸易壁垒，是促进双边贸易发展最有效的途径之一。虽然模型分析拟和度较好，但有些对中印经贸关系有重要影响的因素如中印的政治关系、历史问题、社会文化差异等，这些因素都是阻碍中印经贸关系发展的因素，但由于无法量化，所以不能引入模型通过实证说明。

第二节　中印建立自由贸易区产业内贸易效应的实证分析

一、区域经济一体化与产业内贸易关系

随着区域经济一体化在世界范围内的迅速发展，全球已有超过 60%的

国际贸易是发生在各区域贸易协定成员之间,区域贸易一体化的发展极大地促进了以规模经济为核心动力的产业内贸易发展。结成贸易同盟已经被世界各国看作是推动产业内贸易发展的重要力量。一般来说,在产业内贸易水平较高的国家间更容易进行区域贸易一体化合作,因为有相似产业结构的国家建立自由贸易区所要付出的调整成本会更低,而且会明显促进成员间的水平分工。目前来看,中印两国是两个有相似国情的发展中大国,虽然近年来双边贸易不断发展,但总体上产业内贸易还不高。中印已经越来越重视对方庞大的市场和合作潜力,两国的科技水平都处在迅速提高阶段,产业结构不断优化,中印间的产业内贸易水平因此会不断提高。

维农(Vernon,1966)在其产品生命周期理论中就提出了分析产业内贸易的相关模型。他指出,发达国家通过创新研发新产品会在短期内拥有垄断地位,但随着贸易的开展新技术很快会扩散到发展中国家,由于发展中国家拥有较低劳动力价格的优势,会生产出价格更低的同类产品,因而在贸易中占据了优势地位,从进口方变成了出口方,因此就出现了发达国家从发展中国家进口先进商品的产业内贸易类型。这种产业内贸易的发展情况决定于新产品取代旧产品的替代速度。还有一种产业内贸易,在现在的亚洲市场更为实用。发达国家的跨国公司通过在发展中国家建立子公司,以在不同的区域进行不同阶段的生产的方式,提升产品的竞争力和扩大市场,这也是目前产业内贸易的一种重要形式。

塔拉坎(Tharakan,1984)、巴拉萨(1986)等学者的研究都指出,人均收入差距相近的国家间产业内贸易规模会更大。近年来的研究数据也支持,贸易壁垒和运输费用会影响产业内贸易在总贸易量中的比例,较低的贸易壁垒和较少的运输成本会扩大产业内贸易水平。当然,影响产业内贸易水平的还有如产品差异、地理区位、规模经济等许多其他因素。产业内贸易的基本模型可以表示为:

$$B_{ij} = F(RPC_{ij}, RFE_{ij}, DIS_{ij}, DUM_s) + U_{ij} \qquad (5-4)$$

其中,B_{ij}代表产业内贸易,RPC_{ij}代表人均收入差异,RFE_{ij}代表相关要素禀赋差异,DIS_{ij}代表两国的距离,DUM_s为虚拟变量以及特殊国家的不同特质因素,U_{ij}代表扰动项。

二、分析方法与数据来源

1. 分析方法选择

建立中印自由贸易区会对两国的产业内贸易产生什么影响？下面通过格兰杰检验对此进行实证分析。格兰杰检验是计量形式的因果检验方式，可以对因果关系不明确的经济现象作出实证检验。由于本书的时间序列具有非平稳性，可能会出现虚假回归现象，因而需先进行平稳性检验，再通过协整检验来检验两组数据是否具有长期稳定均衡关系。一般而言，具有协整关系的时间序列，即使不是平稳序列，依然可以进行格兰杰检验。本书运用 Eviews 8.0 版本软件对此进行分析。

2. 单位根检验

所谓计量经济学模型是通过使用变量的时间序列数值，来描述或者解释几个变量之间的相互关系，本书的研究也正是基于中印两国平均关税税率和双边产业内贸易的时间序列数据；然而计量模型要求模型中的变量具有一定的统计性质，对时间序列数据进行的实证研究要求时间序列数据是平稳的（stationary）。计量经济学模型研究发现，大多数经济时间序列数据通常是有一定时间趋势，也就是说经济时间序列数据多是不平稳的。原来的计量经济学模型直接对经济时间序列数据采用 OLS 法进行回归分析，不考虑经济时间序列数据平稳性，而 OLS 法确是在基于数据平稳性的基础之上而进行回归分析的。所以，在建立模型前要先检验变量时间序列是否具有平稳性，否则在数据不具有平稳性的情况下，按照原来的计量经济学模型采用 OLS 法对数据进行回归可能会出现"伪回归"（spurious regression）现象，即两个相互独立并且在经济意义上毫无关系的非平稳时间序列可能会得到高度相关的回归模型，但是这种相关性没有任何经济意义。

判断时间序列平稳性的常用方法是单位根检验。单位根检验方法有 DF（Dickey-Fuller）检验和 ADF（Augmented-Dickey-Fuller）检验。DF 检验方法比较适用于变量时间序列为一阶自回归的情形，ADF 检验加入了漂浮项（drift）与时间趋势项（trend），修正 DF 检验中的自相关问题，适用于变量时间序列为高阶自回归的情形。

单位根检验有三种形式,以应用较广泛的 ADF 检验来进行说明。因为大多数时间序列数据本身通常具有自相关性质,因此为了消除自相关性质,通常加入滞后项消除变量相关的影响。

第一种:不含常数项和趋势项,$\Delta y_t = \gamma y_{t-1} + \sum_{i=1}^{p} \beta_i \Delta y_{t-i} + \xi_t$。

第二种:含常数项,不含趋势项,$\Delta y_t = \gamma y_{t-1} + \alpha + \sum_{i=1}^{p} \beta_i \Delta y_{t-i} + \xi_t$。

第三种:含常数项和趋势项,$\Delta y_t = \gamma y_{t-1} + \alpha + \lambda t + \sum_{i=1}^{p} \beta_i \Delta y_{t-i} + \xi_t$。

其中,Δy_t 是变量 y_t 的一阶差分,Δy_{t-i} 是 Δy_t 的滞后项,α 是常数项,t 是时间或趋势变量,ξ_t 是误差项。当 $\beta_i = 0$ 时,该三种形式即是 ADF 检验的模型。

检验的原假设是:$\gamma = 0$,备则假设是:$\gamma < 0$。ADF 值与显著性水平下的临界值相比较,ADF 值大于临界值时,接受原假设,表明时间序列存在单位根,是不平稳的;ADF 值小于临界值时,拒绝原假设,表明时间序列不存在单位根,是平稳的。

如果一个时间序列是非平稳的,可以对序列先进行差分,然后继续用 ADF 检验法对差分后的序列进行平稳性检验,主要是检验序列的平稳性,经过 d 次差分检验后如果序列变成了一个平稳序列,我们把经过 d 次差分检验后平稳的序列称为 d 阶单整(integration),记为 I(d)。

3. 协整检验法

非平稳时间序列很可能出现伪回归,协整检验的使用可以检测一组通过回归方程得出具有因果关系的序列是否具有真正的回归关系。如果出现虚假回归,得出的结果是无意义的,但如果用差分法将数据处理成平稳再进行检验分析,会丢失很多重要信息,使得结论不够准确和没有预测性。这使得协整分析变得非常重要,两个具有协整关系的序列既具有短期的平衡也具有长期的均衡,这对于序列性质的检测和对未来趋势的预测十分有利。两个序列具有相同的单整阶数是序列之间具有协整性的必要条件。

要对非均衡误差序列做平稳性检验,可以使用 DF 或 ADF 统计量。

比如 y_t, x_t 都为一阶单整序列,协整向量为 $(1-\beta_1)'$,非均衡误差序列写成 $u_t = y_t - \beta_1 x_t$,运用 OLS 法对 u_t 变量进行协整回归。采用如下公式:

$$x_{it} = \hat{\beta}_2 x_{2t} + \cdots + \hat{\beta}_N x_{Nt} + e_t \tag{5-5}$$

然后对 u_t 进行平稳性检验。如果 u_t 是平稳的,则序列间具有协整关系,否则不具有协整关系。

4. 格兰杰因果关系检验

格兰杰因果关系检验原理最初由格兰杰在1969年提出,他提出如果对于任意 x 的过去值,y 的值提出对 x 的预测有帮助,那么变量 y 称为 x 的格兰杰原因。而后1972年西姆斯对这种检验方式进行研究改进,提出格兰杰因果关系的成立有一定前提:未来发生的事件对过去和现在发生的事件不能存在直接引起的关系。格兰杰因果关系检验的验证思路是,如果两个经济变量 X 与 Y,在同时包含过去 X 与 Y 信息的条件下,对 Y 的预测效果比只单独由 Y 的过去信息对 Y 的预测效果更好(即变量 X 有助于变量 Y 预测精度的改善),则认为 X 对 Y 存在格兰杰因果关系。根据定义,格兰杰因果检验对于 X 是否是 Y 变化的原因的检验式如下:

$$y_t = \sum_{i=1}^{k} \alpha_i y_{t-i} + \sum_{i=1}^{k} \beta_i x_{t-i} + u_{1t} \tag{5-6}$$

如果检验值大于其相应 F 分布的临界值,就拒绝原假设,说明 X 的变化是 Y 变化的格兰杰原因,否则不是。

5. 数据来源

虽然中印两国在1950年就正式建立了外交关系,但20世纪末两国的经贸合作才进入正常的状态。本书选取2000—2016年的数据对中印两国的平均关税(TARIFF)与产业内贸易(IIT)的关系进行检验。平均关税用两国近年来最惠国平均关税税率来表示。使用产业内贸易指数来表示双边产业内贸易的发展水平,而产业内贸易指数的计算方法依据劳埃德—格鲁贝尔指数(即 GL 指数)。公式为:

$$GL_i = 1 - \frac{|X_i - M_i|}{X_i + M_i} \tag{5-7}$$

其中 GL_i 为某大类产业内贸易指数,X_i 为中印两国某大类产业的出口值，M_i 为中印两国某大类产业的进口值。当进出口产品重叠较小时，GL_i 值越接近于 0。GL_i 值越接近 1 表示该产业内贸易程度越高。

GL 产业内贸易指数：

$$GL = \sum GL_i \frac{X_i + M_i}{\sum (X_i + M_i)} \quad (5-8)$$

格鲁贝尔和劳埃德度量法虽然能较好地反映产业内贸易水平，但当存在总体贸易失衡的时候，GL 指数往往倾向于低估真实的产业内贸易水平。这种低估现象产生的原因是由于该方法存在没有充分考虑国家或产业贸易的不平衡因素。为此，格鲁贝尔和劳埃德对权数指标进行了调整：

调整的 GL 产业内贸易指数为：

$$GL = \sum GL_i \frac{(X_i + M_i) - |X_i - M_i|}{\sum (X_i + M_i) - \sum |X_i - M_i|} \quad (5-9)$$

其中 GL 指数数据取自 SITC（国际贸易标准分类）Rev.3 分类的 0—9 类。2000—2016 年中印两国的商品进出口总额，根据 GL 指数计算各大类产业内贸易指数，最后根据调整的 GL 产业内贸易指数得到每年的平均产业内贸易指数。中印两国产业内贸易数据来源于联合国 UN COMTRADE 数据库，由于涉及数据较多，该部分数据列表放在附录部分，详见附录部分附表 5-12 至附表 5-14。中印两国最惠国平均关税税率来源于世界综合贸易解决方案（WITS）网站（见表 5-3）。

表 5-3　2000—2017 年中印两国的最惠国税率　　（单位：%）

年份 国别	2000	2001	2002	2003	2004	2005	2006	2007	2008
印度	15.84	23.25	19.75	19.83	18.74	15.28	8.31	13.02	6.00
中国	14.67	14.11	7.56	6.48	5.96	4.90	4.39	4.47	3.93

年份 国别	2009	2010	2011	2012	2013	2014	2015	2016	2017
印度	6.04	8.75	7.96	4.92	4.99	6.44	7.44	7.33	6.85
中国	3.93	4.08	4.02	3.96	3.82	3.71	4.00	4.29	4.89

资料来源：根据世界综合贸易解决方案（WITS）数据库资料整理，见 https://wits.worldbank.org/WITS/WITS/Restricted/Login.aspx。

第五章　中印建立自由贸易区预期经济效应的实证分析

从表 5-3 可以看出，2000—2017 年中印两国的最惠国税率整体都呈下降趋势，但印度的关税水平一直远远高于中国。依据《国际贸易分类标准》，SITC 0—SITC 4 五大类被划分为初级产品，SITC 5—SITC 8 四大类被划分为工业制成品。表 5-4 为 2000—2016 年根据 Rev.3 版本算出的 0—9 类商品的产业内贸易指数。

表 5-4　2000—2016 年中印两国调整后的产业内贸易指数

年份	SITC 0	SITC 1	SITC 2	SITC 3	SITC 4	SITC 5	SITC 6	SITC 7	SITC 8	SITC 9
2000	0.0136	0.0021	0.0338	0.0309	0.1245	0.0106	0.0042	0.0046	0.0083	0.0006
2001	0.0113	0.0026	0.0359	0.0308	0.0044	0.0153	0.0061	0.0062	0.0086	0.0005
2002	0.0227	0.0040	0.0326	0.0209	0.0022	0.0242	0.0098	0.0108	0.0070	0.0008
2003	0.0189	0.0152	0.0303	0.0170	0.0058	0.0294	0.0154	0.0148	0.0104	0.0086
2004	0.0179	0.0365	0.0372	0.0215	0.0143	0.0384	0.0256	0.0248	0.0193	0.0192
2005	0.0190	0.0226	0.0431	0.0303	0.0196	0.0464	0.0312	0.0345	0.0265	0.0758
2006	0.0300	0.0431	0.0353	0.0403	0.0271	0.0560	0.0268	0.0401	0.0491	0.1128
2007	0.0418	0.0366	0.0586	0.0315	0.0351	0.0593	0.0369	0.0512	0.0458	0.1633
2008	0.0485	0.0345	0.0617	0.0836	0.3024	0.0545	0.0296	0.0490	0.0699	0.1699
2009	0.0948	0.0271	0.0499	0.0582	0.0359	0.0499	0.0436	0.0653	0.0593	0.1449
2010	0.0878	0.0180	0.0796	0.1186	0.0342	0.0630	0.0601	0.0799	0.0830	0.0862
2011	0.0943	0.0280	0.1030	0.0653	0.0445	0.0938	0.0950	0.0971	0.1313	0.0083
2012	0.1046	0.0288	0.0854	0.0777	0.0640	0.1080	0.1083	0.0934	0.1013	0.0075
2013	0.1129	0.0585	0.0810	0.0819	0.0633	0.1031	0.1314	0.1029	0.1003	0.0401
2014	0.1074	0.1307	0.0863	0.0895	0.0714	0.0906	0.1467	0.1160	0.0934	0.0106
2015	0.1048	0.4576	0.0746	0.1316	0.0783	0.0854	0.1259	0.1033	0.0924	0.0687
2016	0.0696	0.0543	0.0716	0.0703	0.0729	0.0721	0.1033	0.1059	0.0941	0.0823

资料来源：中印各大类产业内贸易指数根据调整的 GL 产业内贸易指数公式计算得到。

通过表 5-4 数据可以看出，近年来中印工业制成品的产业内贸易水平高于初级产品。具体各大类情况如下。

从 SITC 0—SITC 4 初级产品来看，SITC 0 大类产品产业内贸易水平在近年来经历了从低到高又到低的变化。2000 年该大类产业内贸易指数为 0.0136，2013 年增加到 0.1129，随后 2014 年开始出现下降，2016 年降到 0.0696。SITC 1 大类产品产业内贸易水平非常低。除 2014 年、2015

年两年 GL 指数分别为 0.1307 和 0.4576 外,其余年份此大类 GL 指数基本保持在 0.07 以下,因此产业内贸易水平很低。SITC 2 大类产品产业内贸易水平经历了先上升后下降的波动变化,2000 年 GL 指数为 0.0338,2011 年 GL 指数提高到 0.1030,随后出现下降,2016 年 GL 指数下降到 0.0716。SITC 3 大类产品的产业内贸易水平较其他大类产品产业内贸易水平较高。该大类产品产业内贸易指数经历了较大波动变化。该大类 GL 指数 2000 年为 0.0309,2003 年下降到 0.0170,随后出现上升趋势,2006 年上升到 0.0403,随后几年出现下降上升波动变化,2015 年 GL 指数达到 0.1316,2016 年又降低到 0.0703。SITC 4 大类产品的产业内贸易水平始终徘徊在较低水平。除 2000 年该大类 GL 指数为 0.1245,2008 年 GL 指数为 0.3024 之外,其余年份这一指数都低于 0.1。整体上该大类的 GL 指数基本保持增长趋势。

从 SITC 5—SITC 8 工业制成品来看,SITC 5 大类产品的产业内贸易水平经历了由低到高又到低的变化。此大类产品 2000 年 GL 指数为 0.0106,2012 年提高到 0.1080,随后出现下降,2016 年降到 0.0721。SITC 6 大类产品的产业内贸易水平经历了先升后降的变化,此大类产品 GL 指数 2000 年为 0.0042,随后出现上升趋势,2014 年达到最大值 0.1467,2015 年出现下降,2016 年降低到 0.1033。与其他大类产品相比较,该大类产品产业内贸易水平较高。SITC 7 大类产品的产业内贸易水平经历了由低到高再缓慢下降的态势。2000—2006 年,此大类产品的 GL 指数始终保持在一定的低位,产业内贸易水平较低。但从总的趋势来看,GL 指数的数值是不断上升的,2014 年 GL 指数达到最大值 0.1160,随后出现缓慢下降,2016 年 GL 指数降到 0.1059。SITC 8 大类产品的产业内贸易水平基本呈现先上升后下降趋势。2000 年该大类产品 GL 指数为 0.0083,2011 年上升到 0.1313,随后出现波动下降,2016 年该大类产品 GL 指数下降到 0.0941。

三、中印自由贸易区的产业内贸易效应的实证

本书对中印两国的平均关税与产业内贸易的关系进行检验。平均关税用中印两国近年来最惠国平均关税税率来表示,中印双边产业内贸易

用调整的 GL 产业内贸易指数公式对各大类产业内贸易指数加权计算得到。将 2000—2016 年中印两国最惠国平均关税税率与两国双边产业内贸易指数绘制成折线图，见图 5-1。

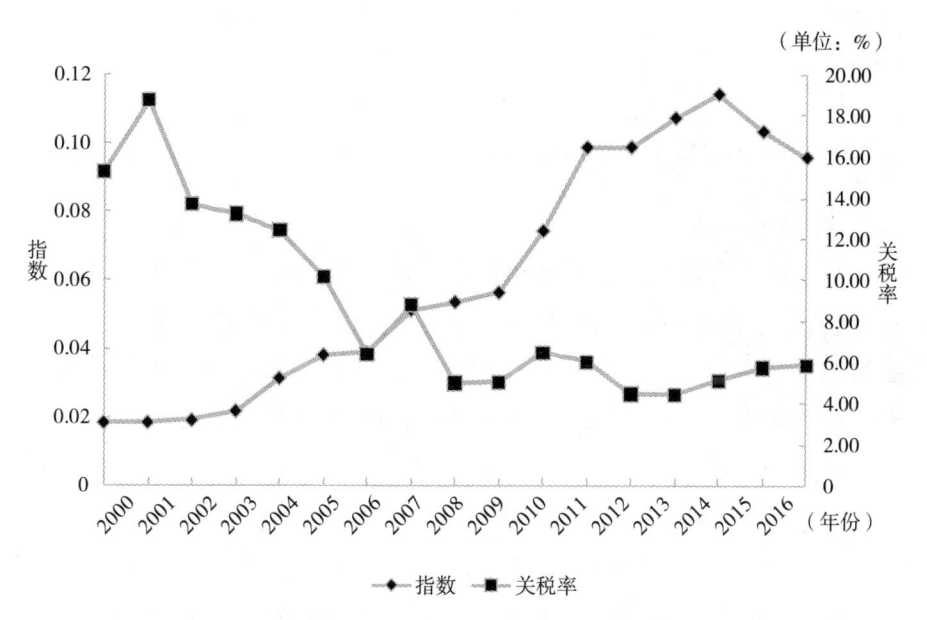

图 5-1 2000—2016 年中印双边产业内贸易与平均关税的变动趋势

图 5-1 反映了 2000—2016 年中印两国最惠国平均关税税率与双边产业内贸易指数的变动趋势。从图 5-1 中可以看出，整体上中印两国平均关税税率呈现先下降后缓慢上升的变化，两国产业内贸易指数呈现先上升后下降趋势。以下采用协整检验和格兰杰因果关系检验方法来具体分析中印两国平均关税税率与双边产业内贸易之间的关系。

1. 单位根检验

对于单位根的检验，本书采用 ADF 检验法。ADF 检验结果表明（见表 5-5），IIT 和 TARIFF 序列的统计量 t 值都大于其显著性水平 10% 的临界值，证明序列可能存在单位根；同时，ADF 检验拒绝了一阶差分 IIT(1)、TARIFF(1) 具有单位根的假设。因此，序列 IIT 和 TARIFF 都是一阶单整序列。由于两序列通过了单位根检验并且两变量又是同阶单整的，可以认为 IIT 和 TARIFF 两个变量之间存在协整关系。

表 5-5 单位根检验结果

变量	ADF 值	1%临界值	5%临界值	10%临界值	是否平稳
IIT	-1.9142	-4.7284	-3.7597	-3.3250	否
TARIFF	-1.5238	-3.9204	-3.0656	-2.6735	否
IIT(1)	-2.1706	-2.7283	-1.9663	-1.6050	是
TARIFF(1)	-5.3076	-2.7283	-1.9663	-1.6050	是

注：IIT(1)和 TARIFF(1)分别表示序列 IIT 和 TARIFF 的一阶差分序列。

2. 协整检验

为了确定变量之间是否真的存在协整关系，还要对模型中的残差进行分析，如果残差是平稳时间序列，则变量之间存在长期稳定的关系；如果残差不是平稳时间序列，则变量之间就是非协整的。对平均关税税率和产业内贸易指数采用 OLS 回归方法进行回归，得出回归方程：

$$IIT = 0.1168 - 0.6481 TARIFF \qquad (5-10)$$
$$(10.1668) \quad (-5.4211)$$
$$R^2 = 0.6621 \quad F = 29.3883$$

在 1%的显著性水平下，常数项和回归系数均通过检验，表明以上回归方程的拟合效果较好。对方程(5-10)的残差平稳性检验的结果(见表 5-6)表明，在 5%的显著性水平下，残差的平稳性检验可以通过，由此得出，残差是平稳的。这个结果说明，中印双边产业内贸易水平与两国平均关税税率之间存在长期的动态关系。中印两国平均关税税率每下降 1%，双边产业内贸易指数就增加 0.65%，这说明中印两国平均关税与双边产业内贸易发展水平联系较为紧密。

表 5-6 残差序列 ADF 单位根检验结果

ADF 检验值	1%显著水平	5%显著水平	10%显著水平	P 值	是否平稳
-2.6724	-2.7719	-1.9740	-1.6029	0.0123	是

3. 格兰杰检验

两个变量虽然具有显著的相关性，有时未必都是有意义的；事实上，变量之间没有因果关系更容易出现好的回归拟合。由于中印的平均关税税率与双边产业内贸易指数之间存在协整关系,则可以对 IIT 和 TARIFF 之间的关系进行格兰杰检验。根据 AIC 准则,滞后阶数选取 1 年,采用 Eviews 8.0 版统计软件,得到表 5-7 中的结果。

表 5-7　中印平均关税税率与产业内贸易指数的格兰杰因果关系检验结果

原假设	滞后阶数	F 统计量	概率值
平均关税税率不是产业内贸易指数的格兰杰原因	1	4.7590	0.0481
产业内贸易指数不是平均关税税率的格兰杰原因	1	0.5461	0.4731

从表 5-7 可以看出,关于平均关税税率不是产业内贸易指数的格兰杰原因的原假设,其概率仅为 0.0481,表明平均关税税率不是产业内贸易指数的格兰杰原因的概率非常小,拒绝原假设,所以认为平均关税税率是产业内贸易指数的格兰杰原因。关于产业内贸易指数不是平均关税税率格兰杰原因的原假设,概率为 0.4731,不能拒绝原假设,因此产业内贸易指数不是平均关税税率的格兰杰原因。

综上所述可以看出,中印的最惠国关税水平与两国的产业内贸易水平之间存在长期的协整关系,也存在显著的因果关系。由此可以预测,建立中印自由贸易区、降低或取消关税后,会带来中印两国产业内贸易的较大增长。印度的高关税壁垒和非关税壁垒是目前阻碍中印双边贸易深入发展的关键因素。实证检验结果和实际情形基本一致。

第三节　中印自由贸易区的福利效应——基于 GTAP 模型的分析

下面进一步运用全球贸易分析模型(GTAP)模拟分析建立中印自由贸易区可能带来的福利效应。GTAP 模型是目前分析自由贸易区预期经济效应的代表性模型,运用这一模型可以对中印自由贸易区建成后对世界各国尤其是对中国和印度产生的多方面影响进行实证分析,主要分析对成员国和世界其他国家(或地区)在 GDP、进出口额、贸易条件、贸易平衡及社会福利水平变化等方面产生的影响。

一、模型介绍和数据选取

全球贸易分析模型是由美国 Purdue 大学汤姆斯·赫特教授所领导的全球贸易分析计划发展而来的,其目的是对全球性贸易问题的政策进行模拟分析。该模型是多国多部门应用的一般均衡模型(CGE),优点在于它将经济系统看作一个整体,可以描述多个国家多部门各要素之间的相互关系,可以估算某一政策产生的直接或间接影响,及对整个经济的全局性影响,从而可以更为系统地评估政策的实施效果。因此,本书采用 GTAP 模型进行模拟,分析中印自由贸易区建成后对各地区各部门的影响。该模型设定市场处于完全竞争状态,规模报酬不变,生产者的成本最小化,消费者的效用最大化,同时产品和投入要素全部出清。同时引入国家银行和国际运输两个部门,使国际间商品和货币流通得以实现。GTAP 模型考虑到国际贸易带来的各种可能影响,建立起了一般均衡的分析框架,能灵活地分析削减关税、建立自由贸易区和贸易及补贴政策调整引起的国际贸易价格、数量、福利变化等。

本书的 GTAP 模型采用第八版数据库,该数据库于 2012 年 3 月发布,涵盖了 129 个国家、57 个部门、5 种生产要素,以 2007 年为基准年。GTAP 软件包含 GTAPagg 和 RunGTAP 两部分,GTAPagg 可将软件中所包含的世界区域和产业部门数据进行重新整合;RunGTAP 可用于模拟贸易政策并求解最终的一般均衡结果,本书对 GTAP 模型的求解软件是 RunGTAP 3.59 版。GTAP 模型结构见图 5-2。

用 GTAP 模型进行模拟时,考虑了世界各国之间和国内各部门之间的互动关系,探讨了外生变量的变动(零关税的冲击)对各国各部门在 GDP、进出口额、贸易条件、贸易平衡及社会福利水平变化等方面产生的影响。本章进行如下假设:第一,中印自由贸易区完全建立,自由贸易区内所有产品间关税为零,对自由贸易区外的关税壁垒保持独立;第二,自贸区之外各地区的贸易壁垒和进口保护保持原状;第三,在本

第五章 中印建立自由贸易区预期经济效应的实证分析

图 5-2 GTAP 模型结构图

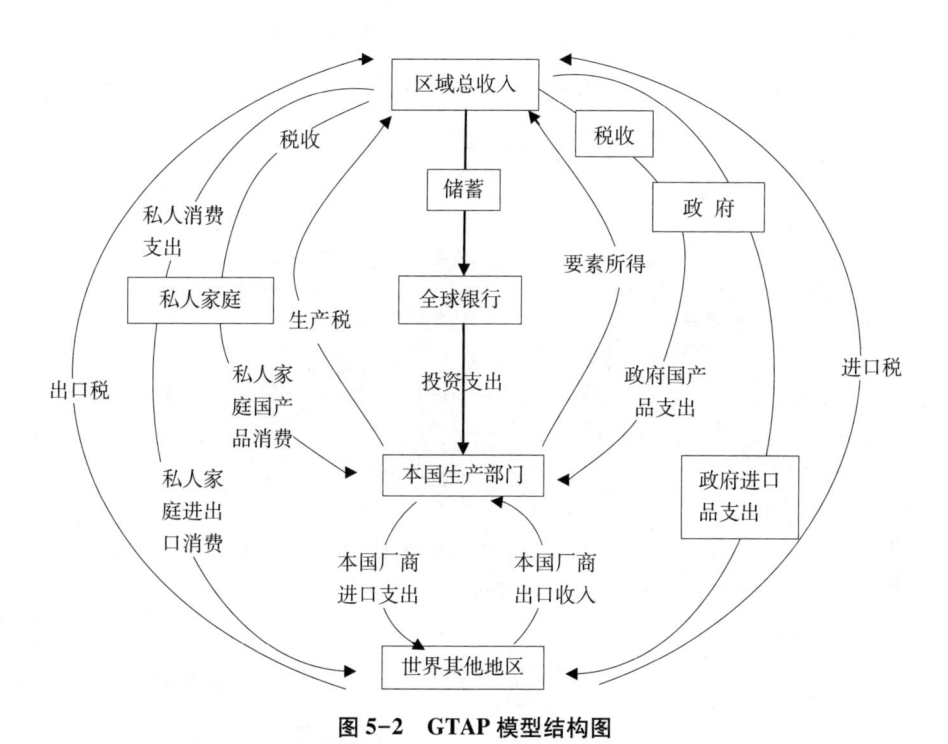

资料来源：根据 GTAP 模型结构描述整理所得。

国的行业之间，除了土地，别的要素都能够自由流动，但是这些要素的流动仅限在本国境内。本书假定的贸易政策情景为中印两国签署自由贸易协定而削减关税，并划定模拟方案中的敏感产品。在模拟的基础上，集中考察两国的宏观经济、贸易规模、贸易条件、贸易结构、福利等方面的变化情况。

二、模拟方案设计

1. 国别分组和产品分组

结合两国的主要进口市场和进口规模，本书根据研究的需要，将 GTAP 数据库中的 129 个国家或地区聚集成 10 个国家或地区，分别为中国内地、印度、欧盟、美国、日本、韩国、中东国家、东盟、其他亚洲国家、世界其他国家或地区。

根据中印两国各自的产业结构和双边贸易特点，结合 GTAP 数据库中原有的 57 个商品分类，重新将产品划分为 12 类，即农业、采掘业、乳制品、其他加工食品、纺织品和服装、皮革制品、其他制成品、金属及金属制品、机械电子及运输设备、公共设施建设、交通和通信、其他服务业，具体情况如表 5-8 所示。

表 5-8 GTAPagg 数据库重新分类表

序号	产品分类	所含商品
1	农业	水稻、小麦、其他谷物、蔬菜水果坚果、油料作物、糖料作物、植物纤维、其他农作物、牛羊马、生乳、羊毛桑蚕茧、屠宰生肉、肉类制品、其他动物产品、林业、渔业
2	采掘业	煤、原油、天然气、其他矿场
3	乳制品	乳制品
4	其他加工食品	食用油脂、加工水稻、糖、饮料及烟草、其他加工食品
5	纺织品和服装	纺织品、服装
6	皮革制品	皮革制品
7	其他制成品	木材制品、纸制品、石油及煤制品、化学橡胶塑料制品、其他制成品
8	金属及金属制品	黑色金属(含铁)、其他金属(不含铁)、金属制品、其他矿物制品
9	机械电子及运输设备	车辆及零部件、其他运输设备、电子设备、其他机械和设备
10	公共设施建设	电力、天然气制造与传输、水、建筑
11	交通和通信	贸易、其他运输、海运、空运、通信
12	其他服务业	金融服务、保险、商业服务、娱乐和其他服务、公共管理、国防、健康、教育、住宅

资料来源：通过 GTAPagg 数据库整理分类。

2. 降税模式及模拟方案

为了简化起见，模拟时将中印两国的产品分为普通商品和敏感商品两大类。

对于中国而言，整体关税水平较低，各产品进口关税没有超过 30% 的，故将税率超过 15% 的产品定为敏感商品，模拟时将关税下降为原基础的 50%；税率低于 15% 的定为普通商品，税率降为 0。对于印度而言，由于关税水平较高，故将税率超过 100% 的产品定为敏感商品，模拟时将关税下降

第五章　中印建立自由贸易区预期经济效应的实证分析

为原基础的50%；税率低于100%的定为普通商品，税率降低为0。综合以上情况，分别列出中印两国的产品清单，按照产品关税的不同，采取不同的模拟系数设置。将中国的农产品、纺织品和服装、皮革制品、机械电子及运输设备等产品定为敏感产品，关税下降为原税率的50%，其余正常产品关税减为0；将印度的农业、乳制品等产品定为敏感产品，关税下降为原税率的50%，其余正常产品关税减为0。产品分类见表5-9。

表5-9　中印两国敏感产品、普通产品分类

国别＼产品	敏感产品	普通产品
中国	1、5、6、9类	2—4、7—8、10—12类
印度	1、3类	2、4—12类

在模拟中按以上情形对中印两国的关税进行减让，选用tms进行冲击，tms代表进口关税税率。两国对域外国家或地区仍保留原有的关税情况。资本可以在中印两国间自由流动，所有要素（土地除外）可以在行业间自由流动，但不能够跨国流动。

三、模拟结果及分析

下面分别从对上述10个国家或地区的宏观经济影响及12类产品贸易结构变化等方面进行模拟分析。表5-10是用GTAP模型模拟建立中印自由贸易区对10个国家或地区的宏观经济影响结果，包括对各地区GDP、进出口规模、贸易条件、贸易平衡、福利五个方面的影响。表5-11、表5-12分别显示了中印建立自由贸易区进行关税减让后，对10个国家（地区）进、出口贸易结构影响的模拟结果。

模拟结果显示，建立中印自由贸易区后，域内外国家的国内生产总值都会增长，域内两国的进出口规模明显增加，对外部国家或地区的进出口规模将产生一定负面影响，模拟结果印证了自由贸易区建立后的贸易创造效应及贸易转移效应。此外，中印自由贸易区的建立，会使除中国、欧盟以外其他国家的贸易条件有所恶化；对域内两国贸易平衡的影响上，仍将持续目

前的分化现象,即中国维持贸易顺差,印度维持贸易逆差;从总体福利变化上看,将对整个世界带来正向福利效应;从贸易结构上看,中印两国的进出口贸易结构均会受到自由贸易区的影响。下面对模拟结果分别加以分析。

表5-10 模拟结果

国家或地区	GDP变动(%)	出口变动(%)	进口变动(%)	贸易条件变动(%)	贸易平衡(百万美元)	福利变化(百万美元)
中国	10.41	0.43	0.83	0.26	27622.81	4111.96
印度	9.49	3.76	2.98	-0.37	-6720.29	-928.72
日本	10.01	-0.04	-0.06	-0.01	8347.51	-9.32
韩国	9.98	-0.04	-0.06	-0.02	3655.09	-78.14
东盟	9.94	-0.02	-0.06	-0.03	15399.41	-247.77
亚洲其他国家	9.97	-0.04	-0.08	-0.03	112.51	-50.83
美国	9.97	-0.04	-0.06	-0.02	-82685.30	-433.38
欧盟	9.98	0.00	-0.01	0.00	-8329.41	-102.44
中东	9.93	-0.01	-0.06	-0.03	2824.84	-101.95
世界其他国家	9.95	-0.01	-0.05	-0.03	35046.73	-916.46

资料来源:GTAP模拟结果。

表5-11 中印建立FTA关税减让对部分国家出口的影响

(单位:百万美元)

国家或地区\产品	中国	印度	日本	韩国	东盟	美国
农业	-0.39	14.33	-0.17	-0.24	-0.07	-0.17
采掘业	6.38	2.00	0.03	0.29	0.04	-0.01
乳制品	8.43	16.40	0.00	-0.52	-0.22	-0.29
其他加工食品	-0.19	3.50	-0.09	-0.09	-0.08	0.00
纺织品和服装	0.36	4.46	-0.31	-0.69	-0.59	0.02
皮革制品	-0.81	5.66	0.04	-0.17	0.37	0.24
其他制成品	1.27	4.19	-0.11	-0.10	-0.18	-0.11
金属及金属制品	3.01	5.83	-0.14	-0.36	-0.36	-0.18
机械电子及运输设备	-0.11	7.38	-0.03	0.02	0.09	-0.03

续表

产品 \ 国家或地区	中国	印度	日本	韩国	东盟	美国
公共设施建设	-1.39	1.59	-0.08	-0.03	0.10	0.05
交通和通信	-0.77	0.82	0.09	0.14	0.15	0.07
其他服务业	-1.35	0.80	-0.08	0.00	0.09	0.02

资料来源：GTAP 模拟结果。

表 5-12 中印建立 FTA 关税减让对部分国家进口的影响

（单位：百万美元）

产品 \ 国家或地区	中国	印度	日本	韩国	东盟	美国
农业	2.03	1.72	0.02	0.04	-0.2	-0.02
采掘业	0.97	0.04	-0.01	-0.03	-0.09	0.00
乳制品	1.16	1.39	0.09	0.05	-0.04	0.03
其他加工食品	0.95	2.20	-0.03	-0.03	-0.06	-0.02
纺织品和服装	1.20	40.09	-0.27	-0.39	-0.36	0.05
皮革制品	1.52	17.33	-0.20	-0.24	-0.04	-0.24
其他制成品	0.90	5.92	-0.04	-0.04	-0.08	-0.07
金属及金属制品	1.14	6.38	-0.05	-0.12	-0.07	-0.05
机械电子及运输设备	0.59	4.03	-0.15	-0.08	-0.01	-0.12
公共设施建设	0.79	-0.64	0.03	-0.05	-0.08	-0.01
交通和通信	0.67	-0.65	0.00	-0.04	-0.05	-0.01
其他服务业	0.73	-0.39	0.03	-0.03	-0.03	0.01

资料来源：GTAP 模拟结果。

1. 对国内生产总值的影响

建立中印自由贸易区有利于中国经济高速发展，因而对矿产、林业、能源等资源的需求不断增长。有利于印度进入中国市场，并在合作中充分发挥其在服务贸易、信息产业等方面的优势。表 5-10 的模拟结果显示，中印自由贸易区的建成，将对域内外国家或地区的国内生产总值产生促进作用。中印两国的 GDP 将分别提高 10.41%、9.49%。同时,自贸区的建立也将促进与中印两国经贸往来较多的日本、韩国、东盟、美国等国家或地区的 GDP 增长。由此可见,从宏观经济层面上看,中印自由贸易区的建立,对整个世界都有正向促进作用。

2. 对进出口规模的影响

建立中印自由贸易区,大幅度削减经济走廊伙伴国家进口商品的关税将会大大刺激域内三国的进出口贸易规模,而对域外其他国家产生贸易转移效应。从表 5-10 中可以看出,自贸区的建立将对域内国家进出口规模产生正向的促进作用,对域外国家产生负面效果。就出口而言,印度增长 3.76 个百分点,中国将有 0.43 个百分点的增长。日本、韩国、东盟、亚洲其他国家、美国、中东及世界其他国家的出口均有不同程度的萎缩,普遍降低了 0.01—0.04 个百分点不等,而对欧盟的出口几乎没有影响。就进口而言,印度、中国分别增长 2.98 个、0.83 个百分点。其余地区进口均有所下降,这其中对亚洲其他国家的影响最大,下降约 0.08 个百分点。总体来说,由于自贸区的贸易创造效应,中印两国的进出口规模均有所提高,印度从自贸区中获益大于中国,由于贸易转移效应,对域外国家均产生了一定的负面作用,但影响不大。

3. 对贸易条件的影响

贸易条件(Terms of Trade)是用来衡量在一定时期内一个国家出口相对于进口的赢利能力和贸易利益的指标,反映该国的对外贸易状况。[①]常用的贸易条件有三种形式:价格贸易条件、收入贸易条件和要素贸易条件,其中以价格贸易条件最有研究意义。以价格表示的贸易条件指一国的出口商品价格指数与进口商品价格指数之比,以一定时期为基期,先计算出基期的进出口价格比率并作为 100,再计算出比较期的进出口价格比率,然后以之与基期相比,若大于 100,表明贸易条件比基期有利,若小于 100,则表明贸易条件比基期不利。在 GTAP 模型中,贸易条件的变化

---

① [美]多米尼克·萨尔瓦多:《国际经济学》(第 10 版),杨冰等译,清华大学出版社 2011 年版,第 83 页。

率通常用 $tot = psws - pdws$ 表示,其中 $psws$ 为出口价格指数的变化率,$pdws$ 为进口价格指数的变化率。[①]

表5-10的模拟结果显示,建立中印自由贸易区,对域内外10个国家或地区而言,只有中国的贸易条件相比较基期得到了一定的改善;而世界其他国家,无论是域内的印度,还是日本、韩国等域外国家,贸易条件均有小幅度恶化,印度贸易条件恶化程度达到0.37个百分点,其余国家恶化程度不大。总体来看,中印建立自由贸易区后,中国的价格贸易条件得到改善,能够用本国的产品换取更多的外国产品,增加贸易利益。印度以及大部分域外国家的贸易条件虽劣于基期,但更低的价格意味着其产品更具有竞争力,从而扩大其对贸易伙伴的出口规模,并且可以从专业化、规模经济、技术和知识的扩散、外商投资等方面促进资源优化配置、技术进步和生产率的持续增长,这些收益有可能使这些发展中国家在国际贸易中获得的利益大大超过因贸易条件下降所造成的损失。

4. 对贸易平衡的影响

建立中印自由贸易区后,对域内两国贸易平衡的影响上,仍将持续目前的分化现象,即中国维持贸易顺差而印度维持贸易逆差。由表5-10可以看出,中印自由贸易区的建立,将会给中国带来约276亿美元贸易顺差,印度继续产生贸易逆差,逆差额为67亿美元。自贸区的建立将为日本、韩国、东盟、亚洲其他国家、中东、世界其他国家带来贸易顺差,其中东盟的贸易顺差最大,约为154亿美元。将为美国、欧盟带来较大的贸易逆差,分别达到827亿美元、83亿美元。综上所述,中印自由贸易区建成后,中国将继续维持其贸易顺差,在国际贸易市场上占取较大的贸易份额,进一步增加中国在国际贸易市场上的话语权,减少国内的失业人数。对于印度来说,虽然仍处于逆差状态,但适当的逆差有利于缓解短期贸易纠纷,有助于贸易长期稳定增长,同时可以缓解国内通货膨胀压力。

5. 对福利分配的影响

一般来说,建立自由贸易区有利于促进共同发展,实现经济优势互补

---

① 陈淑梅、倪菊华:《中国加入"区域全面经济伙伴关系"的经济效应——基于GTAP模型的模拟分析》,《亚太经济》2014年第2期。

和资源的优化配置,满足部分国家经济发展对初级制成品的需求以及部分国家扩大海外市场的需求。从表 5-10 的模拟结果可以看出,自由贸易区的建立只对中国带来正向的福利变化,能够为中国增加约 41 亿美元的福利,而其他 9 个国家或地区,包括印度在内,将会遭受一定的福利损失,印度的福利损失约为 9.3 亿美元。域外遭受福利损失的国家按损失程度由高到低排序分别为:世界其他国家 9.1 亿美元、美国 4.3 亿美元、东盟 2.5 亿美元、欧盟和中东 1.0 亿美元、韩国 0.8 亿美元、亚洲其他国家 0.5 亿美元、日本 0.09 亿美元。虽然中印自由贸易区的建立为一些国家带来了福利损失,但总量并不大。从世界整体来说,中印自由贸易区的建立将带来约 13 亿美元的净福利效应。从福利角度看,中印自由贸易区的建立将对世界产生一定的积极影响。

6. 对贸易结构的影响

通过 GTAP 模型的模拟,中印建立 FTA 对域内外 10 个国家或地区的进出口结构也会产生影响,模拟结果如表 5-11、表 5-12 所示。

由表 5-11 的模拟结果可以看出,中印建立 FTA 后关税减让对部分国家出口的影响。具体来看,自贸区内降低农产品进口关税壁垒后,中国的农产品出口将受到小幅影响,减少 39 万美元,印度的农产品出口将会大幅增加,可增加 1433 万美元。总体来看,中国农产品的出口虽然受到了一定的负面影响,但影响并不大。工业品方面,中印两国的纺织品和服装、金属及金属制品、其他制成品等产品出口增长比较明显,两国增长合计分别达到 482 万美元、884 万美元、564 万美元。从国别来看,降低关税后,印度 12 个产品分类的出口量全部有所增加。中国的农业、其他加工食品、皮革制品、机械电子及运输设备、公共设施建设、交通和通信、其他服务业 7 类产品的出口额有小幅度减少,其余 5 类产品出口均有 36 万美元至 843 万美元的增长,增长幅度更大一些。印度高额的乳制品进口关税通过 50% 的减免,使得中国乳制品出口增加达 843 万美元。总体看来,中印通过建立自由贸易区,降低或取消对地方国家的关税壁垒后,多数种类产品的出口增长都很明显,这有利于增加两国的就业率,促进整体经济的增长。

第五章　中印建立自由贸易区预期经济效应的实证分析

从表 5-12 的模拟结果可以看出，中印建立 FTA 后关税减让对部分国家进口的影响。随着中印两国农产品进口关税的下降，两国农产品的进口分别增加 203 万美元、172 万美元，其粮食安全并不会受到太大影响。工业品方面，纺织品和服装、皮革制品受进口关税下调的影响最大，中印两国这两类产品合计进口分别增加了 4129 万美元和 1885 万美元。从国别来看，中国这两类商品的进口有小幅增加，印度的增加幅度则很大。由于印度服务业发展程度较高，其公共设施建设、交通和通信、其他服务业三类产品的进口未受到降税影响，其余类别产品进口均有增加，其中纺织品和服装进口量增加最多，达到 4009 万美元。中国的 12 类产品进口有 59 万美元至 203 万美元不等的小幅增加。中印建立自由贸易区后，对印度进口市场影响较大，这将有利于实现其国内产品的更新换代，优化产业结构，推动产业结构升级。

通过 GTAP 模型的模拟可以看出，建立中印自由贸易区进行关税减让后，将有利于改善中印两国的宏观经济状况、提升贸易规模、优化贸易结构、提高世界整体福利。从具体模拟结果来看，中印自由贸易区域内和域外国家或地区的 GDP 都会增长，中印两国的进出口规模会明显增加，但对域外国家或地区的进出口规模将产生一定负面影响，模拟结果印证了 FTA 建立后的贸易创造效应及贸易转移效应。在贸易条件方面，中印自由贸易区有利于中国贸易条件改善，而印度由于关税较高，建立自贸区后贸易条件有小幅恶化。此外，中印自由贸易区的建立，会导致除中国、欧盟以外其他国家或地区的贸易条件有所恶化；从对中印两国贸易平衡的影响来看，中印自由贸易区建立后两国贸易仍将持续目前的不平衡状态，即中国是贸易顺差，印度是贸易逆差，但幅度不大；从贸易结构上看，中印两国的进出口贸易结构均会得到改善；从总体福利变化来看，中印自由贸易区将对中印两国及整个世界带来正向福利效应。

第六章　中印建立自由贸易区的非传统收益分析

在世界经济一体化浪潮中,中印两个世界上人口最多的发展中国家也在积极谋求合作,并朝着双边自由贸易区的方向迈进。但两国在经济发展模式、政治制度、文化宗教、历史、边界以及西藏问题等方面存在很多不同甚至分歧,因此仅仅在贸易创造效应、规模经济、竞争程度提高及刺激区域内和区域外投资增加等传统方面研究建立中印自由贸易区的收益是不全面的,也难以有效推动中印自由贸易区的实现,我们应从更广的视角来看待区域经济合作的潜在收益。只有中印两国对建立双边FTA可能带来的诸多非传统收益达成共识,中印自由贸易区的建设才有可能取得实质性进展。

新区域主义理论从保持政策的连贯性,向外部世界发信号,提供保险,提高参加国讨价还价的能力,建立协调一致的机制,改善成员国安全以及输出民主观念,实施大国的全球和地区战略,化解纠纷等许多不同的角度分析了经济一体化的非传统收益。中印两个亚洲相邻的新兴大国建立FTA,必将给两国带来多方面的非经济利益,并惠及亚太地区及全世界。

第一节　有助于中印政治关系改善和相互信任的增强

追求政治利益是当前各国参与区域经济一体化组织的基本诉求之一,这种非传统收益在自贸区发展中起着越来越重要的推动作用。历史的经验证明,经济互利与政治互信是国家间关系发展相辅相成、不可或缺的内容,因此也必然是中印两个新兴发展中大国关系的两个轮子,缺一不

第六章　中印建立自由贸易区的非传统收益分析

可。中国与印度作为亚洲大国,互为最大邻国,两国间政治关系稳定与经济上互惠互利,对维护两国国家安全乃至亚洲和世界的和平与发展具有举足轻重的作用。

经济与政治相互作用、相互影响,良好的政治关系能促进经济关系的发展,缺乏政治互信必然阻碍国家间经济关系的深入发展。从历史和现实来看,20世纪60年代初期,中印两国因边界争议引起的边界战争及印度政府违背事实的舆论引导给印度人民心中留下了阴影,印度对中国西藏问题的态度摇摆不定,印度视中国的快速发展为其实现大国战略的主要威胁,美、日等大国欲联合印度遏制中国的一系列举动等,这些棘手问题严重影响和阻碍了中国和印度两个发展中大国关系的深入发展,致使两国政府和人民缺乏政治互信,印度国内对中国甚至存在猜疑敌视的民族情绪。中印两国由于互不信任已付出沉痛代价,两国都丧失了许多共同发展的机遇,也给两国人民造成了巨大的心灵创伤。目前要直接跨越两国这些问题的鸿沟仍有不小的困难。欧盟和南方共同市场的经验表明,国家间加强经济一体化合作是化解历史积怨和政治猜疑的有效途径。同样,中印深化经贸关系对促进两国政治互信和增进友谊意义重大。中印的历史和政治问题,同样可以通过建立 FTA 密切两国的经贸关系而逐渐加以化解。若中印自由贸易区能够建立,中印双方就能够在制度框架内互利互让,通过和谈解决共同面对的难题,两国在更多领域加强合作会促进双边经贸关系深入发展,逐渐形成"你中有我,我中有你"的紧密关系。在中印自由贸易区的制度框架下,两国互不信任的"死结"必然会解开,建立中印自由贸易区既加强了两国的经济联系又增强了政治互信,两国进而也能通过区域及国际合作获利。

中印间政治互信关系的建立,不仅要靠国家领导人的战略互访及媒体广泛宣传,还需要政府以大局为重,登高远望,通过构建双赢的制度框架得以实现。中印友好关系源远流长,中印两国人民在历史上都曾饱受西方殖民者的侵略和掠夺,两国在追求民族独立和国家自强的道路上曾多次相互鼓励、相互支持。第二次世界大战时期,印度对中国人民的抗日战争在道义上和物质上给予了双重支持,中国政府和人民也在印度遭遇饥荒时伸出过援手,助力印度渡过难关。印度独立后及新中国成立初期,中印两国积极发展友好关系,曾经多次在国际舞台上相互支持,《和平共处五项原则》就是在中苏关系恶化的背景下中印两国共同创立的,该原则直到现在仍然是国际外交关系中的基本准则之一,对加强发展中国家的南南合作作出了重要贡献。印度曾经在联合国合法席位问题上坚定地支持过中国,当时印度的总理尼赫鲁抵制住了美国和苏联想让印度取代中国成为安理会常任理事国的诱惑。尼赫鲁曾这样说过:"中国这样一个大国不在安理会内是不公平的。……虽然印度也是大国也应该进入安理会,但在这一时刻我们不急于进入。现在第一步是应该恢复他(中国)的合法地位,以后再另外考虑印度的问题。"[①]这些传统友谊是新时期中印战略合作关系深化的重要基础。近代以来,中印关系虽一波三折、磕磕绊绊,但和平友好始终应是中印关系的发展主流,也是中印人民共同的心愿,唯有如此,才真正符合中印两国的根本利益。在当前形势下,中印更应该把加强合作、增进互信上升到战略层面,多层次全方位地沟通和交流,通过积极构建中印自由贸易区,为消除两国民间疑虑和政治猜疑积累经济基础,在 FTA 框架下延续和深化两国的传统友谊,并进而建立中印全方位的战略合作伙伴关系。

中印自由贸易区如果能够顺利推进,中印在自贸区框架下的经济合作会更加深入,相互依赖程度将不断加强,推动两国进入到全方位合作状态,中印两国的政治互信和互利的愿望将得以实现。随着中印两国经贸关系的日益紧密和政治互信的不断增强,美、日把印度作为制衡中国的力量的霸权意图也必将被消解而难以得逞。

第二节　向世界发出中印两国政策走向的明确信号

根据新区域主义理论,向外部世界发信号是区域贸易协定非传统收

[①] 杨思灵:《中印战略合作伙伴关系研究——兼论中印自由贸易区的建立与发展》,中国社会科学出版社 2013 年版。

第六章 中印建立自由贸易区的非传统收益分析

益的重要内容,一个国家加入或与其他国家新建立了一个区域经济一体化组织这件事本身就对全世界发出了诸多明确的信号。例如,这个国家和一体化组织的其他成员间确立了友好关系或朝着友好关系方面迈出了一大步,有坚持自由贸易立场的决心,经济发展状况具备了相应的条件,以及进一步发展的决心等。这就给一体化组织外部的国家发出了明确的信号,区域外国家因对一体化组织成员增加了了解甚至信任而愿意扩大经济合作。作为亚洲相邻的两个全球最大的新兴工业化国家,由于各种历史和现实问题,中印两国存在较严重的信息不对称,彼此有很多不了解甚至误解和摩擦,也使外界在如何处理与中印两国的关系问题上产生了很多不确定性的认识和选择。

中印间建立 FTA 能够向世界传递多方面的信息。首先,向外部世界发出中印两个人口大国未来政策走向的信号,让外界了解中印两国间将进一步密切相互的经济关系,都将更明确地走对外开放之路,将更坚定地推动贸易自由化,传递出中印两国将以更积极的态度推动亚洲经济一体化进程的信息。其次,中国和印度两个发展中大国签订自由贸易协定还能够向外界传递亚洲地区安全稳定性增强的信号。近年来,随着中国经济的迅速发展和国际地位的提升,一些舆论开始散布"中国威胁论",认为中国的强大会对周边国家的安全构成威胁,甚至可能挑战现存的国际秩序。"中国威胁论"在印度也很有影响,一部分人对此顾虑重重。中印建立自贸区将释放两国互信合作、和睦共处的明确信号,这在某种意义上可以说是中印两国对亚洲地区未来和平发展所作出的政治承诺。在新的历史条件下,中印两国的合作利益早已超出了双边层面,中印建立自贸区,两国经贸关系进一步加强,让印度更多地分享中国经济快速发展带来的各种商业机会,这会对中印周边国家的经济发展起到带动作用,这样就在亚洲地区形成共同发展的局面。中国和印度构建 FTA 实际上是向世界传递了两国间和平共处、共同繁荣的信号,中印也会因此获得更多来自世界各国的信任与经贸合作机会。

第三节 提高中印两国在国际事务中的话语权和影响力

增强成员国对外讨价还价的能力是签订自由贸易协定的另一个基本诉求,区域经济一体化组织使单个可能弱小的国家的力量聚合起来,实力得到加强。一体化组织的若干成员作为一个整体参与谈判的话语权和讨价还价能力会大大提高,其说话的分量必定远远高于单个国家的影响力,每个参与成员都会从中获益。对国际规则影响力的增强是这种讨价还价能力提高的另一种重要表现,一般来说,一个经济体规模的大小是决定其对国际规则影响力的重要基础。第二次世界大战以后,美、欧、日等发达经济体一直在联合国、世界贸易组织、世界银行以及国际货币基金组织这些主要国际组织中占据主导地位,凭借这种支配地位主导着主要国际规则的制定和国际事务的运行,以多边框架为依托实现自身利益最大化,发展中国家始终处于从属和被动接受的地位,在不合理的国际分工体系中受制于发达国家。若中印建立 FTA 将形成一个 26 亿人口的大市场,两国携手并进将在世界舞台上发挥更大的作用。

中印是世界上最大的新兴市场国家,与俄罗斯、巴西和南非一起并称为"金砖国家",金砖国家作为新兴经济体崛起的中坚力量,是推动全球经济增长的重要动力。IMF 于 2016 年发布的统计数据显示,自 2006 年"金砖国家"合作机制启动以来,金砖国家的经济总量在世界经济中的比重从 12% 上升到 23%,贸易总额比重从 11% 上升到 16%,对外投资比重从 7% 上升到 12%,对全球经济增长的贡献率已超过 50%。中国和印度两个金砖大国的迅速发展成为世界经济的双引擎。据世界银行统计,2000—2004 年,中国经济增长对世界经济增长的贡献率仅次于美国,平均达到 15%。中国对世界经济增长的贡献率在 2007 年更是超过了美国,跃居第一。按照 2010 年美元不变价计算,2011—2016 年,中国增长的贡献率分别为 28.6%、31.7%、32.5%、29.7%、30.0%、33.2%。中国在"金砖国家"中的表现最为突出。"美国高盛公司 2007 年 1 月发表过一份关

第六章 中印建立自由贸易区的非传统收益分析

于 BRIC 的研究报告,预测中国的 GDP 将在 2016 年超过日本,2041 年超过美国。高盛公司还预测,印度 2032 年将超过日本居世界第三位,2050 年之前将进一步超过美国成为世界第二大经济体。"[①]从实际发展来看,中国的 GDP 在 2010 年已经超过日本,成为世界第二大经济体。2013 年中国进出口首次突破 4 万亿美元这一历史性关口,高达 4.16 万亿美元,取代美国成为全球最大的贸易国。进入 21 世纪以来,印度经济也呈现出快速增长的势头,在过去的二十多年间,印度保持了旺盛的经济活力,实现了年均 5.6% 的稳定增长,经济实力不断增强。中印作为两个最大的"金砖国家"建立自贸区必将给两国经济带来更快速的发展,为提高两国在世界舞台上的话语权奠定更为坚实的基础。在国际事务中,两国携手用一个声音说话,更多表达自身和广大发展中国家的诉求,这既符合两国人民的利益和需求,也符合广大发展中国家的利益。

中印作为发展程度和发展背景相近的两个发展中大国,在战略层面上有多方面重大的利益契合点,两国在各种国际事务中也有很大程度的共识,在关系亚洲地区和平与发展的事务中,两国也有许多共同的利益诉求。两国从自身以及整个发展中国家的利益出发,已经在许多国际场合开展了合作,比如中印在 WTO 的多哈回合谈判、世界的可持续发展及牙买加体系的改革等问题上都有相近的主张和愿望。印度想成为安理会常任理事国需要得到中国的支持,中国是联合国 5 个安理会常任理事国之一,中国已经多次对印度的愿望明确表示理解,并给予了力所能及的支持。在区域经济一体化合作框架下,中印在国际事务中必将有更广阔的合作空间。中印自由贸易区的建设会带来两国经济的更快增长,中印关系将进入稳步发展的新阶段,两国基于合作共赢的理念参与国际事务,必将使世界听到发展中国家的声音和诉求。这样中国和印度就不再只被动跟随国际格局和国际发展,而是更多地参与国际规则的制定和调整,参与世界治理变革的进程甚至决策,从而确保两国更高层面国家利益的实现。

正在走向强大的中国和印度之间建立 FTA,不仅能提升两国在国际

---

① 李亮亮:《中国和印度经贸合作的溢出效应分析》,《经济师》2010 年第 1 期。

舞台上的地位,而且能更有效和在更大程度上抗衡大国霸权,这将惠及亚太地区及整个世界。两国一方面在WTO框架下相互支持,与此同时通过建立双边自贸区在区域经济合作的制度框架下紧密合作,不仅能提升两国的话语权,还可以为建立国际经济新秩序以及维护发展中国家共同的利益作出重要贡献。2015年5月,习近平在会见来访的印度总理莫迪时,明确提出:"要从战略高度和两国关系长远发展角度看待和处理中印关系,加强国际和地区事务中的战略协作,携手推动国际秩序朝着更加公正合理的方向发展。"①

第四节　提升两国抵御经济风险的能力

新区域主义认为,小国为了获得进入大国市场的保证,在参加自贸协定时往往单方面对大国作出较多的让步或支付。中印都是发展中大国,相互间的FTA不是大国与小国的类型,双方会是平等基础上的互惠互利关系,因此不存在单方面让步情况。中印建立自贸区不仅会是中印两国彼此进入对方市场的保证,还能提升两国抵抗全球经济和金融风险的能力,因此给两国带来的是"双向保险"效应。中印若建成FTA,首先是区域内两国形成一个26亿人口的统一大市场,贸易壁垒逐渐拆除,双边的贸易摩擦也会大大减弱,由于两国间经济有很强的互补性,两国间的贸易潜力在自贸区的制度框架内得以释放,从而产生巨大的贸易创造效应,中印双边贸易的扩大还会弱化两国对美、欧、日等发达经济体市场的依赖,区域内自身发展的稳定性增强,因此若中印两国实现区域贸易一体化必定会产生巨大的相互进入对方市场的保险效应。

国家间加强金融领域合作是提升共同抵御金融风险能力的有效途径,建立自由贸易区将提高中印两国共同抵御金融风险的能力。近年来,世界范围内金融危机频繁爆发,波及面广,破坏性强,靠单个国家的力量

---

① 《习近平会见印度总理莫迪》,新华网,见 http://www.xinhuanet.com/mrdx/2015-05/15/c_134240710.htm。

难以应对。中印作为发展中大国还没有健全的金融体系,因此不具备较强的应对经济和金融风险的能力。2008年由美国开始的全球金融危机不仅打击了美国的金融体系和实体经济,而且迅速向全世界蔓延,给各国的经济造成了巨大冲击。各国纷纷采取经济刺激措施挽救急速下滑的实体经济。作为新兴经济体的中印两国也未能幸免这场金融灾难,经济都深受打击。中国和印度作为发展中国家,由于国内金融系统监管比较严格,没有完全开放国内金融市场,在这次严重的全球金融危机中国内的金融系统都没有受到太大冲击,但两国的实体经济领域受到的打击比较严重。

中国的实体经济成为2008年全球金融危机的重灾区,遭受打击的程度超过印度。由于汇率的波动和世界市场需求的下降及贸易保护主义抬头,中国的出口和外资都明显下降。金融危机的冲击和潜在风险,使国内企业对经济增长缺乏信心,金融市场流动性也急剧收缩,致使企业减少了投资,失业人数增加,国内消费也出现严重下滑,经济增速放缓,致使2008年中国经济增长率降为9%,中国连续5年两位数的经济增长率宣告中止。

增速较快的印度经济也受到了2008年全球金融危机的冲击,主要表现为,汇率出现较大波动,印度卢比贬值,出口大幅下降,贸易逆差攀升,股市下跌,资金短缺,外资减少,储备下降。据联合国贸易和发展会议(UNCTAD)统计,2010年印度利用外国直接投资(FDI)的总额为237亿美元,比2009年下降31%。金融危机也打击了印度的软件出口和服务外包,实体经济部门如制造业、建筑业和冶金钢铁业等受影响也很大。

从上述金融危机对两国的影响可以看出,由于各自国情不同,中印两国受冲击的产业领域和程度存在明显差异。对中国的冲击主要是出口贸易和实体经济,和中国相比印度实体经济受冲击程度较小,但资本外流和货币贬值较为严重。总之,中印都是2008年全球金融危机受害者,由于自身经济和金融体系的薄弱,应对风险能力不强,中印两国都被2008年从美国开始的全球金融危机所绑架,成为其转嫁危机的牺牲品。动荡的国际金融市场,激烈的国际竞争,以美国为首的国家越来越频繁的贸易保护,使发展中国家的经济发展面临非常严峻的国际形势。中印两国在区域贸易协定的制度框架下加强合作,共同应对全球经济和金融危机、反对贸易保护主义变得越来越重要和紧迫。时任中国总理温家宝在博鳌亚洲论坛 2009 年年会上曾提出:"在经济全球化条件下,世界各国的命运已紧紧联系在一起,没有一个国家可以在国际金融危机中独善其身,没有一个国家能够以一己之力战胜这场危机。"[①]印度也对此作出了积极回应。中印应加快建立自由贸易区的步伐,区域内两国携手,抵御各种经济和金融风险的能力会极大增强,同时还能凭借两国合作互补的优势推动国际金融体系的改革,促进国际金融体系的稳定,维护发展中国家的共同权益。

第五节　促使中印两国保持政策连贯性,实现协调发展

中印签署自由贸易协定,自贸协定的内容对两国就产生法律效力,各自对承诺的贸易自由化必须履行,两国对自由贸易政策的选择就在区域贸易协定的制度框架下得以巩固,无法随意变更。因此,中印自由贸易区就锁定了各自国内的改革进程,使该自由贸易政策得以持续贯彻下去。没有签订《中印自由贸易协定》的情况下,由于中印两国政府的政策选择都会受到各种利益集团的压力和影响,决定政策选择的官员可能会出于利己的动机或其他诱因而对已制定的自由贸易政策产生动摇。中印是世界上最大的发展中国家,两国由于历史积怨和现实诸多阻碍因素,一些人对中印贸易自由化心存疑虑,两国国内也都存在大量因贸易保护而受益之人,自由贸易政策因而会受到这些人的反对,相关利益集团会以各种方式向政府施加压力,已经实施的自由贸易政策会因此被改变,而贸易自由化政策对两国整体来说都是获益的,是双赢的政策,这就需要中印两国借助签订自贸协定这种外部力量来实现和巩固中印间的贸易自由化政策,从而达到互利共赢、共同发展的目标。因此,中印建立自贸区是实现两国

---

① 杨梅:《后危机时期中印贸易合作考量》,《经济体制改革》2009 年第 5 期。

贸易自由化并锁定这种改革进程的有效途径。

现实中,中印两国因自由贸易政策受损而反对自由贸易的人比较容易协调行动,因自由贸易受益而支持自由贸易的人的意愿则比较分散、难以集中起来,而自由贸易政策对中印两国来说都是有利的,中印间签订自由贸易协定是把各自国内支持自由贸易政策的意愿协调起来的有效途径,从而消除了因中印两国国内支持自由贸易的人的意愿分散而对政策制定带来的不确定和消极影响。此外,自由贸易协定允许成员在不同政策领域间进行交易以平衡不同的利益关系,这是区域贸易协定促进协调一致机制功能的另一个重要方面。在北美自由贸易区(NAFTA)建立时,美国曾对与墨西哥建自贸区是否会降低劳工标准以及破坏自然环境心存疑虑,因而考虑对墨西哥出口到美国的商品施加贸易限制。美国最终的做法是:只要墨西哥承诺提高出口产品的劳工标准和环境标准,美国市场就对墨西哥自由开放,墨西哥接受了这一条件,双方利益诉求得以协调。美墨之间类似的互相妥协情况还有很多,因此可以说,NAFTA是美国和墨西哥之间多次实现妥协的机制。

在2002年签订的《中国—东盟自由贸易协定》中也体现了中国与东盟各国间的利益协调,协定充分考虑了东盟新老成员不同的国内情况,对新老成员的降税时间采取了相对灵活的不同标准。协定规定,中国和东盟6个经济发展水平相对较高的成员马来西亚、印度尼西亚、泰国、菲律宾、新加坡和文莱于2010年1月1日实行零关税,而对越南、老挝、缅甸及柬埔寨4个经济发展水平较低的成员国实行零关税(部分敏感产品除外)时间则延长至2015年,让这些经济发展水平较低的成员有一段进行调整和改革的缓冲期,以应对自贸区带来的冲击。中印自由贸易区也必然会使部分人从中获利,国内缺乏竞争力的垄断行业可能受损。签订中印自贸协定也将使中印两国支持自由贸易的人的意愿得以协调一致,使两国从自由贸易中获益的人的诉求获得政治上的支持,并促使这种自由化措施在制度框架内得以推行,中印间许多分歧也可以在自贸区框架内通过协商妥善加以解决。

第六节　有助于改善中印两国的安全环境

　　改善成员安全是新区域主义的重要内容,是区域经济一体化组织给参加国带来的另一个重要非传统收益。稳定的周边环境对于中国和印度两个正在迅速发展的大国都是非常重要的,但中印关系一直受到种种复杂矛盾的干扰,印巴关系也是剑拔弩张,南亚在冷战时期曾是美苏两个超级大国争夺控制权的战略要地,这种争夺导致了南亚地区长期以来的动荡不定,南亚的动荡也严重影响了中印关系发展,中印间的很多历史分歧如西藏问题、边界冲突等都是美苏冷战的遗留产物。中印经贸关系和政治关系虽然在冷战结束后有了很大改善,但很多分歧仍然没有解决,两国间的摩擦甚至冲突时有发生,这种不稳定状态严重影响了中印两个相邻亚洲大国间正常经贸关系的发展。

　　中印两国都面临着民族分裂势力、极端宗教势力及暴恐势力的威胁,暴恐势力常常与民族问题、宗教问题和分裂势力等交织在一起,破坏性极强且难以应对。这些势力还经常被国际势力利用,将其作为牟利或插手他国事务的手段,严重威胁着国家的安全与稳定。"西藏流亡政府"在印度的活动一直得到了印度的支持,"藏独"分子和南亚极端组织交往频繁,"基地"组织及伊斯兰原教旨主义与中国境内的"东突"势力过从甚密。进入21世纪以来,恐怖主义在中国境内活动的危害日益严重。境外恐怖组织给予"藏独"势力和"东突"势力资金支持,还帮他们培训人员。发生在中国2008年的"3·14"西藏骚乱和2009年的乌鲁木齐"7·5"事件都和这些势力有关。印度的安全问题更是堪忧,国内教派、种族种姓林立,印度教徒和穆斯林教徒冲突不断。尤其是印度东北部分裂势力和克什米尔地区的威胁让历届印度政府非常为难,恐怖活动时有发生,2007年印度孟买发生的连环爆炸案使印度各界深刻认识到打击恐怖分子已刻不容缓。

　　中印之间有漫长的边境线,边境地区可能成为这"三股势力"的藏匿流窜之地,使单个国家难以有效应对,中印联合起来共同维护地区安全是两国共同面临的迫切任务,而建立 FTA 是完善中印两国反恐合作机制的重要而有效的途径。中印自由贸易区建设在紧密两国经济贸易关系的同时,会进一步培育和强化两国的共同利益诉求,从而会抑制两国之间可能发生的矛盾冲突,为两国经济的和平发展提供有力的安全保障,中印安全局面的出现也能起到缓和印巴关系的作用,这就极大促进了南亚地区的稳定,因此,建立中印自由贸易区有利于整个南亚地区安全机制的构建。在酝酿建立自贸区的进程中,中印两国已经表现出了在反恐领域加强合作的强烈愿望,双方都愿意加强反恐合作,中印间已经进行了几次反恐磋商。中国希望印度能积极协助配合消除"藏独"势力,印度一直在积极寻求反恐的国际合作,除了与美国、欧盟、俄罗斯和以色列等国家或地区通过协商进行反恐的国际合作外,还成为以保障地区安全为宗旨的上合组织的观察员国,2007 年 12 月中印在云南进行了一次联合反恐演习,中印建立自由贸易区必定为中印加强反恐合作提供更深厚的物质基础和制度保障。

第七节　有利于中印两国加强能源合作,维护能源安全

随着全球化迅猛发展,世界的能源结构和能源供需格局都在发生巨大变化,能源安全问题凸显,世界经济的可持续发展受到威胁。中印作为新兴经济体,经济快速发展的同时对能源的需求迅速增加,而中印两国都是人均资源禀赋贫乏的国家,有巨大的能源需求缺口,都需要借助国际市场解决能源短缺问题。在国际能源市场动荡不定、竞争激烈的背景下,能源供应安全成为中国和印度两国共同面对的重大战略问题,相似的需求情况使两国在向海外寻求能源时,不可避免地会出现竞争。但恶性竞争只能导致两败俱伤,而加强合作才是两国在能源安全问题上互利共赢的现实选择,中印签订自由贸易协定可以进一步加强和深化两国在能源领域的合作。在中印自由贸易区的推动下,由于互信增强,两国在能源领域的竞争可以缓和,两国在自由贸易协定框架下共同应对"亚洲溢价",开

拓能源供应市场,维护能源通道安全,不断开发新的能源技术等。

一、共同抵御能源风险,应对"亚洲溢价"现象

中国和印度在国际能源格局中的地位和影响日益显著。2015年世界能源需求增量中的60%来自中国和印度。BP公司曾于2012年在《2030世界能源展望》中预测,未来20年,全球94%的石油需求净增长、30%的天然气需求净增长、近100%的煤炭需求净增长以及48%的非化石燃料需求净增长,都将来自中印两国。

多年来,石油和天然气价格在国际市场上频繁波动,2008年曾高达140多美元/桶。能源价格的这种起伏不定给能源对外依存度很高的中印两国的经济发展带来了巨大冲击,中印遭受的原油"亚洲溢价"问题使这种冲击进一步加大。所谓"亚洲溢价"(Asian Premium),就是长期以来中东地区的一些石油输出国基于政治、经济等因素的考虑,对出口到不同地区的相同原油采用不同的计价公式,从而造成包括中、日、韩、印在内的亚洲地区的石油进口国在从中东进口石油时要比欧美国家支付较高的原油价格。[①]

"亚洲溢价"现象自1991年开始显现,除个别年份外,溢价水平均呈现上涨的趋势。"亚洲溢价"现象产生的一个重要原因是亚洲国家对中东地区石油的依赖程度过高,尤其是中国和印度这两个新兴工业化大国,经济正处于迅速发展的上升时期,能源消耗增长很快,而且主要依赖进口,尤其是依赖从中东地区的石油进口。

表6-1　印度、中国、西欧、北美对中东石油依赖程度

国家或地区	原油进口量及比重	2002年	2020年	2030年
印度	年度原油进口量(万桶/日)	122.0	404.7	617.7
	自中东原油进口量(万桶/日)	70.0	302.7	496.5
	自中东原油进口量占全年进口量比重(%)	57.4	74.8	80.4

---

① 任佳、李丽:《突围"亚洲溢价"——中印能源合作新基点》,《经济前沿》2007年第2期。

续表

国家或地区	原油进口量及比重	2002年	2020年	2030年
中国	年度原油进口量（万桶/日）	138.8	680.8	898.2
	自中东原油进口量（万桶/日）	68.9	464.3	608.3
	自中东原油进口量占全年进口量比重（%）	49.6	68.2	67.7
西欧	年度原油进口量（万桶/日）	1063.8	1501.5	1572.8
	自中东原油进口量（万桶/日）	266.3	456.2	454.0
	自中东原油进口量占全年进口量比重（%）	25.0	30.4	28.9
北美	年度原油进口量（万桶/日）	1052.0	1251.7	1537.0
	自中东原油进口量（万桶/日）	249.6	357.0	327.1
	自中东原油进口量占全年进口量比重（%）	23.7	28.5	21.3

资料来源：任佳、李丽：《突围"亚洲溢价"——中印能源合作新基点》，《经济前沿》2007年第2期。

从表6-1可以看出，中印两国对中东地区石油进口的依赖远远高于西欧和北美国家。2002年，中国和印度全年石油进口中一半来自中东，这一比例在中印分别是49.6%和57.4%，而同一时期西欧的这一比例是25.0%，北美是23.7%。不仅如此，中印对中东石油的依赖还呈大幅上升之势，据预测，到2020年和2030年，印度石油进口总量中对中东石油的依赖将分别上升至74.8%和80.4%，中国这一比例可能分别上升至68.2%和67.7%。这种对原油进口的高度依赖，导致中印以及整个亚洲国家不得不接受不平等价格。"亚洲溢价"的价格歧视行为提高了中印两国的生产成本，削弱了产品竞争力，给中印这样处于经济迅速发展中的石油进口大国造成了巨大经济损失，消除"亚洲溢价"现象成为中印能源战略中共同面对的重大议题。

目前中国和印度分别为世界第一和第三石油消费大国，据预测，2025年后中国可能超过美国，成为全球油气进口最多的国家，印度在2020年后可能超越日本成为全球第三大油气进口国。近年来，中国和印度已经成为世界所有国家中能源消费增长最快的两个国家。两个经济快速增长的能源消费大国若在建立自由贸易区的基础上加强能源合作，就变成了一个巨大的能源进口市场。通过增加两国在能源问题上的相互信任,进行信息合作交流,从而实现共同抵御能源风险的目标。中东石油国家已经意识到两国市场的重要性,越来越重视两国的共同呼声,中印作为消费大国,一旦建立起战略联盟,在国际能源市场上整体议价和谈判能力将极大增强,这样中印就可以对能源价格施加影响,进而消除"亚洲溢价"现象,构建符合中印两国乃至整个亚洲国家利益的石油价格体系。

二、联手开拓国外能源供应市场

中东国家出口石油时之所以对中国和印度等亚洲国家按较高的标准确定价格,主要是因为这些国家高度依赖中东石油进口。中印两国不仅对中东石油依赖程度高,而且石油进口来源市场单一。美欧原油进口市场比较分散,因而与中东产油国对话和议价的能力较强,可以制衡原油价格。美国作为目前全球最大的能源进口国对中东原油市场拥有绝对控制权,中东是美国重要的石油供应市场,此外加拿大、墨西哥和南美也是美国原油进口的重要市场,此外美国还将触角伸向非洲和中亚等地。俄罗斯、非洲以及北海都是欧洲稳定的原油来源地。另外,美国为维持其全球霸权地位,遏制中印两国的发展,控制中东地区能源供应是重要手段之一。因此,中印只有联合起来不断开拓其他海外能源供应市场,才有可能打破中东的"亚洲溢价"现象,并有效应对美国的能源制衡。

历史事实表明,中印在能源寻求中,分则两败,合则两利。2005年中印竞争购买哈萨克斯坦境内的一家石油公司,2006年两国再次竞争收购尼日利亚油气田项目工作权45%权益,中国最终虽赢得了这两个竞争购买项目的购买权,但却付出了远远高于原计划的代价,两国竞争在某种意义上是两败俱伤,还使他人坐收了渔利。对此中印两国政府和企业已经认识到能源领域合作的重要性,已经有一些成功合作的例子。2005年12月,中印首次联手收购了在叙利亚的一个加拿大石油公司37%的股份,这次合作成功为两国进行能源领域国际合作起到了很好的样板作用。2006年8月中印再次联合出手,竞买到哥伦比亚石油公司50%的股份。2016年10月中印第四次战略经济对话在新德里举行,两国都表达了加强能源合作的意愿,并就联合开展能源规划、煤炭资源开发、可再生能源项目建设等一系列能源合作问题展开了深入交流。能源进口市场多样化以及"走出去"参与到能源国的能源开发项目中去,是开拓国外能源最主要的方式。由于"页岩气革命"这项新能源技术的应用,美洲、加拿大、俄罗斯、非洲东海岸以及中亚和北极近海等成了新的能源开发利用热点地区,这些地区石油、天然气资源蕴藏量丰富,这对中印来说是个具有战略意义的新机遇,若两国尽快实施双边和地区多边合作,联手开拓世界能源市场,在新兴能源区域积极展开投资,必将增强两国能源合作的稳定性和能源供应的安全性,在全球能源市场上有更大的发言权,在新的全球能源格局中占据有利位置,使两国的能源安全目标变成现实。

三、共同确保能源运输通道安全和畅通

随着经济的快速发展,中印两国都出现了能源短缺的问题,为此两国都尽可能到国际市场上开拓能源供应渠道,以应对能源紧缺现象。但两国同时存在能源运输能力不足、运输方式和运输航线单一的运输瓶颈,运输问题日益成为中印两国能源安全中迫在眉睫的问题。目前,石油依然是中国和印度能源安全的核心。中国进口石油以海上运输为主,在错综复杂的国际地缘政治背景下,中国的能源运输管道安全和能源供应链比较脆弱。中国有两条主要的海上石油运输线,其中一条是从中东或北非出发,经过苏伊士运河或霍尔木兹海峡到亚丁湾,再经过印度洋,之后进入马六甲海峡,最后通过南海后到中国沿海港口。另一条是从西非到好望角,经过印度洋、马六甲,最后通过南海后到中国沿海港口。这两条石油运输线都要从马六甲海峡经过,而中国油气进口市场主要在中东和非洲,这就使马六甲海峡处于中国石油运输通道的咽喉要道部位。

由于复杂的地缘政治矛盾,印度的能源运输通道也不通畅。印度跟周边国家因历史上的领土等问题摩擦不断,与巴基斯坦的矛盾尤为突出,其计划建设的三条天然气管道中有两条因为必须要经过巴基斯坦而被搁置了十多年。印度设计了四条石油运输管线:第一条是从伊朗开始,经过巴基斯坦,到达印度;第二条是从土库曼斯坦和哈萨克斯坦开始,经过阿

富汗和巴基斯坦,到达印度;第三条是从缅甸开始,经过孟加拉国,到达印度;第四条是从俄罗斯开始,经过中国,到达印度。由于印度和巴基斯坦、印度和孟加拉国、印度和美国以及美国和伊朗等错综复杂的地缘政治冲突和博弈,前三条设计线路一直处于搁置状态。印度也设计了三条天然气运输管道,其中两条由于必须途经巴基斯坦境内而一直处于搁置状态。马六甲海峡和索马里海域是海盗活动非常猖獗的区域,海盗活动在索马里海域尤其频繁,猖獗的海盗活动成为中印两国海上能源运输共同的安全隐患。此外,经常发生的恐怖活动和军事冲突也都威胁着中印能源运输安全。中印两国建立自贸区,在区域贸易协定的框架下可以共同维护海湾安全,更好地保护能源运输通道安全,保证能源要道通畅。

中印自由贸易区建设还可以促进两国在能源运输通道建设方面的合作。中印都有巨大的能源需求,近年来两国都在致力寻找稳定的能源供应渠道和建立安全的运输通道,不仅表现出了加强合作的意愿,而且已经开始付诸行动。印度2004年就曾提出建立伊朗—巴基斯坦—印度—缅甸—中国云南的天然气管线的建议,2006年又提出铺设俄罗斯—中国—印度石油管道的设想。2007年中国承建了印度东气西输管道这一迄今为止中印能源最大合作项目,目前海上运输是中国能源的主要运输线路,应加大陆路运输通道建设,多渠道的能源运输线路才能更好地确保能源运输安全。建立FTA可以极大提升中印两国互信,为两国在安全能源通道建设加强合作打好基础。在提高政治互信的基础上,印度还可以利用中巴的良好关系,建设印度、中国和巴基斯坦三方能源通道,这对确保印度能源通道安全意义重大,同时也可实现中国能源运输通道的多样性,提高能源供应的安全水平。除上述影响外,中印自由贸易区也是中印两国加强新能源领域合作的重要平台,在自贸区框架下便于两国加强能源技术方面的交流与合作,积极开发利用新能源,淘汰高能耗高污染产品,优化产业结构的同时又能保护环境,改善跨国公司产业转移对中印等发展中国家环境造成的破坏。

综合上述分析我们可以了解到,中印建立FTA除了能够给两国带来巨大的贸易投资等经济利益外,还能带来众多的非经济利益,这些非经济利益对于中印这样的新兴大国具有重要的战略意义,对于两国及整个亚洲维护自主的地位摆脱美国霸权主义威胁也具有重大意义。两国相互开放市场及由此带来的诸多领域合作的加强,化解分歧增强双边政治互信,进而能消除"中国威胁论"的负面影响,使亚洲及世界其他国家逐渐了解到,中国的发展不会对其他国家和整个世界造成威胁,而是世界经济和平发展的机遇,这将改变中国的国际经济与政治环境,为中国实现和平发展创造条件。这些非传统收益正是中国实施自贸区战略的重要意图,在某种意义上说,中国自贸区建设的非传统收益目标是大于对经济利益目标的追求的。因此,在从贸易投资等传统经济效益层面难以推动中印发展全面的区域经济一体化的情况下,有必要加大对中印进行区域经济合作的非经济利益的研究,并以此为主要突破口推动中印自由贸易区进程。

第七章　影响中印签订自由贸易协定的阻碍因素

从前面几章的分析我们已经了解到,中国和印度经贸关系虽有一定的竞争性但也有很强的互补性,中印自由贸易区的建立能给两国带来经济的和非经济的多方面的好处;但现实中,中印两国间还存在政治、经济、历史文化等多方面的问题,这些阻碍因素制约了中印关系的深化,也是建立中印自由贸易区的明显障碍。中印间要建立 FTA 必须深入了解并积极化解这些阻碍因素,下面从政治、经济、历史文化等多个层面分析建立中印自由贸易区面临的阻碍因素。

第一节　政治领域的阻碍因素

中印两国虽同属亚洲人口大国,经济发展阶段相近;但印度的发展水平相对落后,对中国有很强的忌惮和戒备心理,致使两国存在诸多误解和偏见难以化解,中印经贸关系因而变得错综复杂,政治因素是建立中印自由贸易区最主要的障碍。"中国威胁论"、边境频发争端、印度插手西藏问题、复杂的中印巴三角关系、美日等大国拉拢印度制衡中国的意图和举措等是建立中印自由贸易区的重要政治阻碍因素。

一、印度视中国为其大国战略的主要威胁或障碍

印度自 20 世纪 40 年代末取得国家独立以来,一直致力于追求"大国地位"。尼赫鲁在 1951 年写的《印度的发现》一书中这样写道:"印度以它现在所处的地位,是不能在世界上扮演二等角色的。要么就做一个有

第七章 影响中印签订自由贸易协定的阻碍因素

声有色的大国,要么就销声匿迹。中间地位不能引动我。我也不相信任何中间地位是可能的。"①尼赫鲁还具体提出了"大印度联邦"构想:在将来,太平洋将要代替大西洋而成为全世界的神经中枢。印度虽然并非一个直接的太平洋国家,却不可避免地在那里发挥重要的影响。在印度洋地区,在东南亚一直到中亚细亚,印度也将要发展成为经济和政治活动的中心,在那个正将要迅速发展起来的世界的一部分,它的地位在经济上和战略上是有重要性的。② 20世纪末冷战结束后,印度的综合国力迅速提高,其大国地位逐渐被国际社会认可。印度处于相对封闭的南亚次大陆中心地带,这一特殊区位优势使它的南亚第一强国地位无法动摇。长期以来,印度奉行以发展高科技、提高综合国力为核心的国家战略,力争继续巩固其在南亚和印度洋的主导地位,从地区性大国成为一个具有影响力的"世界大国"。印度对中国的发展深感不安,认为这将威胁其印度洋主导国家的地位,进而影响其在亚洲的地位,日益强大的中国军事实力将威胁印度的国家安全,经济规模差距的不断扩大和巨额贸易逆差的出现使印度担心自己的市场和企业受到伤害,并对"中国威胁论"深信不疑。2012年印度出版的外交和战略政策报告《不结盟2.0》中这样写道:"对印度来说,在可预见的将来,中国仍将是一个重大的外交和安全挑战,中国是直接冲击印度地缘政治空间的主要大国,随着中国经济和军事能力的增加,中印之间的实力差距会扩大。"③印度国内这样的观点有大量支持者,他们大力宣扬中国对印度的威胁,通过歪曲事实瓦解干扰公众的判断能力,使印度民众难以客观公正地认识和了解中国,印度人的"中国情结"羁绊了中印经贸关系的发展。印度认为中国的"一带一路"倡议的最终目的是建设中国的"中央王国",这将打乱印度以军事强国为核心的大国战略,挑战印度在印度洋地区的影响力。无论是建设中印自由贸易区还是参与孟中印缅经济走廊建设,印度的疑虑和防范心态都非常明显。

---

① [印]贾瓦哈拉尔·尼赫鲁:《印度的发现》,齐文译,世界知识出版社1996年版,第57页。
② 李晓:《"一带一路"战略实施中的"印度困局"——中国企业投资印度的困境与对策》,《国际经济评论》2015年第5期。
③ [印]思瑞坎:《印度对华对冲战略分析》,《当代亚太》2013年第4期。

印度这种"中国威胁论""情结"还根源于对1962年的中印边界冲突耿耿于怀,认为中巴友好关系以及中国和巴基斯坦在国际政治舞台上和核工业领域的密切合作是挑衅印度,新德里担心中国会帮助巴基斯坦掌握核武器技术,从而对印度形成军事威胁,印度还担心瓜达尔港口建成后中国海军可能会与自己"面对面",认为中国的西部大开发及修建青藏铁路威胁了印度的安全战略。印度一些人指出,中国通过从印度进口大量低价值的大宗商品和制造产品,来掠夺印度的资源。这种"情结"显然会阻碍中印在高端领域的深层次合作。

此外,印度历来有很强的文化优越感,因而极力阻止外来文化的冲击。这种保守的态度不仅表现在文化上,还体现在经济政策上。在进口与外资引进方面印度政府一直谨小慎微,凡涉及国计民生和军工的产品都受到印度政府的严格限制。作为WTO成员,印度充分运用了WTO协议中的有关优惠条款保护民族工业。以"国家安全"为门槛,印度政府限制中国政府和企业在基础设施和电信领域等多方面的投资,很多优质投资项目因此搁浅。印度政府不时以涉及"国家安全"为由阻止中国投资项目,2005年8月16日的《印度时报》报道,在过去五年里,印度政府已经两次利用这种方法延缓中国华为公司在印度的扩张步伐。认为印度政府的行为是在便宜的中国产品和国家安全之间的一种艰难的选择。

中印两国同属于亚洲人口大国,在树立经济大国地位的道路上,印度一直把中国视为强劲对手,此外,双方在中亚地区关于石油资源和外资引进的竞争,加剧了两国的经济摩擦,加深了印度人民对中国的误会,很多印度民众对中印深化合作进行抵制。

二、中印边界争端频发造成两国间的隔阂

中印边界争端由来已久,是英国殖民者造成的历史遗留问题。中印2000多公里的边界线有1700公里存在争议,这些争议地区从未正式划定。有争议的边界线分为3段。东段约650公里,西段约600公里,中段约450公里。西段由中国控制的争议面积约33500平方公里,中段争议地区由印度控制,面积为2100平方公里左右。9万平方公里的东段是双

方争议面积最大的区域,即我们熟悉的藏南地区,印度称其为"阿鲁纳恰尔邦",目前此区域由印度控制。有争议地区加在一起共有约12.56万平方公里,与中国福建省的面积相当。① 印方以没有法律依据的"麦克马洪线"作为其正式合法边界,并于1987年宣布成立了"阿鲁纳恰尔邦",向该地区大量移民。周恩来总理曾于1960年4月前往新德里与当时的总理尼赫鲁会谈,提出了关于边界问题的合理建议,但被印方拒绝了,会谈未取得任何实质成果。印度在1962年企图通过武力强制占领中印有争议领土,中国被迫还击并取得了胜利,印度政府歪曲事实辩称中国侵略印度,这种与事实不符的舆论造成印度人指责中国背信弃义,导致了两国人民多年的隔阂,中印关系从此进入了20年的冷冻时期。印度挑起的这场边界战争不但没有解决两国的边界分歧,反而使印度国内的许多反华势力对中国耿耿于怀,对中印经贸关系极力阻挠。20世纪70年代后期,印度开始重视对华关系,在边界谈判中一改以往的强硬态度,但从1981年年底到1987年年底双方的八次边界问题会谈均未能达成一致,印方主张的先解决东部边界问题后才谈西部边界问题成为双方僵持不下的焦点。1986年由于印度越过"麦克马洪线"建立哨所及成立"阿鲁纳恰尔邦"等行为,中印两国一度出现近距离军事对峙。

1988年时任印度总理甘地访问中国是中印关系的破冰之旅,对解决边界问题表达了积极态度,双方达成成立边界问题联合工作组的共识,在解决边界问题上传递出了积极信息。在20世纪90年代两国高层的多次互访中,两国不断达成共识,认为友好协商是解决中印边界问题的最佳方式,并作出互不使用武力或以武力相威胁的承诺,明确在边界问题最终解决之前都严格遵守双方之间的实际控制线。进入21世纪以来,中印两国的合作交往不断深入,尽管双边经贸合作不断取得新进展,中方也一直积极争取边界问题妥善解决。首轮中印战略对话于2005年1月启动,双方达成了"解决中印边界问题政治指导原则",迈出了解决边界问题的第一步,标志着中印间的战略对话机制正式启动。但边界分歧始终是中印关

---

① 刘杨建:《浅析中印关系中印度的两面性》,《法制与社会》2009年第21期。

系深入发展的牵绊,印度国内在 2008 年时任总理辛格访华时在边界问题上定下了"不准谈判"的基调。2009 年印度领导人还高调视察了"阿鲁纳恰尔邦",并向中印边境东段实际控线增兵,导致中印双方矛盾有所升级。近年来中印两国关系虽然趋于良好,但边界问题始终是两国关系发展的暗礁,稍有不慎就会使中印关系出现停滞或后退。

2017 年 6 月 18 日至 8 月 28 日长达两个多月的中印"洞朗对峙"事件是两国领土争端的一个缩影,虽然此次对峙以印方撤军结束,但印方越境行为严重侵犯了中国主权和领土完整,对中印双边关系产生了严重影响。当前,两国仍在就双方领土争议问题进行积极接触和谈判,以期早日和平解决两国领土边界问题,从而推动两国经贸关系的正常发展。2017 年 12 月 22 日,中印在新德里举行边界问题特别代表第二十次会晤。双方一致认为尽早解决边界问题符合中印两国的根本利益,双方要进一步加强沟通协调,妥善处理边界问题。几十年来,中印边界领土分歧始终没有达成一致,领土争端一直是中印经贸关系深入发展的隐患,在未来中印建立自由贸易区的谈判中,领土问题不容小觑。

三、大国因素对建立中印自由贸易区的制约

1. 美国因素的制约

美国作为全球第一大经济体,势必忌惮其他大国的崛起,更担心中印建立紧密的合作关系影响美国的霸权地位。新形势下,美国的强势特征越来越突出,力图掌控亚太地区主导权,因此美国是建立中印自由贸易区的重要阻碍因素。2017 年 12 月美国公布的《美国国家安全战略报告》中有 33 次提及中国,明确将中国视为"战略竞争对手",这是自 1987 年里根政府发布国家安全战略报告以来最严厉的措辞。维护美国在全球的领导力并防止在临近地区出现挑战美国霸主地位的力量是美国的核心利益。为了防止中印间结成战略联盟挑战美国,美国抢先采取与印度发展紧密合作关系,通过在南亚采取"重印轻巴"的策略,美国一方面阻挠中印战略结盟的形成;另一方面遏制中国的发展。为了防止中国发展成为美国的竞争对手,美国一直多方压制中国。中美关系一直既密切又敏感,随着

第七章 影响中印签订自由贸易协定的阻碍因素

双方利益的变化而不断进行调整。可以说,美印关系的不断升温,本质上是印度在亚洲的地位满足了美国牵制中国的需求。自20世纪60年代以来,印度既是美国牵制巴基斯坦和中国的王牌,更是美国全球战略的重要棋子。2000年克林顿总统访问印度,强调美印之间是"世界上两个最大的民主国家之间的合作",以表明美印关系与美中关系的区别。尽管印度不甘沦为美国牵制中国的棋子,但印度想要成为亚洲乃至世界大国,离不开美国的支持,美国还是中印经济发展依赖的主要外部市场,这种不对称的单方依赖,决定了美国对中印两国关系上拥有更高的话语权。

2001年的"9·11"事件之后,美国政府被迫将国家战略重点转向中东,对亚洲钳制的力量变小。2011年美国宣布实施"重返亚太"战略,把战略重心从阿拉伯国家重新转入亚太地区,希望在经济、外交和军事等多个方面加大对亚太地区的物质和精力投入,以此来维护美国的全球霸权,推动经济复苏。但实质上,美国最主要的意图就是利用印度牵制中国在亚太地区不断扩大的影响。而通过发展同美、日、东南亚、南亚及印度洋国家间的战略关系,对中国实施"外部制衡"是印度对华策略的重要内容。共同的战略目标致使近年来的美印关系不断升温,并在政治、经济、军事等领域的合作不断深入。印度想借助美国的力量,增强与中国抗衡的砝码。印度国内工业基础较为薄弱,军队装备多靠进口,印度已经成为美国最大的海外军事武器装备进口国。美国在军事方面为印度提供越来越多的帮助,旨在维护其在亚太地区的战略地位。与此同时,中美关系将长期延续竞争、合作博弈这一两面性特征。特朗普上台后,对中国的政策更加激进,他将美国前总统奥巴马提出的"印太"概念逐步转向政治实践,出台"印太战略"。特朗普政府提出的"印太战略"实际上与奥巴马的"亚太再平衡战略"一脉相承,突出了印度和印度洋的重要性,折射出美国战略重心东移。

美印关系的变化是制约中印关系的又一关键因素。近年来,美印之间的战略合作不断加强,制衡中国的发展是最大的动力之一,中国对此必须加以高度警惕。2014年莫迪继任印度总理后,美印关系不断升温,印度已在防务上成为美国的"准盟友",这对中印间的战略互信是极大的损害。美国在奥巴马执政期间,就与印度签署了《美印防务合作框架协议》的升级版,美国简化了对印度防务技术转让的程序,并确定加强双边的联合军工生产合作。莫迪与奥巴马间联系非常密切,继任总理后的短短两年间就四次访美,2016年8月,美国和印度间签署了《美印后勤保障协定》。美国视印度为其亚洲防务合作的重要伙伴,在技术准入和交流上也把印度视为盟友,不断密切与印度的关系正是奥巴马重返亚洲战略的重要步骤。特朗普成为总统后,继续强化美印间战略安全关系,2017年6月莫迪访问美国时,双方达成了一系列军事合作措施,美国还批准向印度出售20亿美元无人机。美国、印度这种密切关系和军事合作,不仅仅是遏制中国发展,对全球地缘政治都有严重后果。印度是上海合作组织和"金砖国家"的重要成员,而这两个没有西方大国参与的大型组织的作用有可能因美、日、印三国不断密切的关系而被削弱。敏感的中、美、印关系,不利于中印两国双边战略伙伴关系的深入发展,为建立中印自由贸易区增加了诸多复杂性和不确定性。

2. 日本因素的制约

遏制中国崛起是日本笼络印度的根本意图,日本对中印关系的干扰一直持续不断,是中印两国关系发展的又一重要的阻碍因素。为了掣肘中国的发展以及逆转自己在亚洲地区的不利处境,日本一直极力拉拢印度。由于日本企图歪曲对亚洲国家侵略的事实引起亚洲国家的强烈不满,日本想以与印度的关系作为敲门砖逆转自己在亚洲的形象。近年来随着印度经济迅速崛起,和中国一样进入"金砖国家"行列,印度对亚洲大国地位的诉求也日益凸显,印度同时认为中国是其大国路上最主要的威胁,因而对中国心存戒备和遏制之心,加上中印两国的历史积怨,使得日、印联手遏制中国成为必然。日本和印度的关系近些年来不断升温,双方不仅在经贸、政治领域密切交往,而且在军事安全层面的交往也日益频繁和深入。日、印在经贸、能源及安全保障等领域的关系不断升温,日本还不断加大对印度的经济援助规模,印度现在是接受日本援助最多的国家,远远超过中国。与此同时,印度接受日本的投资也增长迅速,2004年已有300多家制造业、IT业和能源业等日本公司到印度投资[①]。时任日

---

① 宋志辉:《试析印日关系及其对中印关系的影响》,《南亚研究季刊》2006年第1期。

本首相森喜朗2000年访问印度时与印度建立了"全球性伙伴关系",2013年5月29日,日、印两国领导人又签署了强化日本和印度全球战略伙伴关系的声明,声明指出双方将深化防卫合作。2017年9月日本首相安倍访问印度,双方发表了《面向自由、开放和繁荣的印度洋太平洋》的联合声明。声明涉及了包括加强防务和安全合作、面向繁荣的伙伴关系、增进往来和一道应对地区和全球挑战等多个领域。

印度和日本关系在朝着愈益密切方向发展的原因可以归纳为以下几个主要方面:一是日本和印度都谋求成为政治大国,存在战略利益;二是日本和印度都想牵制经济迅速增长和地区影响力不断提高的中国;三是日本方面与印度合作可以保障其海上能源运输航线安全;四是印度丰富的稀土资源成为日本加深与印度合作的重要推动力。中日关系现在面临领土问题、历史问题与军事安全互信问题,日本强占钓鱼岛事件,使原本紧张的中日局势迅速恶化,日本首相安倍参拜靖国神社又跨过了两国关系的"红线",关闭了两国高层对话的大门。在中日关系复杂而紧张的情况下印度却积极与日本交往,这种情形在某种程度上对中印关系是一种伤害,因此印日关系也是中印建立自贸区的障碍之一。

四、错综复杂的中印巴三角关系的制约

印度对中国与巴基斯坦关系一直耿耿于怀,错综复杂的中印巴三角关系制约了中印关系发展。1947年以前,印度和巴基斯坦本是一个国家,1947年印巴分治以来,由于印巴两国在领土、民族、宗教信仰等方面存在着很大的分歧,导致印巴双方政治关系剑拔弩张,长期处于对立状态。印巴之间的主要矛盾集中于克什米尔地区的归属问题。巴基斯坦是最早与中国建立正式外交关系的亚洲国家之一,也是第一个和中国建交的伊斯兰国家,因此中巴友好关系源远流长。自中巴建交后,两国一直保持友好互助关系。在和平共处五项原则的前提下,两国在政治、经济、文化、科技等方面开展了广泛深入的合作且成效显著,国际政治舞台上双方也一直互信互助。20世纪50年代,以美国为首的西方国家阻止中国恢复在联合国的合法席位,巴基斯坦顶住重重压力投票表示赞成,在朝鲜战争问题上保持中

中印建立自由贸易区的预期收益及实施策略研究

立态度,60年代的中印边界冲突中立场明确地谴责印度。

但印巴分治后,印巴间纠葛不断,积怨颇深,印巴间的敌对状态也由此成为中印关系发展的障碍。印度认为中国作为巴基斯坦的战略盟友,与巴基斯坦一样,都是印度的战略威胁,且从地理位置看,中巴友好关系使印度腹背受敌,特别是直接妨碍了印度的南亚战略。印度认为,中巴双方的任一方与印度发生冲突,另一方都将成为印度的最大牵制和威胁,这一冷战思维长期困扰着印度。中国在印度和巴基斯坦冲突不断时曾两次支持巴基斯坦。第一次发生在1965年,印度和巴基斯坦在印巴边界库其兰恩(Rann-of-Kutch)地区发生严重武装冲突,巴军从克什米尔地区败退,全力守御拉合尔,在这千钧一发的关头,应巴方力邀,毛主席决定出兵援助巴基斯坦,派出精锐部队给了印度沉重的打击,迫使印度接受和平谈判。中国第二次援助巴基斯坦是1971年,当时印巴间再次爆发复杂战事。1947年英国人在印、巴独立时,把孟加拉邦分为两部分,东孟加拉归巴基斯坦所有,西孟加拉归属印度。1970年印度在苏联的支持下从西孟加拉出兵攻打东孟加拉。在印度即将突破巴军防御的情况下,巴军求救中国。中国政府向印度发出最后通牒,要求其立刻停火,否则中国将保留采取一切措施的权利。这道声明从根本上使印度放弃了以武装彻底解决印巴矛盾的想法。中巴关系正是在中印冲突不断的背景下经受住了考验,从而确立了两国间深厚的友谊。中巴两国在政治、经济、外交、国防等各个领域相互支持、积极合作,成为好邻居、好朋友、好伙伴、好兄弟,即"四好"关系。2013年5月李克强总理开始对巴基斯坦进行正式访问,李克强在机场发表书面讲话时表示中巴是全天候战略伙伴关系,这是他接任总理以来首次出访的第二站,充分表明中国新一届政府高度重视发展中巴关系。

曾任印度驻华大使的任德嘉指出:"中国不愿看到印巴之间的持久敌对,更不愿印巴发生武装冲突,或者出现中国站在哪一边的形势。南亚地区平衡与稳定及巴基斯坦的健康发展是中国在南亚的两大主要利益。"[1]安稳的周边环境有利于中国的发展,南亚地区的和平与繁荣对中

---

[1] 张贵洪:《布什政府的南亚政策与中国的安全环境》,《南亚研究》2003年第2期。

国至关重要,因此中国处理印巴关系时会秉承公正平衡的原则。1988年时任印度总理甘地访华,标志着中印自1962年边界战争后的紧张关系结束,但中国并没有为此牺牲巴基斯坦的利益,且一如既往地坚持对印巴"一碗水端平"的原则,致力于促进两国关系走向正常化,中印携手推动南亚地区的繁荣与稳定一直是中方的真诚企盼。因此,只有印度抛开对中巴友好关系的芥蒂,三国关系方能步入良性发展的轨道。但印度一直担忧中巴两国的经济和交通关系会导致自己成为两国在南亚围堵的对象。印度的这种行为增加了两国的隔阂与敌视,对改善双边关系没有任何益处。友好的双边关系以相互信赖为前提,这需要各方放下成见,以诚相待,而做到这一点难度很大,需三方共同努力协调解决三国关系,中印巴关系若处理不好,这种三角关系始终会是中印自由贸易区推进中的阻碍因素。

五、印度频繁插手西藏问题成为中印两国关系的绊脚石

中印关于西藏问题也是英国殖民者造成的历史遗留问题。19世纪末,英国殖民者把西藏变成英国保护下的缓冲区,印度独立后想把这种特权也继承过来,为了达到这种目的,印度不断地煽动"西藏独立",并且侵占中国西藏领土,印度已经成为西藏分裂主义分子的大本营。印度对西藏问题一直采用"两面派"政策,当两国关系较好时期,印度对西藏政策就会相对克制,当两国关系处于紧张阶段,就公开插手西藏事务,纵容或支持达赖的"藏独"活动,希望将西藏从中国独立出去。印度对西藏和达赖实行的这种"模糊"政策严重伤害了中国人民的情感。印度领导人2003年曾对西藏问题作出表态,承认西藏是中国的领土,表明不再支持某些西藏人在印度从事反华活动。但印度支持"藏独"的势力依然存在,并公开支持"藏独"分裂活动。此外,印度政府不顾中国的抗议与达赖保持往来,促成达赖窜访中印两国的边境争议地区。印度频繁插手和干预西藏问题的做法成为中印两国关系发展的绊脚石,阻碍着两国关系的健康发展。西藏问题与中印两国的许多问题纠缠在一起,成为牵动中印关系神经的一个关键性因素。印度在西藏问题上的这些举动是对中国主权

的严重干涉,在一定程度上阻碍了中印政治关系及经贸关系的健康发展。

第二节 经济领域的阻碍因素

一、中印比较优势重合度高制约两国经济交往深化

中国和印度具有相似的国情和处于相近的发展阶段,同属于亚洲发展中大国,双方都拥有劳动力资源方面的优势以及技术水平和管理能力方面的不足,相似的资源禀赋、产业结构、贸易结构和需求偏好使两国的比较优势和比较劣势具有很大重合程度,双方都在劳动密集型产品和资源密集型产品的生产中占有较大优势,两国在国际贸易中的出口产品和进口产品种类有一半以上是一致的,所有这些因素导致中印两国的贸易无论在国内市场上还是在国际市场上的竞争不可避免。致使印方历来对中国产品心存戒备,"中国产品威胁论"在印度国内很有影响力,中国对印度很多产品的进出口受到印度的诸多限制。这种竞争在一定程度上制约了两国经济关系的深入发展。

1. 中印进出口商品类别的重合度分析

中国和印度对世界市场的进出口商品类别重合度高,两国在第三国市场上必然存在较激烈竞争,下面以2017年为例分析两国进出口商品类别的情况。从表7-1和表7-2可以明显看出这一点。在表7-1中,2017年中印两国出口额排名前十位的商品重合的有7章。中印重合的7章出口商品是:29(有机化学品)、61(针织或钩编的服装及衣着附件)、62(非针织或非钩编的服装及衣着附件)、72(钢铁)、84(核反应堆、锅炉、机械器具及零件)、85(电机、电气、音像设备及其零附件)和87(车辆及其零附件,但铁道车辆除外)。中国出口额排名前十位的商品类别中与印度不重合的3章出口商品是:73(钢铁制品)、90(光学、照相、医疗等设备及零附件)和94(家具;寝具等;灯具;活动房)。

在表7-2中,2017年中印两国进口额排名前十位的商品重合的也是7章,这种比例与出口相似程度是一样的。

表 7-1 2017 年中印两国出口额排名前十位的商品情况

	中国					印度			
HS章	商品类别	出口额（亿美元）	占比（%）	同比（%）	HS章	商品类别	出口额（亿美元）	占比（%）	同比（%）
	总值	22635.2	100	27.2		总值	2965.5	100	12.1
85	电机、电气、音像设备及其零附件	2890.2	12.8	9.9	71	珠宝、贵金属及制品;仿首饰;硬币	427.5	14.4	-1.1
62	非针织或非钩编的服装及衣着附件	1574.9	7.0	-0.4	27	矿物燃料、矿物油及其产品;沥青等	345.5	11.7	16.8
61	针织或钩编的服装及衣着附件	1092.2	4.8	4.4	84	核反应堆、锅炉、机械器具及零件	167.4	5.7	22.9
84	核反应堆、锅炉、机械器具及零件	1078.6	4.8	7.8	87	车辆及其零附件,但铁道车辆除外	162.9	5.5	9.6
73	钢铁制品	858.1	3.8	9.9	29	有机化学品	134.1	4.5	16.6
87	车辆及其零附件,但铁道车辆除外	737.1	3.3	17.5	30	医药品	129.4	4.4	-1.1
72	钢铁	557.6	2.5	0.8	72	钢铁	117.7	4.0	80.7
29	有机化学品	425.3	1.9	18.1	62	非针织或非钩编的服装及衣着附件	90.4	3.1	-0.2
94	家具;寝具等;灯具;活动房	357.6	1.6	-1.4	85	电机、电气、音像设备及其零附件	88.5	3	6.9
90	光学、照相、医疗等设备及零附件	169.2	0.7	0.6	61	针织或钩编的服装及衣着附件	84.0	2.8	6.1

资料来源:根据中国商务部官方网站资料整理所得,见 https://countryreport.mofcom.gov.cn。

2017 年中印两国进口额排名前十位相同的 7 章商品是:27(矿物燃料、矿物油及其产品;沥青等)、29(有机化学品)、39(塑料及其制品)、72(钢铁)、84(核反应堆、锅炉、机械器具及零件)、85(电机、电气、音像设备及其零附件)和 90(光学、照相、医疗等设备及零附件)。中印两国进口额排名前十位不同的3章商品是:61(针织或钩编的服装及衣着附件)、74(铜及其制品)和87(车辆及其零附件,但铁道车辆除外)。中印两国进口额排名前十位的商品类别都是高度重合的,这使得两国在出口市场和进口来源国市场上都存在较为激烈的竞争。

表7-2 2017年中印两国进口额排名前十位的商品情况

中国						印度				
HS	商品类别	进口额(亿美元)	占比(%)	同比(%)	HS	商品类别	进口额(亿美元)	占比(%)	同比(%)
章	总值	3797.0	100	12.0	章	总值	4469.4	100	23.6
85	电机、电气、音像设备及其零附件	1918.4	50.5	38.0	27	矿物燃料、矿物油及其产品;沥青等	1229.6	27.5	36.0
61	针织或钩编的服装及衣着附件	791.0	20.8	10.8	71	珠宝、贵金属及制品;仿首饰;硬币	745.3	16.7	54.9
84	核反应堆、锅炉、机械器具及零件	561.2	14.8	26.2	85	电机、电气、音像设备及其零附件	468.5	10.5	27.8
74	铜及其制品	517.7	13.6	14.9	84	核反应堆、锅炉、机械器具及零件	359.6	8.1	10.7
87	车辆及其零附件,但铁道车辆除外	474.8	12.5	3.7	29	有机化学品	179.9	4.0	21.6
72	钢铁	464.6	12.2	17.9	39	塑料及其制品	130.3	2.9	14.5
29	有机化学品	280.5	7.4	8.8	15	动、植物油、脂、蜡;精制食用油脂	119.0	2.7	13.1
27	矿物燃料、矿物油及其产品;沥青等	225.2	5.9	5.9	72	钢铁	100.3	2.2	15.0
39	塑料及其制品	172.9	4.6	3.7	90	光学、照相、医疗等设备及零附件	84.5	1.9	16.8

续表

	中国					印度			
HS	商品类别	进口额（亿美元）	占比（%）	同比（%）	HS	商品类别	进口额（亿美元）	占比（%）	同比（%）
90	光学、照相、医疗等设备及零附件	134.5	3.5	53.7	88	航空器、航天器及其零件	69.6	1.6	-6.4

资料来源：根据中国商务部官方网站资料整理所得，见 https://countryreport.mofcom.gov.cn。

2. 中印进出口市场的相似性分析

中印两国不仅在进出口商品类别上有较大的重合度，而且两国进出口的贸易伙伴重合度也比较高，因此两国出口市场上存在较大竞争性。下面以2017年的数据为例加以分析，表7-3和表7-4是2017年中印两国进出口额排名前十位的贸易伙伴情况。

表7-3　2017年中国进出口额排名前十位的贸易伙伴情况

主要出口市场			主要进口市场		
国家	金额（亿美元）	同比（%）	国家	金额（亿美元）	同比（%）
总值	22635.2	7.9	总值	18409.8	15.9
美国	4297.5	11.6	韩国	1775.1	11.7
日本	1373.2	6.2	日本	1656.5	13.8
韩国	1027.5	9.6	美国	1539.4	14.5
印度	720.5	21.2	德国	969.5	12.6
越南	716.2	17.2	澳大利亚	948.2	34.2
德国	711.4	9.1	荷兰	671.3	16.8
荷兰	671.4	16.7	马来西亚	544.3	10.5
英国	567.2	1.8	越南	503.7	35.5
新加坡	450.2	1.2	泰国	416.0	8.0
马来西亚	417.1	10.7	俄罗斯	412.0	27.8

资料来源：根据中国商务部官方网站资料整理所得，见 http://www.mofcom.gov.cn。

表 7-4 2017 年印度进出口额排名前十位的贸易伙伴情况

主要出口市场			主要进口市场		
国家	金额（亿美元）	同比（%）	国家	金额（亿美元）	同比（%）
总值	2965.5	12.1	总值	4469.4	12.1
美国	298.2	-3.3	中国	246.5	9.3
阿联酋	124.8	39.3	美国	231.0	19.9
中国	111.7	46.0	阿联酋	210.8	14.1
新加坡	89.6	4.5	沙特阿拉伯	205.0	36.9
英国	82.8	15.9	瑞士	162.5	31.0
德国	81.6	36.3	印度尼西亚	161.4	32.2
越南	78.4	22.8	韩国	152.7	52.9
孟加拉国	62.3	15.8	伊拉克	143.6	60.8
比利时	58.2	10.2	澳大利亚	128.1	10.4
尼泊尔	459.0	10.3	德国	720.5	18.8

资料来源：根据中国商务部官方网站资料整理所得，见 http://www.mofcom.gov.cn。

从表 7-3 和表 7-4 中可以看出，中印出口和进口的贸易伙伴重合度都比较高，从出口市场来看，在排名前十位出口贸易伙伴中两国有 5 个出口市场是一致的，分别是美国、越南、德国、英国和新加坡，两国各自排在前十位的出口市场重合度为 50%。从进口来源市场看，中印两国排在前十位的进口贸易伙伴中重合的有 4 个国家，分别是韩国、美国、德国和澳大利亚，两国前十位进口贸易伙伴的重合度为 40%。综合来看，中印两国的主要进出口市场都集中于美、欧和亚洲主要经济体，因此中印两国出口的同类商品在这些市场上必然存在竞争，同时也导致中印没有从对方市场上获得更多自己需要的产品和市场。中印在国际市场上的这种竞争格局在一定程度上制约着两国经济交往的深化，对中印自由贸易区的建立有一定的阻碍作用。如果建立中印自由贸易区，取消大多数贸易限制，两国将更多进入对方市场，极大促进中印两国的经贸关系发展，巨大的贸易创造效应会降低中印对美欧市场的过度依赖，降低发达国家市场不断加强的贸易保护主义给两国带来的伤害。

二、印度的高关税壁垒阻碍中印自由贸易区构建

印度是一个非常重视民族产业发展的国家,印度的对内对外政策中始终坚持内向型的经济发展战略,这种战略严重制约了其外部经济空间的拓展。虽然印度政府在20世纪90年代实施了一系列经济改革,但其经济体制并无实质性改变,印度的外贸体制格局依然相对保守。印度政府通过设置关税壁垒和大量非关税壁垒来减少进口商品对国内产业的冲击,高关税政策就是印度内向型经济战略的直接体现。印度是世界少有的高关税国家之一,高关税壁垒是中印自由贸易区建立的又一难题。

印度不仅关税水平一直居高不下,且涉及产品范围甚广。这种高关税的制度,一方面确保了国内必需品供应不被进口商品控制;另一方面通过扶持民族工业的发展提高了印度在对外贸易中的地位,同时增加政府的财政收入。尽管20世纪90年代以来印度逐步降低了一些关税,并取消了一些进出口附加税,但印度仍然属于世界范围内的高关税国家,而中国的关税水平早已低于世界上大多数国家,继续削减关税的空间不大,所以印度商界担心降低关税只会单方面导致对中国产品的进口增加,难以增加印度对中国的出口,印度生产商将难以从建立FTA中受益。

表7-5是2016年中印两国的关税水平。印度无论是总关税水平还是农产品平均关税水平和非农产品平均关税水平都高于中国,印度关税水平最高的是农产品关税,印度的普通关税是其最惠国税的3倍以上,差异很大。

表7-5　2016年中印两国的关税水平　　（单位:%）

关税 国家	总关税水平		农产品平均关税		非农产品平均关税	
	普通关税	最惠国关税	普通关税	最惠国关税	普通关税	最惠国关税
中国	10.0	9.9	15.7	15.5	9.1	9.0
印度	48.5	13.4	113.5	32.7	34.5	10.2

资料来源:根据WTO官方网站资料整理所得,见http://stat.wto.org/TariffProfile。

从表7-5数据看,2016年印度的普通关税总水平为48.5%,最惠国关税总水平为13.4%,农产品平均关税的普通关税和最惠国关税分别为

113.5%和32.7%,非农产品平均关税的普通关税和最惠国关税分别为34.5%和10.2%。2016年中国的普通关税和最惠国关税总水平分别为10.0%和9.9%、农产品平均关税的普通关税和最惠国关税分别为15.7%和15.5%、非农产品平均关税的普通关税和最惠国关税分别为9.1%和9%,可以看出中国的普通关税和最惠国关税基本一致,而且都大大低于印度。表7-6是中印两国2016年的分产品最惠国关税情况。

表7-6　2016年中印两国分产品关税水平　　　（单位:%）

产品类别	印度关税	中国关税
动物产品	31.1	14.2
乳制品	33.5	12.3
水果、蔬菜、植物	29.4	14.8
咖啡、茶	56.3	14.9
谷类产品	31.3	23.0
油籽、动植物油	35.2	10.9
糖	35.9	28.7
酒、饮料、烟草	68.6	23.5
棉花	6.0	18.0
其他农产品	22.3	11.8
鱼类及鱼产品	29.9	10.7
矿产品和五金	8.2	7.8
石油	4.2	5.3
化工产品	7.9	6.7
木材、纸	9.0	4.5
纺织品	11.7	9.6
服装	12.3	16.0
皮革制品、鞋类	10.1	13.5
非电力机械	7.1	8.2
电力机械	7.3	8.9
运输设备	19.3	11.4
制成品	8.8	12.1
平均关税	13.4	9.9

资料来源:根据WTO官方网站资料整理所得,见http://stat.wto.org/TariffProfile。

第七章　影响中印签订自由贸易协定的阻碍因素

随着20世纪90年代印度国内进行经济改革和市场开放,印度国内的非农产品市场限制逐渐放宽,大幅度下调了非农产品关税水平,但印度一直严格限制农产品进口,对农产品征收很高的关税。在表7-6列出的22类产品中,印度有15类产品的关税高于中国,有7类略低于中国,印度尤其在乳制品、动物产品、水果、蔬菜、植物、咖啡、茶、谷类产品、酒、饮料、烟草、鱼类及鱼产品和其他农产品等类别的农产品上,关税水平大幅度高于中国。中国相关产品关税水平则较低。表7-7为印度2016—2017财政年度农产品进口关税情况。

表7-7　2016—2017财政年度印度农产品进口关税情况

HS编码	进口关税
01	30%
02	30%
03	30%
04	30%(其中040210,040221和0409"天然蜂蜜":60%;0405"黄油和源自牛奶及奶制品的脂肪和油脂":40%)
05	30%(050710最惠国关税:20%)
06	0601—0602:10%;0603:60%;0604:30%
07	30%(070320"大蒜":100%;071310"豌豆":50%),最惠国关税较普通关税少10%
08	30%(其中080111,080112和080119:70%;080280—080290:100%;080510,080550和080610:40%;080540,080940和081320:25%;080810:50%;080620:105%;080830—080840:35%),除080131(最惠国免税),080211和080212外,最惠国关税较普通关税少10%
09①	0901—0902:100%;0903,0905—0906,0909—0910:30%;0904,0907:70%;090811,090821—090822:30%;090831—32:70%
10	1001:100%;1002—1004,100810,100830—100860,100890:免税;100510,100630和100821:70%;100590:60%;100610,100640和1007:80%
11	30%(110710:40%;110812,110814,11081910和11081990:50%)

---

①　09章农产品中,0901最惠国关税为少于13派萨/千克:100%;0902和0903最惠国关税为少于26派萨/千克:100%;090411—090412,0907和090831—090832最惠国关税为62.5%;090811—090812最惠国关税为22.5%。

续表

HS 编码	进口关税
12	30%（1203,120791：70%；120991 和 120999：10%），1201—1207 最惠国关税较普通关税少 10%（除 120991 和 120999）
13	30%
14	30%
15	1501,1503—1506,1516—1522：30%；1502：15%；150909：40%；1507,150910,1510：45%；1514：75%；1508,1511—1513,1515：100%；1507—1515 最惠国关税较普通关税少 10%
16	30%（其中 1601：100%；160232：100%）
17	1701：100%；1702—1704：30%；170410：45%
18	30%
19	19011010,19011090,1903：50%；190120,190190,1902,1904,190510—190520,190540 和 190590：30%；190531,19053211,19053219 和 19053290：45%
20	30%（其中 200410,200911,200912 和 200919：35%）
21	30%（其中 201690：35%）
22	2201—2202,220720 和 2209：30%；2203：100%；2204—2206,22071011,22071019,22071090 和 2208：150%
23	30%
24	30%（其中 24021010—24021020：60%）
5201—5203	5201：10%；5202：15%；5203：30%

资料来源：Central Board of Excise and Customs-Department of Revenue, Ministry of Finance, Government of India。

从表 7-7 可以看出，印度农产品关税呈现出以下特点：普通关税税率较高且跨度大。印度农产品普通进口关税大多为 30%，最高进口关税为 150%，最低为零关税；最惠国关税仅比普通关税少 10%，且适用最惠国关税的农产品种类也相对较少。印度仅对 05、07、08、09、12、15 章的部分农产品适用最惠国关税。而中国的普通进口关税虽然相对较高，但最惠国进口关税则在 5%—20% 的浮动区间，且覆盖农产品种类也较为广泛，同时中国积极倡导自由贸易，积极推动双边和多边自贸区建设，也使得中国农产品贸易自由化程度较印度更高；较高关税税率主要集中于 09

咖啡、茶、马黛茶、香料，10 谷物，15 动、植物油、脂、蜡；精制食用油脂，17 糖和糖食及 22 饮料、酒和醋等初级产品（包括部分章节的四分位或六分位农产品，如 0409 天然蜂蜜、070320 大蒜等），而对于加工类农产品和农业制成品的关税则相对较低。可见，印度出于保护本国农业和农产品的发展的目的而设置的关税壁垒较为严苛，此举严重阻碍了中印农产品贸易的正常发展。

总之，印度农产品的关税水平不仅高于中国，也比世界农产品平均关税水平高出很多。虽然中印两国早已在《曼谷协定》下签署了最惠国协议，但相比中国的最惠国关税，印度设定的最惠国关税要比中国高很多，而且印度实施最惠国关税的农产品种类也比中国少。农产品在各类自贸区的谈判中都是最敏感的产品类别，谈判难度较大。印度实施的农产品高关税政策必定使中印自由贸易区谈判难度更大，是建立中印自由贸易区的严重障碍。虽然近年来印度非农产品的关税水平有所下降，但其关税水平比中国高，建立中印自由贸易区时的关税减让幅度也会更大，从自由贸易区建设中获利可能不如中国高，印度工商界对此也很担忧。居高不下的关税壁垒不但使其他国家或地区的产品对印度市场望而却步，也使印度对中印自由贸易区心存顾虑。

三、中印货物贸易逆差不断扩大引起印度的顾虑

近年来，随着中印双边贸易不断扩大，两国的贸易逆差问题日益凸显，给两国贸易进一步发展抹上了一层阴影。图 7-1 是 2000—2017 年印度对中国贸易逆差变动情况。

通过第三章的分析我们已经了解到，2005 年之前中印双边贸易基本平衡，间或互有小幅顺差或逆差。从 2006 年开始，中印两国间贸易差额情况发生逆转，印度一直处于逆差状态，而且逆差额随着中印双边贸易的发展不断扩大。2006 年印度对中国的贸易逆差额只有 43.04 亿美元，2007 年逆差额扩大到 93.94 亿美元，2008 年突破 100 亿美元，达到 113.26 亿美元，2012 年更是达到了 390.9 亿美元。2013 年中国对印度出口出现了波动，下降幅度较大，双边贸易逆差也有所回落。由于中印间出

（单位：亿美元）

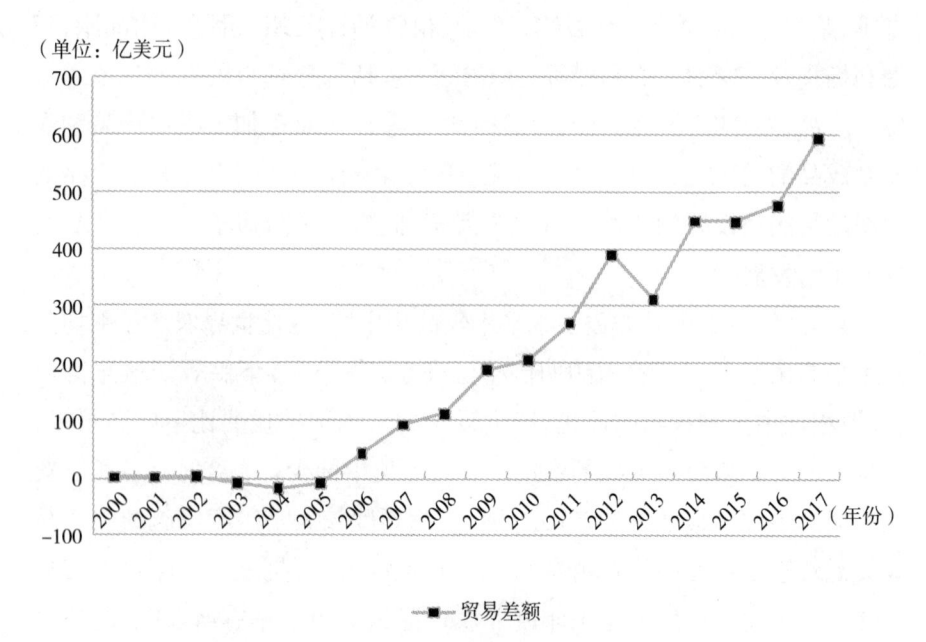

─■─ 贸易差额

图7-1　2000—2017年印度对中国贸易逆差变动情况

注：根据表3-2数据计算并绘制。

现政治关系紧张，印度针对中国的贸易保护加强，在2015年和2016年两国间贸易水平处于停滞状态，贸易逆差没有明显变化，2017年中印双边进出口贸易出现了较大的回升，贸易总额高达845.4亿美元，增长幅度为21.4%，印度对中国的贸易逆差进一步扩大，同比增长了15.2%，达到了创纪录的595.7亿美元。中印逆差额由2006年的43.04亿美元增长到2017年的595.7亿美元，增加了12.8倍。

自2005年中印签署《中华人民共和国与印度共和国联合声明》宣布建立战略合作伙伴关系以来，双方都推出一系列促进两国经贸合作的相关政策，印度对中国出口增长缓慢的主要原因在于结构性问题，印度出口的主要是不可再生资源和铁矿石等，这种资源型产品出口难以大幅度增加。印度的工商业者对不断扩大的中印贸易逆差产生了很大压力和忧虑，他们担心建立中印自由贸易区将使中国产品对民族工业的冲击进一步加剧。由于印度对中国的出口存在结构性问题，从原材料资源型产品出口转变为多样化对华出口并非易事，因此中印贸易失衡问题短期内难以有根本性改变。贸易逆差的扩大致使印度频繁对中国实施贸易救济措施,给中印经贸关系的深入发展蒙上一层阴影,也阻碍了中印自由贸易区的建立。

四、印度持续多年对中国反倾销数量位居世界第一

20世纪末期以来伴随着中印两国的贸易往来日益频繁,印度对中国实施贸易保护措施的次数也水涨船高,愈演愈烈。尤其是2008年全球金融危机以来,随着印度对中国的贸易逆差不断扩大,印度方面针对中国的贸易保护进一步加剧,除反倾销等传统贸易壁垒外,印度更将贸易救济措施和歧视性限制措施作为贸易保护的新武器,印度对华贸易保护呈现出产品范围更广、涉及金额更大的趋势。印度对华频繁的反倾销调查还导致了连锁反应,致使其他发展中国家纷纷效仿,也纷纷对中国商品进行反倾销,严重恶化了中国外贸环境,增加了中国出口企业的贸易风险。目前,印度是世界范围内对中国实施贸易保护措施最多的国家,这些贸易保护措施种类繁多,其中反倾销使用频率最高。自印度1994年对中国发起第一起反倾销调查以来,印度针对中国企业的反倾销呈愈演愈烈之势,在全球针对中国的反倾销总量中印度已多年位居第一,是对中国进行反倾销最多的国家。据中国商务部的统计数据显示,截至2017年年底,印度已经对中国发起了211起反倾销,其次是美国和欧盟,同期已分别对华发起了146起和131起反倾销。[①]

由于印度拒绝给予中国市场经济地位,致使印度对中国企业的反倾销变得非常容易,由于有自由裁量权,印度采用替代国价格作为中国企业的正常价值,这对中国相关涉案的企业是极其不公平的,很容易被裁定为倾销。除了WTO反倾销规则本身存在漏洞外,印度本身的反倾销程序非常繁杂,操作透明度很低,因此在实施反倾销时,印度的主管机构拥有的自由裁量权极大,裁决的随意性也极强,裁定的倾销幅度过高,这就助长了印度对反倾销手段的滥用。2008年全球金融危机以前,反倾销是印

---

① 资料来源:WTO官方网站,见 https://www.wto.org。

度对中国企业采取的主要贸易保护措施和手段,自 2008 年全球金融危机爆发以后,印度针对中国的贸易保护手段有了新特征。

1. 反倾销产品范围不断扩大

从涉案产品范围来看,化工产品及其相关产品是印度对中国反倾销的主要领域,化工产品遭受的反倾销数量居印度对华反倾销之首,其次是纺织品、钢铁产品、日用品及药品等,这几个领域遭受的印度反倾销案件数量占总案件的比例约为 80%,而针对化工产品的反倾销调查一直占据 50%之上的比例,但涉案商品范围有扩大之势。自 2003 年以后,印度对中国的反倾销的产品范围不断扩大,除上述传统领域外,纺织品和塑料橡胶产品也不断受到印度的反倾销调查。2005 年全球纺织品配额取消是印度加大对中国纺织品反倾销力度的主要原因。2008 年印度对中国产品发起 15 起反倾销调查,其中化工产品占 3 起,其余涉及汽车 3 起、机械 2 起、钢铁 2 起、纺织 2 起和其他产业 3 起。[①] 2017 年 3 月印度对从中国进口的渔网展开反倾销立案调查,2017 年 3 月印度对从中国进口的玻璃器皿展开反倾销立案调查。这说明印度对中国的贸易保护措施涉及产品的范围越来越大。

2. 涉案金额迅速增高

据中国商务部统计,1994—2004 年,虽然印度对中国发起的反倾销案件较多,但涉及的金额并不很大,2002 年印度对中国发起的 14 起反倾销调查案件累计涉案金额为 0.63 亿美元。2003 年和 2004 年反倾销调查案件累计涉案金额分别为 0.283 亿美元和 0.227 亿美元。2005 年后,印度对中国的反倾销涉案金额呈陡然上升之势,2005 年发起的 10 起反倾销案件累计涉案金额 2.81 亿美元,同比增长 1138%。2007 年印度发起的 10 起针对中国的反倾销涉案金额为 8.34 亿美元,2008 年翻了一番,涉案金额高达 16.7 亿美元,其中对中国的青霉素工业盐的反倾销单项调查涉案金额就高达 2.5 亿美元,自此之后,印度对华单次高额反倾销调查频发。"2009 年印度仅对我国产品同字传输系统(SDH)的反倾销立案涉案金额就高达 8.8 亿

---

① 资料来源:中国贸易救济信息网,见 http://www.cacs.gov.cn。

第七章　影响中印签订自由贸易协定的阻碍因素

美元,这也是中国高科技产品在印度遭受的首起反倾销调查。"[1]2015年10月印度对2.1亿美元的中国进口瓷砖进行反倾销调查,2016年8月发布对从中国进口的5.3亿美元热轧板征收反倾销税的终裁。[2] 印度持续对高额中国进口产品进行反倾销,且涉案金额不断攀升。

3. 对中国产品征收较高的反倾销税,贸易保护措施实施力度非常大

进入21世纪以来,随着各国纷纷降低关税,印度也逐步削减了高关税,但其关税水平仍然较高,各种非关税壁垒也十分严重。印度对华产品征收反倾销税的幅度,除某些产品在10%以内外,绝大多数产品征收反倾销税的幅度都很高。2004年,印度商工部对原产于中国的窄织布作出的反倾销初裁的倾销幅度高达355%。2015年12月印度对中国的三聚氰胺的反倾销作出日落复审终裁,裁决结果是对原产于中国的三聚氰胺每吨征收331.10美元反倾销税,为期5年,2017年2月印度对原产于中国的双氯芬酸钠反规避调查作出终裁,反倾销税高达每吨2715美元。2017年4月印度对原产于中国的合金以及非合金冷轧扁钢产品征收每吨576美元的反倾销税。[3] 印度对中国产品的反倾销制裁幅度远远高过欧美国家对中国反倾销的制裁。如此高的反倾销制裁幅度,极大削弱了中国企业在印度市场的竞争力。

与此同时,中国企业对印度的反倾销调查出面应诉的比率却很低,由于大部分中国企业对印度反倾销的相关立法不够了解,即使偶尔有去应诉的企业,也难以达到维护自身权益的目的,加上印度一直视中国为非市场经济国家,导致应对印度反倾销立案的中国企业胜诉的可能性很低,绝大多数印度对华反倾销案件最终以反倾销成立结案,中国企业被征收高额反倾销税,一些难以承受高额反倾销税的企业不得不退出印度市场。除反倾销之外,印度还对中国滥用贸易救济措施和歧视性限制措施,例如,对中国的玩具、牛奶等产品颁布进口禁令,还对部分中国钢铁产品施

---

[1] 孙芳:《印度对华贸易救济的思考》,《山西财经大学学报》2009年第S2期。
[2] 资料来源:中国贸易救济信息网,见http://www.cacs.gov.cn。
[3] 资料来源:中国贸易救济信息网,见http://www.cacs.gov.cn。

行强制认证并重复征收进口税等。而中印间还缺少有效应对贸易摩擦的双边机制,频发的贸易纠纷处理起来困难重重。印度的这些做法严重影响了中印经贸关系的正常发展,也严重影响了中印自由贸易区的构建。

五、印度把"非市场经济地位"当作制衡中国的战略武器

2001年中国加入世界贸易组织时不得已接受了关于非市场经济地位的条款,这一内容主要体现在《中国入世议定书》的第15条,"在根据GAT1994第6条和《反倾销协定》确定价格可比性时,该WTO进口成员应依据下列规则,使用接受调查产业的中国价格或成本,或者使用不依据与中国国内价格或成本进行严格比较的方法。……如受调查的生产者不能明确证明生产该同类产品的产业在制造、生产和销售该产品方面具备市场经济条件,则该WTO进口成员可使用不依据与中国国内价格或成本进行严格比较的方法"①。关于确定"非市场经济地位"设立的某些标准显而易见是有意刁难像中国这样所谓的"非市场经济国家",这些标准根本不具备合理的国际法依据,完全是一种针对特定国家的歧视性做法。对于中国"非市场经济地位"的实施期限,《中国入世议定书》第15条作出了明确规定,指出该规定应在加入WTO 15年后立刻终止,即2016年12月11日终止,所有WTO成员都应履行该国际规则。

一直以来,印度以中国不能提供土地法律、最低工资和财务会计制度等信息而无法评估中国产品的价格为理由,拒绝给予中国"市场经济地位"。而事实上,印度是将"市场经济地位"问题当成了战略武器来使用,以达到制衡中国的目的。2009年前印度商工部负责反倾销事务的古帕兰(Gopalan)曾经表示,中国之所以成为被印度反倾销最多的国家,主要是因为中国仍然是非市场经济国家,确定其产品的正常价格很困难,尤其是由于大量补贴的存在,其产品成本未能反映市场的真实状况。"非市场经济地位"问题严重影响中国产品在印度市场的竞争力,从而打压中

---

① 《中国入世议定书》翻译组:《中国入世议定书》,上海人民出版社2001年版,第291页。

第七章 影响中印签订自由贸易协定的阻碍因素

国产品出口,印度达到了保护其国内产业的目的。

在与其他国家开展自由贸易区的谈判时,中国一向把承认中国的"市场经济地位"问题作为自贸协定谈判的重要前提,"非市场经济地位"问题也给中国的自贸协定谈判带来了诸多困扰。目前中国已经签订的双边自由贸易区伙伴国,均已承认了中国的市场经济地位。印度给予中国"市场经济地位"也是中印自由贸易区建立的前提条件。在2005年的WTO部长级会议上,印度时任商务部部长卡玛尔·纳什也明确说过这一点:印度承认中国的市场经济地位是两国签署自由贸易协定的前提条件。世界贸易组织确定的15年实施期限早已到期,目前,全世界有80多个国家承认中国完全市场经济地位。但印度和美国、欧盟一样至今仍拒绝给予中国"市场经济地位",两国间多次相关谈判未取得实质进展,中国产品在印度的合理权益无法保障。因此,印度不承认中国市场经济地位成为制约两国经贸合作进一步发展和建立中印自由贸易区的一个重要瓶颈。

第三节 历史文化及其他领域的阻碍因素

一、中印文化观念差异较大且相互交流机制缺乏

历史发展表明,同质文明间更容易产生亲和力和吸引力,在观念和行为上更容易相互理解和包容,从而能够更好地沟通与交流。而中印两国间文化观念差异很大,现实中又缺乏交流,从而制约了两国间经济合作机制和互利共赢的大国合作模式的构建。

中国和印度都是东方文明古国,历史上也曾进行过较密切的文化交流。产生于古印度的佛教与中国的儒家思想有异曲同工之妙,因而佛教在传入中国后被广泛流传,但佛教在印度的诸多教派中并未占有主流地位,印度人的主体精神支柱是印度教,因此印度人民的生活习惯和民俗风情都带有浓厚的宗教色彩。此外,西方文化在一定程度上影响着印度的文化、社会制度、商业礼仪等。中印两国的文化差异,造成中印两国在生活习惯、思维方式、社交礼仪、精神信仰等多方面的诸多隔阂,甚至在是非标准和价

值观念上都存在分歧,中印间许多难以调和的矛盾都受到文化差异的深刻影响。文化的差异一直使两国人民的沟通困难重重,进而影响中印的双边经贸合作,是构建中印自由贸易区必须认真对待的阻碍因素。

二、中印彼此的认知长期存在误解和偏见,民间交流不畅

1962年中印边界战争和印度政府对历史事实的歪曲导致了两国人民多年处于隔阂状态,两国民间的交流一直不顺畅,从而造成两国百姓在相互认知上存在偏见和误解,很多印度人对中国的了解还停留在20世纪五六十年代的程度,一些印度人认为上海比孟买落后得多,甚至认为印度的铁路比中国的好等等。[①] 一方面,印度的舆论多元化导致媒体对中国的评价褒贬不一,大量负面报道使中国的形象大打折扣。除部分从事中印经贸往来人士之外,大部分印度人对中国缺少正面了解甚至误解。另一方面,中国普通百姓对印度也存在很多片面的认识和偏见,中国很多人认为佛教起源于现在的印度,以为印度是经济发展水平很落后的国家,并通过一些媒体或电影展示印度贫穷肮脏、基础建设落后、频繁缺电缺水、通信技术落后等负面形象。此外,我们的一些媒体对印度的报道时有出现如巨大的贫富差距、频繁的宗教冲突、高额的从业交易成本、频繁更替的政局等等字眼。事实上,飞速发展的经济使得印度社会正发生日新月异的变化,近年来印度的经济增长速度已经超过中国,而且发展潜力很大,印度发展过程中有很多值得我们学习和借鉴的地方。

加强民间的沟通以及文化的交流,是国家间开展进一步合作的基础与桥梁,但中印之间的民间交流却很少,与迅速发展的两国经贸往来不相称。旅游是促进国家间民间交往的重要途径,下面以旅游为例分析中印民间交往情况。随着改革开放和中国经济发展带来人们生活水平的提高,中国出境旅游人数迅速增长,中国目前是亚洲最大的旅游输出国,但中印间旅游合作还处于进展缓慢的起步阶段。如表7-8和图7-2所示。

[①] 吴永年:《"中印大同"的战略思考》,《解放日报》2008年1月15日。

第七章 影响中印签订自由贸易协定的阻碍因素

2000年印度来中国旅游的人数只有12.09万人,中国去印度旅游的人数是1.44万人。2006年是"中印友好年",印度来华旅游人数增加较快,达到40.51万人,但同期印度接待的中国游客只有6.23万人。2007年是"中印旅游友好年",中国出境人数达到了4095.4万人[①],而去印度旅游的中国游客是8.81万人,只占中国当年出境总数的0.2%,远远低于同期中国到泰国的旅游人数82.7万人。2009年中国出国旅游人数约为4760万人,旅游消费超过了420亿美元,但去印度的中国游客只有10.02万人,虽然比2007年有所增加,但仅占中国全年出国旅游人数的0.21%,比去泰国的中国游客少得多(84.1万人),2009年印度到中国旅游的人数也只有44.89万人。

最近十多年来中印两国间旅游人数增长速度有所加快,2000—2016年印度到中国旅游的人数增加了5.6倍,中国到印度旅游人数增加了16.5倍,但总量仍然不高,2016年印度来中国旅游人数为79.97万人,中国到印度旅游人数为25.13万人,2016年中国居民出境人数为13513万人[②],中国到印度旅游的人数还不到出境人数的0.2%,2017年印度到中国旅游人数有小幅增加,但中国到印度旅游人数出现了下降,同比下降了1.6%,而同期中国出境旅游高达1.31亿人次,比2016年同期增长7%。这说明,中印两国间旅游人数虽然整体呈增长势头,但幅度并不大且不稳定。2015年以来中印两国互办"旅游年",以促进双边旅游合作,但中印的旅游合作仍然进展缓慢,处于起步的初级阶段,与两国的经济规模和丰富的旅游资源极不相称。

表7-8 2000—2017年中印两国之间入境旅游人数及增长情况

年份	印度到中国旅游人数(万人)	印度到中国旅游人数增长率(%)	中国到印度旅游人数(万人)	中国到印度旅游人数增长率(%)
2000	12.09		1.44	
2001	15.94	31.8	1.39	−3.5
2002	21.36	34.0	1.54	10.8

---

① 资料来源:国家统计局官方网站,见 http://data.stats.gov.cn/easyquery.htm? cn=C01。
② 资料来源:国家统计局官方网站,见 http://data.stats.gov.cn/easyquery.htm? cn=C01。

续表

年份	印度到中国旅游人数（万人）	印度到中国旅游人数增长率（%）	中国到印度旅游人数（万人）	中国到印度旅游人数增长率（%）
2003	21.91	2.6	2.12	37.7
2004	30.94	41.2	3.41	60.8
2005	35.65	15.2	4.49	31.7
2006	40.51	13.6	6.23	38.8
2007	46.25	14.2	8.81	41.4
2008	43.66	-5.6	9.81	11.4
2009	44.89	2.8	10.02	2.1
2010	54.93	22.4	11.95	19.3
2011	60.65	10.4	14.22	19.0
2012	61.02	0.6	16.90	18.8
2013	67.70	10.9	17.47	3.4
2014	71.00	4.9	18.10	3.6
2015	73.05	2.9	20.63	14.0
2016	79.97	9.5	25.13	21.8
2017	82.2	2.8	24.72	-1.6

资料来源：根据国家统计局官方网站资料整理所得。

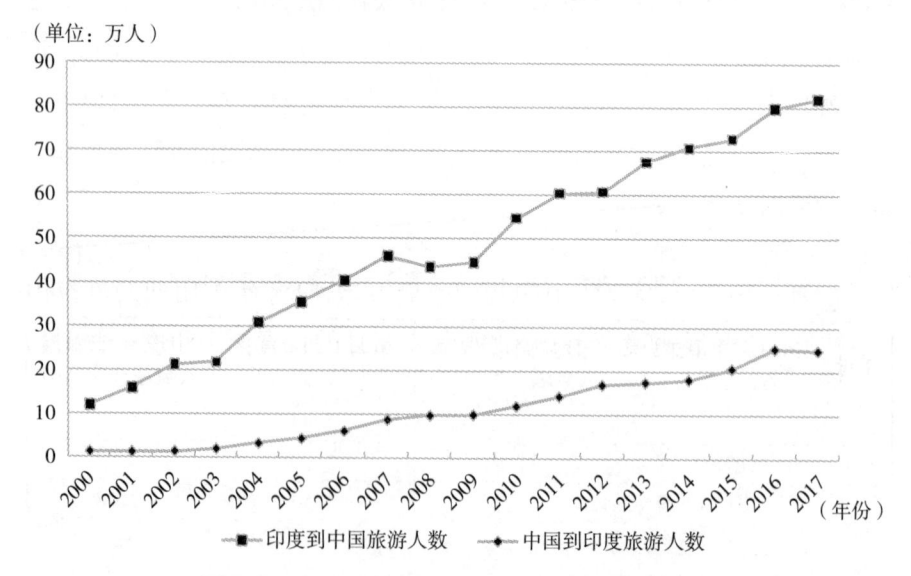

图7-2　2000—2017年中印两国之间入境旅游人数

注：根据表7-8数据绘制。

第七章　影响中印签订自由贸易协定的阻碍因素

在汉语学习方面印度的态度也不积极,据孔子学院总部/国家汉办官方网站统计,截至2019年3月,印度仅有4所孔子学院、2个孔子课堂,而韩国有23所孔子学院、13个孔子课堂。日本有15所孔子学院、8个孔子课堂。泰国有16所孔子学院、20个孔子课堂。[①]

文化交流的缺乏,导致中印两国人民彼此误解和相互排斥,不利于甚至阻碍中印经贸关系的正常发展,更不利于中印自由贸易区的构建。需要政府和民间多层次扩大两国人民的沟通往来,加强两国人民的友好互访,创新双边旅游合作模式,鼓励留学生到对方国家进行学术、文化及艺术等方面交流,以加深两国人民的友谊与谅解,消除相互间的误解和偏见,为发展中印友好关系和尽快建立中印自由贸易区创造良好的基础和更加宽松的人文环境。

三、恶劣的地理环境和落后的交通设施是建立中印自由贸易区的瓶颈

中印经贸关系一直受到两国边境地区恶劣的自然地理环境和落后的交通等基础设施条件影响,而这也成为制约中印自由贸易区建立和发展的瓶颈。中印两国互为邻国,边境线漫长,历史上作为重要的贸易通道,分别被称为南、北方丝绸之路;但喜马拉雅山的阻隔使两国间的交通设施建设困难重重,中印间至今没有互通的公路和铁路,交通运输非常困难。中印两国虽有漫长的边境线,但边境地区多为高原山地,层峦逶迤,地形复杂,同时气候复杂多变,自然地理环境恶劣,这成为制约中印两国贸易发展的自然因素。2003年中印两国重新开放1962年关闭的乃堆拉山口,作为通道开展边境贸易;开放西藏亚东县的仁青岗至印度一侧的昌古,作为边贸市场,经乃堆拉山口的边境贸易于2006年7月正式启动。由于自然地理环境恶劣,气候多变,连通中印两国的陆上通道地形崎岖,加上公路铁路等交通基础设施严重落后,中印陆上运输只能通过狭窄山口间断地进行,因此通过乃堆拉山口的边境贸易规模很小。

---

① 资料来源:孔子学院总部/国家汉办官方网站,见 http://www.hanban.org/。

中印的商品贸易主要通过海上运输的方式进行,海上运输时间长,易受天气等自然环境的影响,通过成本相对较高的空运的方式进行运输,这便大大增加了两国商品贸易的运输成本。商品从加尔各答港运至广州有7990公里,运到上海达9514公里,超过从上海到达日本横滨的1940公里的距离,甚至超过从上海到达美国檀香山的8240公里和到达加拿大温哥华的9450公里的运程。机器设备和矿砂等传统大宗商品交易和鲜果蔬菜等农产品贸易受交通不便和成本高的影响最大。同时海上运输还容易面临政治和战略风险,中印贸易的主要海上通道是马六甲海峡,它是连接东亚与南亚的咽喉要道,具有十分重要的战略意义,一旦出现地区动荡,中印两国的海上运输则会受到重大影响。因此开通中印之间的陆路运输线迫在眉睫,这条运输线选择从中国云南省出境经缅甸再进入印度最为合适,这样可以避开喜马拉雅山高地,地势相对低平,距离仅500公里左右,这里还有第二次世界大战时开辟过的公路运输线基础。若能打开这条通道,之后若再连接中印国内的铁路网,中国和东南亚、南亚国家间的陆路连接将得以实现,从而大大便利中印两国及周边国家间商品贸易交通。

出于对战略防卫的考虑,印度对中印间的铁路建设仍存在担忧和顾虑,对中国在边境地区开展的道路等基础设施建设心存戒备,这也阻碍了两国交通基础设施的建设,从而影响了中印贸易的顺利进行。运输条件不仅影响中印商品贸易的扩大,还制约两国跨境旅游和相互投资的发展,使中印经贸合作难以向纵深迈进,也成为两国FTA构建的重要阻碍因素。

四、构建中印自由贸易区会面临一些技术层面困难

中印自由贸易区的构建是一种制度安排,必定会涉及诸多技术层面问题。中印自由贸易区构建中可能或遇到的比较突出的难题主要有以下几个方面:第一,中印都缺乏开展两国间区域经济合作拟建工作的经验,入手有较大难度。第二,中印建立FTA是选择"紧密型"合作方式还是选择"松散型"合作方式是两国首先要考虑的问题,而目前中印还无法对此

问题达成共识。第三,中印各自的战略重点和比较优势有很大差异,在工作重心的选择上两国有较大分歧。第四,中印的技术合作模式需要创新。无论中国还是印度都是高价从发达国家引进高端技术,如果只是将目前中国的"硬件"优势和印度的"软件"优势机械结合,难以提高两国的核心技术水平,因此急需创新能提升两国高端技术实力的两国软硬件的合作模式。第五,中印自由贸易区构建还会涉及两国谁拥有主导权的问题。区域经济一体化的实践表明,在自由贸易区建设中拥有主导权的国家获益会更多。选择一个有能力、有担当的国家主导区域贸易一体化合作,是自贸区能够成功运行的重要前提,NAFTA成功运行的25年中,得益于美国对自贸区的主导地位,欧洲经济一体化成功的一个重要因素是法国和德国摒弃历史恩怨共同担当起了引领者和推动者的责任。中国和印度实力相当,都是亚洲乃至全球有影响力的国家,从目前情况来看双方都不可能主动放弃自贸区的主导地位,因此主导权问题是中印自由贸易区构建的一个难题。

以上从政治、历史、经济等多个层面和视角分析了中印建立自贸区的阻碍因素,除此之外,中印经贸关系发展的过程中还可能出现一系列新的矛盾和问题。尽管中印友好合作关系的发展是任何力量都难以阻挡的趋势,但上述问题和矛盾的存在确实构成了中印两国关系进一步深入发展的阻碍,其中任何一个问题处理不当,都可能使两国关系倒退甚至陷入困境。为此中印两国政府和人民应看清大势,求同存异,互利共赢,共同努力增强互信,化解矛盾和冲突,为中印自由贸易区的早日建立创造条件。

第八章　推进中印自由贸易区的构想及实施策略

中印经贸关系的迅速发展和两国经济多方面的互补性为建立中印自由贸易区奠定了一定的现实基础,这个囊括世界两个最大发展中国家的自贸区一经建成,将会给两国带来多方面的经济效应和非经济收益,影响力甚至会辐射至亚洲及整个世界,所以积极推动中印自由贸易区的构建具有非常重要的现实意义。但这一进程还存在上一章所述的诸多阻碍因素,决定了中印自由贸易区的建设之路会充满曲折和不确定性。建立中印自由贸易区是一项复杂的系统工程,必须要确定应遵循的原则,设计适宜的运行模式,结合两国的实际情况,明确发展思路和推进策略,分阶段推进和建设中印自由贸易区。

第一节　建立中印自由贸易区应遵循的基本原则

中印两国都是世界贸易组织成员,中印自由贸易区作为制度安排首先必须遵循 WTO 的相关协定和基本原则,在此基础上,两个新兴经济体建立自贸区还应结合各自国内的实际情况,遵循符合两国发展要求和发展层次的相关原则去安排自贸区建设。

一、遵守世界贸易组织的相关规定的原则

自由贸易协定是作为世界贸易组织非歧视原则的例外条款存在的,遵照中国加入世界贸易组织协议,各成员方须在 WTO 的原则与精神指

导下进行区域贸易合作,中国和印度都是 WTO 成员,中印自由贸易区的建立不能违背 WTO 的原则和精神,要遵守相关规则。根据《关贸总协定》第 24 条规定,作为最惠国待遇原则的例外,双边自由贸易区涉及的两国商品贸易的所有领域包括农业等敏感领域要实现有意义的、实质性的自由化,关税不超过现行水平,针对第三国的通商规则禁止增加限制。

目前印度已然进入中国十大贸易伙伴行列,中国也超越美国成为印度的第一大贸易伙伴国,但是要充分发挥双边自贸区的积极作用,单纯的量的飞跃是不够的,还应该有质的飞跃,这个飞跃主要体现在实质性的制度安排上,比如商品和服务贸易、投资与规则等条款具体如何安排、如何实施等。中印两国还应将谈判公开透明,在 WTO 的框架内废除或变动关税及非关税贸易壁垒方面的条款,同时敲定两国履行相应权利和义务所需依据的框架及章程,例如 GATT、IMF 等共同的框架及章程。此外,中印两国都是发展中国家,经济结构和比较优势有较大的相似性,从而导致两国间有竞争性的一面,有的产业竞争还很激烈,基于这样的现实,中印建立自贸区可以依据 1979 年"授权条款",先从实现有限的"自由贸易"开始,以此为基础再推进自由贸易的广度和深度。

二、坚持相互尊重国家主权的原则

地理位置上相互毗邻的中印两国在政治、经济和风土人情等领域有着较为显著的差异,虽建交后两国在这些领域有往来交流,但在交流过程中并没有相互吸纳和磨合,反而摩擦和冲突愈演愈烈,边界问题更是演变成双方分歧的焦点和敏感领域。在涉及国家主权和独立的问题上,任何利益驱使都不可能让两国作出让步,即使是巨大的潜在经济利益,所以坚持和遵守互相尊重国家主权和独立的原则,是推动中印自由贸易区建设的一个大前提,也是降低中印自由贸易区制度安排的设计与推行难度的一个突破点。在国家主权问题上,中印自由贸易区的运行模式难以模仿成员让渡主权多且权利高度集中的欧盟这种经济一体化形式,而北美自由贸易区的运行模式则相对灵活,充分尊重了成员国的国家主权,这一点值得中印建立自贸区时加以借鉴。

三、坚持以法律为基础约束成员国行为的原则

没有法制就谈不上自贸区治理,谈不上贸易自主性,而这些在自贸区建设过程中占据举足轻重的地位。现存的发展态势较好的经济一体化组织都遵循以法制为基础的契约性原则。目前实施效果最好的经济一体化组织是欧盟和北美自由贸易区。欧盟以三个共同体条约[①]、《单一欧洲文件》及《马斯特里赫特条约》作为内部的法律规范,这些具有独立性的法律文件不仅适用于调整成员国内部的经济社会关系,而且适用于调整联盟内部的社会经济关系,是成员国建立统一大市场进而实现货币一体化的法律规则,不仅适用于各成员国的公民和法人,而且适用于欧盟各成员之间的关系。就各成员的国内法来说,欧盟法律也具有绝对的"优先权",两者有抵触时,国内法要服从欧盟法。北美自由贸易区则以《北美自由贸易协定》作为约束成员国的法律基础,《北美自由贸易协定》对美、加、墨三国具有很强的约束力。所以中印自由贸易区也需要一个具有约束力的法制性文件作为约束双方的规范,这是中印自由贸易区能够顺利运行的保障。

中印自由贸易区以法律为基础约束两国行为的意义表现为:(1)法制约束可以在一定程度上减少外在因素的干扰与搅动,尤其是人为因素的干预,譬如两国的权势群体和强势群体的干预,法制化制度的设定可以限制这些群体的干预力度与深度,降低自贸区实现的难度,维持自贸区运转的秩序,保障贸易和运作的公平度。(2)贸易往来的震荡性、风险性和随机性可以被法制化强制约束最大限度地规避掉,能在风险可控范围内增强交易的透明度,稳定市场。(3)争端解决的权威性、强制性与效率性都是依靠法制化制度来保障的,有法律约束的中印自由贸易区不仅能保障双方权利义务的履行,而且能保障统一市场的活力与秩序,从而大幅度降低协调利益带来的成本。

---

① 欧盟的三个共同体条约即《欧洲原子能共同体条约》《欧洲煤钢共同体条约》和《欧洲经济共同体条约》,是欧洲原子能共同体、欧洲煤钢共同体和欧洲经济共同体三个共同体的基本法律文本,三个共同体的主要机构于1967年7月合并为欧共体,欧共体是欧盟的前身。

四、坚持灵活的开放性和排他性相结合的原则

中印自由贸易区首先应遵循有选择的开放性原则。中印作为两个迅速发展的人口大国在改革开放的进程中均积极发展对外贸易,广泛地与其他国家或地区建立经贸合作关系,导致经济对外依存度居高不下,因此未来的中印自由贸易区对区域外贸易门槛不能设置得过高,至少不高于以往的水平,应在自贸区内部实现贸易自由化的基础上,灵活地实施多选择项的开放,避免对区域外国家施加进一步的歧视。此外,未来的中印自由贸易区若坚持开放性原则,将为以后同南亚自由贸易区合并成一个更大的自贸区铺平道路。南亚自由贸易区是在南亚区域合作联盟(SAARC)的基础上发展而来,印度是重要成员,近年来南亚自由贸易区的一体化进程加快,经济功能稳步加强。中印自由贸易区若能实现,则有可能实现与南亚自由贸易区的结合,进而与东盟自贸区联系在一起,最终可能建成包括中印自由贸易区、南亚自由贸易区及东盟在内的范围更广、规模更大的一体化组织,实现更大区域内的规模经济效应,进而惠及亚洲乃至全世界。

中印自由贸易区也要保留排他性的一面,以确保中印两国能获得最大的预期经济效益和非经济效益。现实中,比较成功的区域经济一体化组织都施行了对内自由、对外歧视的制度安排,欧盟对内取消贸易壁垒,允许区域内生产要素自由流动,实现贸易资本自由化的同时也协调了经济货币政策,而对外构筑统一的贸易壁垒,不允许成员国以独立经济体的形式与外部国家签署自贸协定。《北美自由贸易协定》明确表示自贸区的优惠只给予北美地区生产的商品,将非成员国严格地隔离在优惠范围以外。未来的中印自由贸易区也应通过制定明确的原产地规则保持一定程度的封闭性,这样不仅能够保障两国预期收益的最大化,而且能适当弥补开放性原则带来的弊端与漏洞。

五、坚持先易后难、循序渐进的原则

中印两国虽然都是发展中国家,但是经济发展阶段处在不同层次上,

两国在整体经济规模、产业结构和贸易结构等方面有较大差距,中印自由贸易区的推动还面临着较大阻力,尤其是来自印度国内的顾虑和美日等大国的阻碍影响最大。因此,中印自由贸易区不能盲目追求合作的"一蹴而就",而应在坚持先易后难、循序渐进原则的基础上逐步推进。

从 FTA 这种经济一体化类型的特征看,首先应从拆除贸易壁垒开始,然后逐步扩展到产品市场、金融市场、知识产权保护、投资政策和环境政策等领域,选择一部分两国都愿意向对方开放的经济领域先展开合作,如旅游业、信息服务业和人力资源开发等。就关税减让来说,应先就条件较为成熟且易于达成协定的领域进行谈判,选择合作基础良好的产业进行关税减免,通过签订关税减免协定,取消这部分产业的关税壁垒,实现部分领域贸易自由化。随着中印自由贸易区建立条件逐渐成熟,再扩大两国贸易投资自由化的实施范围,直至实现绝大部分商品、服务贸易的自由化和投资环境的完善,建立中印自由贸易区。中国和印度两国对特别棘手的产品领域例如纺织品和农产品关税及贸易的谈判可以暂时搁置,或者放到 WTO 的多边框架下去处理。总之,中印建立 FTA 应展开积极的对话和磋商,先贸易后投资、先易后难、先局部后整体不断推进合作机制的完善。

第二节　中印自由贸易区运行模式选择的构想

构建一个自贸区,首先要考虑的是成员间有没有构建自贸区的基础,若有基础就要考虑构建什么样的自贸区,而运行模式的选择是自贸区建设的核心问题之一,这些问题的答案取决于成员国的政治经济状况、历史文化、宗教习俗和民族性格以及国际经济政治环境等多方面因素。经济一体化的实践表明,高效的组织管理机构是保证自由贸易区各项规则顺利实施的基本条件,建立中印自由贸易区也必须要确定与中印两国现实情况和利益诉求相匹配且有效率的运行机制,这是中印自由贸易区能够顺利实施的重要保障,而借鉴成功的经济一体化组织的运行模式是确定中印自由贸易区运行模式的重要途径。

第八章 推进中印自由贸易区的构想及实施策略

一、经济一体化组织运行成功模式的比较与借鉴

欧盟、美加墨自由贸易区(也称为北美自由贸易区,简称NAFTA)、东盟是目前世界上比较典型的经济一体化组织,这三个经济区域组织的运行模式迥然不同,但都获得了成功,它们各自的运行模式都是在综合考虑自身多方面实际情况基础上确定下来的。欧盟是发达经济体间经济一体化的典型代表,其成员最初都是政治制度和经济发展水平及历史文化非常相近的发达经济体,是典型"北—北"型经济一体化组织,是一种水平互补模式的经济一体化,是目前全球组织化程度最高的区域一体化组织。美加墨自由贸易区的三个成员在政治、经济、文化制度等方面差距较大,是由世界上最发达的国家和发展中国家组成的"南—北"型一体化组织,是一种垂直互补的模式。东盟与欧盟正好相反,其成员都是发展中经济体,是典型的"南—南"型区域经济一体化组织。

综合考虑所处的国际经济环境和中印两国的现实情况以及对未来自贸区建设的利益诉求,可以得出这样的结论:美加墨自由贸易区的运行模式值得中印自由贸易区借鉴和参考,而欧盟模式和东盟模式对中印自由贸易区来说都是不适用的。欧盟的"超国家"模式要求成员国让渡较多的国家主权,高度集权的超国家的欧盟政府具有很大的权威性,这种模式虽然效率较高,但这种高度协同的模式在中印自由贸易区没有实施的现实基础,中印自由贸易区内不可能沿用这样的模式。东盟虽然是"南—南"型经济一体化组织,没有超国家的组织机构和组织宪章,由定期举行的首脑或外长会议来执行、安排,制度变迁的成本较低,但这种过于简单灵活的运行机制无法保障成员国的预期收益,难以深入开发成员间经济合作的潜能,难以实现中印两国对自贸区的目标诉求,因此未来的中印自由贸易区也不宜借鉴和采用。

相比之下,美加墨自由贸易区运行机制的一些做法更适合中印自由贸易区的制度安排需要。美、加、墨三国是经济发展水平差异很大的经济一体化,不需要各成员国让渡主权,而是借助"弱化组织"框架,进一步强化了各自的主权地位,表现出充分的排他性。美加墨自由贸易区的组织

机构简洁完整,职权明确,兼具权威性和客观性,有力地保障了区域合作的预期效益和落地措施的质效。与此同时,NAFTA 的运作机制还表现出一定的灵活性,各成员国只要不与 WTO 和自由贸易协定的相关规定相悖,可以自由地与非成员建立经贸关系。这种灵活的机制给成员国留有较大的回旋和变通的余地,容易被各方接纳。NAFTA 这样的运行模式值得中印自由贸易区建立时加以借鉴和参考,中印自由贸易区也应建立既具权威性又具灵活性的制度安排,同时又不违背自贸区的基本原则和初衷。

二、北美自由贸易区运行模式的特点分析

美加墨自由贸易区是在 1989 年实施的美加自由贸易区基础上发展起来的,1991 年 6 月美、加、墨三国正式展开谈判,于 1992 年 8 月 21 日签署了《北美自由贸易协定》,协定于 1994 年 1 月 1 日起开始实施。三个成员国在政治、经济、文化方面有着显著差距,经济差距尤其巨大,NAFTA 是发展中国家和发达国家之间经济一体化的典范。为了满足成员国的多元化需求,兼顾三方的差异化发展水平,NAFTA 设计了一套独具特色的制度体系,其主要特征是组织机构简洁松散、法律规则完善精确、争端解决机制温和实用。[①] NAFTA 利用国家间"错位式"的差异来发展区域经济合作,对于经济发展水平差异较大的国家间开展区域经济合作有着广泛的借鉴意义。

1. 美加墨自由贸易区的组织机构松散简洁有效率

欧盟建立的是一套超越各国主权的组织模式,而 NAFTA 则打破了这一传统模式的禁锢,新创了一套没有独立议会、法院和部长理事会的"弱化组织"模式,主要原因在于:自由贸易区是经济一体化的初级阶段,依照世界贸易组织对自贸区在机构设置上的法律规范,NAFTA 只需在成员国间的货物贸易关税或其他领域实施限制,并不要求统一的对外关税。欧盟则是以较高层次的关税同盟起步的,成员国要求实行统一的对外关

---

① 王春婕:《北美自由贸易区模式的创新价值探析》,《山东社会科学》2009 年第 2 期。

第八章 推进中印自由贸易区的构想及实施策略

税。所以,NAFTA无须成员国让渡更多国家主权给一个具有超国家性质的实体。美、加、墨三国经过逾二十载的发展已经建立了一个商品、劳动力和部分资本要素无障碍流动的自贸区,初步跨入共同市场范围。NAFTA根据合作的经济领域设立了简洁平等的组织机构,包括自由贸易委员会、秘书处、专门委员会、工作组和专家组四个部分。各机构既相互独立又相互关联,对协定条款的具体内容负有最终解释权,没有立法权及司法权,担负着监督各成员国履行协定中的权利与义务的责任。自由贸易委员会是NAFTA的最高级别机构,也是核心机构,它由各成员国的贸易部长或内阁代表或指定人员组成,主席由三国轮流担任,主要通过定期会议负责NAFTA内容的执行、监督和完善,自贸区范围内的所有决议均需委员会一致同意才能付诸实践。委员会共下设常务委员会、专家工作小组等25个机构,这些机构以协调一致的运作方式负责日常工作的正常开展。三国均设有秘书处负责调停国际争端,维持各国和平,这些秘书处的分部组成了贸易委员会的秘书处,主要职责是为委员会及其下属机构和法庭提供帮助,为专家组和专门委员会提供行政支持,防止三国贸易争端的产生、激化和传播,保障贸易委员会职权的有效行使。专门委员会是依据协约设定的专门负责某一领域具体事务的机构,没有独立的法定职权,也不是最终决定问题的权力机关。

当成员国出现贸易纠纷或争端时,可以采取最直接的协商方式自行解决,若30天(农产品有关的争端15天)内双方磋商未果则上交常务委员会解决,由委员会组织建立的技术专家组或技术专家协调解决。若贸易委员会一个月内也协调无果则进入争端解决机制的核心程序,即专家组程序,专家组包含5名成员,这5名成员一般出自各方候选名单(或抽签选出),以充分保障争端双方的独立性为前提选出。专家组通过对纠纷的事实、法律的适用以及一致性进行综合评估后,于90天内提出初步的报告,随后一个月内再提出争端各方基本已达成共识的最终报告并提交贸易委员会,委员会15天内公开发布报告等。除此之外,北美自由贸易协定还支持成员采用仲裁、调停程序或其他方式处理有关商业纠纷。总体上看,NAFTA的组织机构虽然简洁松散,但总体结构比较完整,职权界定比较明确,其独立性和权威性毋庸置疑,虽然NAFTA没有高度集权,但也不会无故遭受各国政府、利益集团或企业家的干预和左右,这种既简洁又比较高效运转的组织机构是自贸区制度安排得以顺利实施的基本保障。

2. 美加墨自由贸易区的法律规则完善精确

相较于高层次经济一体化的欧盟,NAFTA是首开发达国家与发展中国家间经济一体化先例的一次尝试,三个成员国在政治、经济及文化等诸多领域的悬殊差距决定了美加与墨西哥之间的分工方式是以垂直分工为主,自贸区内难以对成员国实行约束力强的统一法律,而只能尽可能地协调各成员的法律政策,以达到贸易投资自由化的目标。NAFTA的发展目标是其制度安排的依据,三国紧扣这一主线制定了一套兼具差异性与精确性的法律制度,针对美、加、墨三国在服务贸易、投资和知识产权等领域的发展程度不同,NAFTA法律制度安排的侧重点不同,对美、加两国采取保护的手段,而对作为发展中国家的墨西哥给予较长过渡期的安排。为使法律制度安排更具前瞻性和可操作性,NAFTA尤其注意法律承诺的约束力和规范运用的精准度,甚至不少方面的规范条款跳出了WTO以及欧共体的框架,例如在货物和服务贸易、投资、知识产权、政府采购、环境及劳工等领域制定了详细的超前性条款,且频繁采用"禁止""应该"等法律色彩的术语加以强调,明确列出了程序规则实施的时间表,对成员形成较强的约束力。

3. 美加墨自由贸易区的争端解决机制温和实用

贸易和投资是自贸区各成员利益的主要领域,也是产生矛盾纠纷比较集中的地方,因此一套灵活有效的争端解决机制是自由贸易区的主成分之一,是自由贸易协定中贸易、投资条款顺利实施的制度保障。NAFTA的争端解决机制不以传统的司法方式为主,而是外交方式与法律方式相结合的"混血儿"。《北美自由贸易协定》是带有法律色彩的具有约束力和强制力的规范文件,该协定中的争端解决机制和协商制度对区域内的冲突和纷争进行全面协调。就争端解决机制来看,不仅兼容、创新了GATT与WTO的争端解决机制为己所用,而且在一般性争端解决机制

第八章 推进中印自由贸易区的构想及实施策略

的基础上,灵活地设定了解决各种特殊问题的争端解决机制,这种分散型的争端解决机制是世界上最具代表性的体系之一,弥补了 WTO 框架下争端解决程序单一性的不足。NAFTA 共设有 6 套争端解决机制和 3 套国际仲裁程序规则,分别为主协定项下的涉及投资、反倾销和反补贴等方面的 4 套争端解决机制,分协定项下的涉及劳动、环境等方面的 2 套争端解决机制和包含国际投资争端解决中心(ICSID)仲裁规则、ICSID 附加便利规则和联合国国际贸易法委员会仲裁规则在内的 3 套国际仲裁程序规则。NAFTA 争端解决机制不仅涉猎范围广泛,且灵活自由,譬如,若 NAFTA 成员的某一争端同时涉及 NAFTA 规则和 WTO 规则时,争端双方可以任意择其一种来解决争端(另有规定除外)。这种多套争端解决机制并存、适用不同争端的做法是 NAFTA 争端解决机制的一大特色,让三个成员国拥有更自由、更温和的争端处理标准。

NAFTA 没有统一的常设性争端解决机构,争端解决主要由自由贸易委员会和临时成立的仲裁专家组负责,主张优先考虑用磋商或谈判等外交方式解决商业争端,自由贸易委员会一般只通过主持斡旋、调停和调解等友好的方式协助处理争端,但更进一步的解决程序就需要临时成立的仲裁专家组负责主持。① 这种替代性纠纷解决方式(Alternative Dispute Resolution, ADR)只适用于成员间的纠纷。NAFTA 争端解决的基本思路是:争议各方首先通过磋商自行解决争议,磋商失败后在争议各方自愿的基础上由自由贸易委员会主持进入调停或调解程序,最后才考虑仲裁。仲裁后若败诉方不服,允许胜诉一方实施报复措施。在投资争端解决机制中,当投资者认为东道国违反了有关财产权利的争端解决机制时,投资者可直接越过协商与调解程序提起仲裁。总之,以仲裁为核心,政治性和准司法模式融合是北美自由贸易协定争端解决机制的又一大特色,其中的司法色彩明显被弱化,而政治色彩较浓,凸显了灵活与非强制性,刚好吻合了北美自由贸易区促进三国贸易投资自由化的目标。

---

① 华晓红、汤碧、庄芮等:《国际区域经济合作——理论与实践》,对外经济贸易大学出版社 2007 年版,第 74 页。

三、对中印自由贸易区运行机制的构想

运行机制的核心内容是组织机构和争端解决机制,自贸区的良性运作首先依赖于既健全又责权明晰的组织机构,中印自由贸易区的组织机构不仅担负着部门职能分配的重任,而且影响着自贸区的顺利推进。中印自由贸易区的组织构建应从两国实际情况出发,在参照 NAFTA 机构设置的基础上有所变通,设立有针对性的中印自由贸易区组织机构。可以参照 NAFTA 的情况设立中印自由贸易区的自由贸易委员会作为核心权力机构,负责督促协议内各成员国责任和义务的实施,设立专门委员会、秘书处和专家调查组辅助自由贸易委员会的工作,也可额外地设立仲裁法庭、咨询委员会、环境委员会等部门分工协作,尤其是针对中印边境摩擦这个历史遗留问题,需专门设定边境委员会负责两国边境纠纷和边境贸易问题,上述各机构中,参照 NAFTA 设定的机构,可仿效 NAFTA 中该机构的职权划分以确定中印自由贸易区相关机构的职责,新增的机构则可依据设立的目的划定职权范围。

建立有约束力的争端解决机制是中印自由贸易区制度安排中另一项重要内容,以确保用法律手段解决成员间贸易投资等领域的商业争端。中印两国的根本利益是一致的,都是为追逐潜在的外部收益,但这种利益诉求的趋同性让两国在贸易与投资往来过程中会时常发生摩擦甚至演变成激烈的冲突,这些摩擦和冲突若处理不当或不及时,不仅会损害各成员国的利益,而且很可能累及整个自贸区的发展前景,甚至被迫中断。《北美自由贸易协定》生效以来,美、加、墨三国的纠纷和摩擦层出不穷,譬如,美、加之间的"木材战""小麦战""啤酒战"及"汽车战"等,美、墨在农、渔业产品及其制品上的关税减让分歧频发,但上述纠纷从未在本质上打破 NAFTA 的相对稳定状态,这主要归功于运行良好的专门的贸易争端解决机制,能在协定的框架下将三国的摩擦与冲突化解,而不危及整个北美自由贸易区安全。因此,中印自由贸易区也应该制定一套适用的争端解决机制来维持自贸区稳定。

具体来说,中印自由贸易区的争端解决机制可效仿《北美自由贸易

协定》的准司法性模式,这种模式具有很多优良特质,如机构设置较完善、程序与实体结合、外交方式和法律手段并用等,这些优良特质在一定程度上发挥了司法机构的作用,且比较温和,为自贸区的顺利发展保驾护航。NAFTA成员可灵活选用《北美自由贸易协定》或WTO协议或三国签署的任何能够解决纠纷的协定作为法律约束标准,在合法基础上充分降低自身的利益损失风险,ADR模式则给双方当事人留有很大的回旋余地,颇具人性化且不伤和气。概而论之,未来中印自由贸易区的争端解决机制可以借鉴北美自由贸易区简单易行且高效的准司法性模式,以NAFTA为样本,根据中印两国实际状况加以修改完善后制定出中印自由贸易区的争端解决机制,并力争达到如NAFTA一样有序推进和高效运作的结果。

第三节 推进中印自由贸易区的策略构想

一、强化中印两国加强区域经济合作的共有信念

共有信念是自贸区制度选择的基石。中印自由贸易区的制度安排能否顺利推进,关键在于中印双方共有信念的合拍程度,两国之间共有信念越多,制度安排的形成也就越顺畅。若中印间缺乏关于建立双边自贸区的共有信念,则两国间的自贸区建设就失去了动力。2005年4月在两国领导人的共同倡议下,双方启动了中印自由贸易区的联合可行性研究,随后由中国商务部和印度商工部牵头成立的联合研究小组,经过两年多的共同努力,两国于2007年10月完成了联合可行性研究并提交了研究报告,双方就通过建立中印自由贸易区推动两国的贸易、投资及多方面经济合作达成共识,准确来说,这种战略构想的提出本身就已经说明,两国政府在加强双边经贸合作问题上的共识基本达成。但两国在建立中印自由贸易区的可行性研究报告中所达成的共识毕竟还未付诸实践,两国关于构筑中印自由贸易区的共有信念还受到一系列主观因素和客观因素的阻碍,两国还需进一步以构筑共有信念为出发点和落脚点促使战略构想和

共识全面落地。排除重重障碍不断构筑和增强两国关于中印自由贸易安排的共有信念,是中印自由贸易区最终能够得以实现的重要基础。

中印自由贸易区一经建立,将会是拥有26亿消费者的全世界人口最多的自由贸易区,是有4.8万亿美元贸易总额和14.7万亿美元GDP的自贸区,这将是由世界上最大的两个新兴工业化国家组成的FTA,是史无前例的一次区域经贸合作。作为双方经济合作深化的推手,它将拉升中印之间的贸易投资额度,进一步增强对外资的吸引力,提升两国的综合国力和国际事务的话语权等等,这些巨大的预期利益前景构成了中印两国建立FTA的共有信念基石。所以,为进一步强化双方对建立自贸区的共有信念,两国应在良好的合作氛围下进一步深化合作,并不断扩展合作的领域。

二、建立或完善中印间多层面对话协调机制,增进政治互信

信赖不仅是一种资源,也是一种重要的整合力量,它发挥着将国家间的经济合作联结起来的纽带作用,信赖缺失则难以进行有效的经贸合作,中印两国曾为几十年的互不信任付出过巨大代价,不仅伤害了两国人民,也丧失了许多彼此合作共同发展的机会。目前中印两国都处在发展的关键时期,只有政治互信的障碍破除之后,中印自由贸易区构建的具体问题和阻碍才有望在互谅互让的基础上予以解决。为此,两国应开展多种形式的交流协商,除了加大高层互访交流之外,还应多开展民间和官民结合的多层面交往与交流,同时加大媒体的关注与宣传力度,以增进两国间的理解和互信。

1. 加强两国政府及相关部门间的交流与协商

区域贸易协定本身就是政府出面建立的一种经济合作机制,中印建立FTA也必然是在两国政府拥有共同信念的前提下积极推动的结果。目前,中印间有6个双边合作机制:即中印财金对话机制、中印企业首席执行官论坛、中印经济战略对话机制、中国—印度经贸论坛、中印发展圆桌研讨会、中印经贸科技工作联合小组。有5个多边合作机制:即金砖国

家合作机制、区域全面经济伙伴关系、孟中印缅经济走廊、亚洲基础设施投资银行和二十国集团等。中印这些合作机制虽然数量不少，但总体上来说层次较低、约束力弱、运行效率低，这与中印两国的经济规模和地缘关系非常不匹配，也是中印自由贸易区难以推动的关键因素。中国与美国、中国与新加坡、中国与马来西亚等国之间都有国家层面及地方层面全方位的对话机制。相比之下，中印之间的合作机制则差很多。因此，中印之间应加强政府间的交流协商，建立两国政府之间、地方领导人之间以及各相关部门之间全方位的高层经济合作机制，以使两国经济交流磋商常态化和规范化，由两国政府出面管控彼此的分歧，尽快推动中印自由贸易区迈出实质性步伐。

2. 运用官民联合机制，开展全方位多层面的对话与合作

近年来，企业和非政府组织在自由贸易区建设中的作用越来越凸显。因此，中印自由贸易区的建设应在政府层面和民间层面双管齐下，既要发挥政府的驱动效应，又要发挥民间的带动效应，做到官民并举。在自贸区建设进程中，两国要在遵守WTO规则情况下制定一套符合实际情况且有中印特色的方案，但要确立一套切实可行且被一致认可的建设性方案并不容易，但若融入官民两方的智慧就会使困难有所降低甚至有可能迎刃而解。为此，两国应建立双边专门的磋商协调机制，两国官方、企业、学界层面的相关代表可以定期或不定期地进行对话，及时获悉双边贸易中的突出问题并作出反馈，及时为政府或相关机构建言献策，将发生贸易摩擦的苗头扼杀在摇篮中，以顺利推进中印自由贸易区建设。

3. 加强中印双方人力资源的合作和交流

科技和教育是中印可以加强合作交流的一个重要领域，在科技创新一日千里的时代背景下，科技创新的关键因素是人才，科技人才决定着产业竞争力和国际分工格局，而人才是长期培养和积累的结果。目前，中国的劳动力资源在数量上与印度相当，印度与发达国家接轨的高等教育培养了大批高层次专业人才，拥有显著的人才优势，印度曾长期处于英国殖民地的环境下，因此大多数人英语能力强，此外，有的人在数学能力和逻辑思维能力等方面也明显高出中国一定水平，所以中国应主动与印度加强这些方面的交流合作,为未来中印在自贸区制度框架下多方面的合作储备人才。

4. 加强中印两国的人文交流,消除彼此的误解和偏见

中印要建立制度化的贸易安排离不开人文软力量的促进。中国和印度作为东方的两个重要文明古国,历史上也曾有过较密切的文化交流,但中印的文化存在很大的差异,造成两国在生活习惯、思维方式、社交礼仪、精神信仰等多方面有诸多隔阂,这种文化上的差异深深影响了两国人民的相互了解和认知,也阻碍了两国经贸关系的正常发展,中印间许多难以调和的矛盾都受到文化差异的深刻影响。

季羡林先生曾指出:"中印两国两个伟大的民族,在过去的二三千年时间里,互相学习,互相了解,增强了两方面的感情,丰富了彼此的文化。这几乎形成了一个传统。这种传统源远流长,根深蒂固,看样子还必然要继续下去。"[①]中印关系进一步发展的力量来自两国民众,两国认知距离的缩短需要人文合作这个媒介发挥作用,为此两国需延伸对话平台,在两国的学术界、媒体、文艺界乃至普通民众间创造机会、增加交流,并给予资金上的支持。例如,以中印两国政府共同出资的方式,创立一个中印两国交流基金,为两国的学术界、企业、民间机构等的交流搭建桥梁,还可以在两国青年人间组织多种类型的交流活动,提供互相理解双方人文的契机。多年来,中印间已经形成了一定的人文互动的良好基础。早在2006年时任中国国家主席胡锦涛访印时就举办了2006年"中印友好年"活动,还与印方达成协议,每年组织100人的青年代表团互访。中印于2007年6月签订2009年文化交流协议,明确要在音乐、舞蹈、媒体、艺术评论及人类学等领域开展广泛的交流。李克强总理2013年访印期间与印度总理辛格达成共识,将2014年确定为"中印友好交流年"。这些举措和交流活动对增强两国人民特别是青年之间的相互了解,消除两国多年来形成的偏见和误解意义重大,但总体来说,中印间的人文交流还远远落后于两国的经济规模和共同发展的需要,新形势下,进一步加强两国的人文交

---

① 吴永年:《中印双边合作的基础、问题与前景》,《南亚研究》2007年第2期。

流,增进民众的了解与信任,这对于推动中印自由贸易区建设显得尤为迫切。中国目前正在实施的"一带一路"倡议为中印间加强人文交往提供了重要的平台,两国应以共建"一带一路"为契机,广泛开展各种形式的人文交流,为推进中印自由贸易区建设奠定坚实的民意基础。

三、尽快迈过"非市场经济地位"这道坎

中国在2001年年底加入WTO时不得已接受了"非市场经济地位"的条款,多年来这一问题给中国的对外贸易造成了严重困扰。为了突破这个针对中国的不公平待遇,近年来在自由贸易区战略的推进中,中国把承认"市场经济地位"问题作为自贸协定谈判的基本前提,目前已经签订自由贸易协定的伙伴国,均已承认了中国的市场经济地位。在中国与东盟进行的自贸区建设中,东盟十国均认可了中国的市场经济地位,《中国—东盟全面经济合作框架协议货物贸易协议》的第14条明确规定,东盟每个成员都承认中国是一个完全市场经济体。[①]

因此,印度承认中国的"市场经济地位"也是中印自由贸易区建设的前提条件,世贸组织确定的中国"非市场经济地位"的实施期限是15年,2016年12月11日是中国加入WTO 15周年,按照中国加入世界贸易组织协定,中国的市场经济地位资格已在2016年12月自动取得。但直到目前,印度、美国、欧盟等对中国进行反倾销最多的国家或地区仍拒绝承认中国的"市场经济地位",中国和印度就此问题多次进行谈判未取得实质进展。印度对中国企业实施的贸易救济案件最多,涉及产业领域广,肯定性终裁比例非常高,中国产品在印度的合理权益因此无法保障,严重影响了中印正常贸易关系发展。印度拿中国的非市场经济地位大做文章,滥用自由裁量权对中国出口产品实行反倾销,以替代国价格或成本作为衡量中国产品是否倾销的标准,人为地夸大了中国产品的倾销幅度,严重地削弱了中国产品在印度的价格优势和竞争优势,甚至部分中国企业被

---

① 资料来源:中国自由贸易区服务网,见 http://fta.mofcom.gov.cn/dongmeng/dongmeng_special.shtml。

逐出印度市场。印度不认可中国市场经济地位的主要原因在于,一旦承认中国的市场经济地位,印度不能再以替代国价格或成本而必须接受中国提供的产品价格为标准来衡量是否构成倾销,这将增加印度对中国产品实施反倾销惩罚措施的难度。

目前中国的经济实力和国际地位越来越得到国际社会的认可,市场经济地位也被越来越多的国家承认,印度也面临着越来越大的压力。印度一些学者也认为拖延对印度利益是不利的。例如,印度一家智库的高级研究员达斯曾说,近年来中国已经成为我们最大的贸易伙伴,也成为一个资本充足的国家和重要的投资来源国,长时间否定它的市场经济地位没有好处。中国自身也应进一步加快市场化进程,市场化的核心是市场配置资源,因此市场化建设的重点是生产要素市场的建设,中国政府应把生产要素市场建设置于深层改革的背景之中,形成以要素合理流动为依托的市场化经济关系,积极培育资本市场、劳动力市场、土地市场等。在加快自身市场化进程的同时,中国政府和相关部门应继续积极与印度政府沟通协商,敦促印度,印度也应以中印战略关系的大局为重,以真诚合作的态度尽快承认中国的市场经济地位,建立两国间的合作协调机制,为今后两国经贸往来的深入发展创造公平轻松的环境,消除中印签订自由贸易协定的制度障碍,使两国经贸关系走上正常发展轨道。

四、以贸易投资自由化和便利化为起点推进中印自由贸易区

贸易投资自由化和便利化是区域经济合作机制的关键所在,中印双方应就推动贸易投资自由化和便利化做好充分的前期准备,方便后期磋商谈判,其中要做的工作主要有减少非关税壁垒、简化行政程序和海关程序、公开透明审计程序等等。中印自由贸易区的制度安排建立的过程实质上是双方的一个动态博弈过程,而博弈的关键就是双方的政治经济利益。中国的经济规模、工业化程度、基础设施水平、国际贸易规模及外汇储备规模等显著高于印度,因此未来在中印自由贸易区的发展过程中中

第八章 推进中印自由贸易区的构想及实施策略

国可能获得相对较大的收益。根据公共选择理论和"囚徒困境"博弈理论[①]，中国应先行一步采取行动，先对印度实施贸易便利化举措，主动采取措施打破中印两国贸易失衡的状态，一方面，对部分中印贸易商品单方面降低关税，或适当取消关税壁垒，逐步开展两国货币互换等；另一方面，不断修正完善本国相关法律法规、建立信用制度以及遵守 WTO 承诺等等。

近几年来中印之间投资发展速度有明显加快之势，但这一比例同两国的经济规模相比，是非常不相称的，现实中仍然存在诸多主客观因素妨碍两国相互投资的扩大，尤其是印度对中国投资者设置了重重障碍，掩盖了两国在投资领域的巨大潜力和市场需求。中印自由贸易区的制度安排要从消除两国相互投资的各种壁垒和障碍入手，为到对方国家进行投资的企业营造一个宽松良好的投资环境。

五、选择重点领域先行，循序渐进推进中印自由贸易区

中印自由贸易区建立是由一个纷繁复杂的框架体系搭建起来的，涉及方方面面的问题，注定是一个曲折的过程，不可能一蹴而就。因此，中印要以循序渐进为原则，先易后难为宗旨，做到策略先行。两国可以优先选择信息技术产业、能源、钢铁、基建及汽车制造等合作分歧较少且潜力较大的重点领域开展合作，灵活选用投资参股、联合经营、联合开发、产业内分工等合作方式进行，然后在此基础上向其他领域扩散直至全面覆盖，最终建成中印自由贸易区。

中国的服务业比印度略胜一筹且关税较低，所以中国可考虑适度开放服务业领域。印度则因为人口红利和气候优势，在制成品和农产品上比中国占据优势地位，可考虑在这两方面分阶段降低关税水平。印方就拟建中印自由贸易区一事进退两难，一方面考虑到自贸区可能对国内民族产业或者弱势产业带来冲击，对自贸区建设没有动力和热情，另一方面

---

① "囚犯困境"博弈模型告诉我们，在一个只有两个主体参与合作博弈的模型中，如果对方采取不合作策略，那么另一方的合作只会减少自己的收益，即"合理的行动"将产生"不利"的结果。但是，当这种博弈重复多次进行后，就会得出相反的结论。

又想攫取自贸区带来的实际经济利益；一方面要顾虑官方与中国保持良好关系的愿望，另一方面又要顾及国内民众和工商业者的态度。基于这种情况，中国可以就印度的部分实际问题给予支持，免除其后顾之忧，譬如支持印度成为联合国常任理事国。

第四节　分阶段实施中印自由贸易区的构想

中印间经贸关系日益紧密，两国有诸多共同的非经济利益诉求，加上两国间的地缘优势，建立中印自由贸易区必然给中印两国带来互利共赢的结果，但由于中印两国在整体经济规模、产业结构和贸易结构等方面有较大差距，中印自由贸易区的推动还面临着较大阻力，尤其是来自印度国内的反对声音和美日等发达国家的阻碍影响最大。因此，中印自由贸易区不可能一步到位，必须在现有基础上分阶段分步骤循序渐进地推进。尽管中国一直积极主张早日启动中印自由贸易区的谈判，而印度则一直持观望态度，同时积极与其他国家或地区推进 FTA 建设。中印两国至今没有启动自贸区的正式谈判，因此，推进中印自由贸易区的时间阶段只是基于现有情况的设想和建议。目前，两国应首先在政府层面积极推动，把中印自由贸易区的构建问题提上日程，尽早启动谈判，尽快商定中印自由贸易区的框架协议，明确自贸区的原则宗旨、目标、模式、合作领域及两国相互给予的优惠待遇问题。不仅如此，双方还应尽快拟出推进方案的时间节点，给两国企业留有足够的缓冲时间，避免被不可预测的外来冲击打个措手不及。在这个方面，中国—东盟自贸区、印度—东盟自贸区的构建安排就是成功的范本，中印自由贸易区可以借鉴两国现有区域贸易一体化建设的经验，确定中印自由贸易区的具体实施步骤和过渡时间安排。基于以上考虑本书提出分三个阶段实施中印自由贸易区的构想。

一、第一阶段：选择有一定合作基础的行业先行开放

中印自由贸易区建设的第一个阶段，应先选择有一定合作基础的行业先行开放，为下一步的自贸区建设奠定基础。这一阶段大概需要 2—3

第八章 推进中印自由贸易区的构想及实施策略

年时间。中印自由贸易区建设会影响成员国多方面的利益得失,要解决的问题多,而且复杂,因此需要投入大量的时间和精力,必定有一个艰苦的谈判磋商过程。由于中印都是发展中国家,中印建立自贸区可以依据GATT/WTO的1979年"授权条款",先从实现有限的"自由贸易"开始,在确定实现自由化的领域以及关税减让幅度和范围问题上先不谋求一步到位。由于印度是高关税国家,大范围关税减让方面的难度一定很大,为能有效推进中印自由贸易区建设,在建设初期两国应该选取合作潜力大的典型行业先行试点,对运作过程中暴露的问题及时总结修正,吸取经验、总结教训,然后有序引导其他行业或领域逐渐开放,这些行业或领域则参考试点期的经验制定对症的开放方案。这个阶段应争取在2—3年内完成。目前全球经济一体化程度最高的欧盟也是由小到大、由低到高一步步发展起来的,它起步于欧洲煤钢共同体,先在法国、德国、意大利、荷兰、比利时和卢森堡6国的煤炭和钢铁两个行业进行一体化实践,以此为基础发展成欧洲经济共同体,进而扩大到欧洲共同体,目前已经深入到经济货币联盟的欧洲联盟阶段。

在这个阶段,时任印度总理辛格在2008年1月召开的中国—印度经贸、投资与合作峰会上曾提出过这样的建议:首先,联合制定一个面向未来的发展规划,以便进行经济合作的长远眼光和落实这种合作的路线图;其次,开发一种赢利性的商业模式,其中的要素包括双方的互补性、竞争力以及中国和印度这样庞大市场的特殊需求;最后,深入了解对方的市场、商业习惯和管理方式,两国商界应该对宏观经济前景、规章制度以及影响企业竞争力的各个因素提高认识。此外,辛格还提议先重点在基础建设、服务、医疗、IT、钢铁和汽车行业等领域加强合作。中印自由贸易区这个阶段的具体实施可以借鉴中国—东盟FTA建设的经验,先通过签署《早期收获协议》实施"早期收获计划",选择一部分两国互补性较强而竞争性较小的领域先行大幅度减让关税进而取消关税实现自由贸易。中印自由贸易区可以考虑以下领域先行开放:软件、医药、铁矿石、英文图书;中国的家用电器、海产品、通信设备及发电设备等。

此外,中印自由贸易区在第一个阶段还可以考虑在亚太贸易协定的基础上扩大开放,亚太贸易协定是个较低层次的特惠贸易协定(PTA),并不要求成员国产品实现零关税,也不要求所有产品都提供优惠关税。中印两国都是亚太贸易协定成员,在该区域经济一体化组织框架下,根据第三轮关税减让谈判,印度的 177 项产品享受中国的关税优惠,中国的 570 项产品享受印度的关税优惠①。亚太贸易协定的第四轮关税减让谈判已于 2016 年 8 月结束,第四轮关税减让中,一般关税减让降税数目比第三轮谈判增长 2.5 倍,平均降税税目比例超过 28%,平均降税幅度为 33%②。目前第四轮关税减让成果还未正式实施。中印自由贸易区第一阶段的关税优惠范围和降税幅度都应大于亚太贸易协定第四轮谈判的降税幅度。

二、第二阶段:制定详细关税减让表,分阶段实施降税

中印自由贸易区建设的第二个阶段,应制定出详细的关税减让表,按计划分阶段逐步实施降税。这一阶段大约在自贸区建设的第 3—8 年。第二个阶段可参照东盟的经验,20 世纪 90 年代开始,东盟一体化进程加快,开始从原来的特惠贸易协定向东盟自由贸易区迈进。东盟于 1992 年 1 月签署了建设东盟自由贸易区的纲领性文件《东盟自由贸易区共同有效普惠关税方案协议》(CEPT),计划用 15 年分 3 个阶段实施减税,具体方法采用"蛇腹式"降税方式,最终将成员间工业品贸易关税降到 0.5%,在 2008 年前建立东盟自贸区。协议设定较长的计划执行期限,主要是考虑到东盟不发达成员的实际情况。具体计划执行进程是:在 1993 年之前先把十五大类工业品关税税率降到 20%,然后从 1993 年年初开始 5—8 年内,将进口税率仍高于 20% 的工业品税率降至 20%,最后用 8—15 年的时间将工业品的进口税率由 20% 降到 0.5%。由于 20 世纪 90 年代全球经济一体化出现了迅猛发展的势头,在 1995 年召开的东盟首脑会议上决定将东盟自由贸易区建立的时间表提速,由 15 年缩短为 10 年,即由 2008

---

① 杨思灵:《中印战略合作伙伴关系研究——兼论中印自由贸易区的建立与发展》,中国社会科学出版社 2013 年版,第 339 页。

② 吴力:《〈亚太贸易协定〉将再次降税三成》,《国际商报》2017 年 1 月 16 日。

第八章　推进中印自由贸易区的构想及实施策略

年提前至2003年建立东盟自贸区。未来的中印自由贸易区的关税减让可以借鉴上述的"蛇腹式"方法。

依据《关贸总协定》第24条，自贸区应实现绝大部分产品的零关税目标。中印区域经济合作的自由贸易区实施阶段应至少实现90%左右产品的关税减免。但现实中，许多自贸区未能达到这一水平。世界贸易组织对此也难以约束。由于印度一直对国内市场实行高关税保护，中印自由贸易区可以考虑适当降低产品开放比例，比如控制在70%—90%之间。具体做法是：先依据WTO的保护措施条款，将中印自由贸易区的产品清单分为早期收获产品、敏感产品、正常产品和特殊产品四大类，这几类产品的具体种类由双方谈判或协商确定，分别适用不同的降税时间和降税速度，早期收获产品在减税速度上应快于WTO承诺的速度，减税时间上要比WTO承诺的时间短；在中印自由贸易区建成前，敏感产品的优惠税率建议先采用最惠国税率，单独谈判解决受配额约束外的农产品关税减让，在进入FTA阶段后，两国必须削减敏感产品关税至某一水平，模式上可以分阶段减让，时间不应过长，高敏感产品可考虑适当延长时间。税率较高的正常产品则采用与东盟类似的"蛇腹式"减税模式，先用2—3年时间降低某些类制成品的关税至某个水平以下，再用3年左右时间把其他类正常品的关税降至某一水平，在此基础上再逐年削减关税利率到预期目标。这样的降税方式一般不会影响成员国的关税结构，渐进减低关税不会给成员国经济因自贸区建设带来猛烈冲击，减少自贸区建设的不确定性。特殊产品多为农产品，一般是自贸区谈判最复杂也是阻力最大的领域。由于农业的特殊地位，各国都很重视对农业的保护，农产品的贸易壁垒往往比非农产品高出很多，而印度是全球对农业实施高保护的国家之一。印度在自贸区建设中经常将许多农产品列为特殊产品进行保护，例如在印度—东盟FTA中，印度将咖啡、红茶、棕榈油、胡椒等许多产品列入特殊产品类别加以保护，这些农产品不实现零关税，其关税水平在2019年之前削减至30%—50%。中印两国都是人口大国和农业大国，农业在国民经济中占据很大比重，是关系到国计民生的产业，因此在建立中印自由贸易区时，中印两国应明确列出特殊产品清单和排除产品清单，有针对性地进行关税减让安排,允许排除清单产品保留原来的关税水平,不在关税减让之列。

三、第三阶段:取消关税和非关税壁垒,实现中印贸易自由化

中印自由贸易区建设的第三个阶段,应取消绝大部分关税和非关税壁垒,中印贸易实现自由化,中印自由贸易区初步建成,这一阶段大约在自贸区建设的第 8—10 年。中印两国应在自贸区建设的前面两个基础上进一步密切两国的经贸关系,完善协调中印自贸协定中与贸易相关的条款或协定,将双边贸易的绝大部分关税和非关税壁垒取消,中印两国真正实现自由贸易。澳大利亚和新西兰的双边自贸区的一些做法值得借鉴。澳大利亚与新西兰两国为实现货物贸易和劳务的自由化,在成立澳—新 FTA 的早期阶段就未雨绸缪地签订了《澳新更紧密经贸关系贸易协定》,该安排对两国的商法、技术标准与卫生检疫标准、海关手续、运输以及劳务等问题加以协调,让两国间关税与非关税壁垒的所有限制顺理成章地得以逐步取消,从而促使两国双边贸易规模直线攀升。目前中国出口产品受到印度较高的关税和非关税壁垒的限制,且近年来印度频繁挑起针对中国企业的贸易救济措施,印度不应只盯住眼前利益而应放眼长远利益,尽快推进中印自由贸易区建设,加强两国的经贸合作,在 FTA 框架中印度针对中国的各种不合理的贸易限制将被弱化甚至取消。

当中印两国在自贸区制度框架内的绝大部分关税和非关税贸易壁垒被弱化直至取消后,两国的一体化水平可进一步向其他领域推进,实现区域内资本的自由流动,实现服务领域和投资领域的自由互通,进而加强科技领域的联合研究等,使资源达到最优配置水平。中印自由贸易区发展到这一阶段,在资本技术自由流动的基础上,可逐步实现其他要素的有限度的自由流动,最终将中印自由贸易区推进到中印统一大市场的高度。

中印自由贸易区的建立将进一步促进中国与南亚国家的联系。近年来,中国和南亚国家的联系不断加强,南盟自贸区的一体化进程不断取得新进展,斯里兰卡、孟加拉国和尼泊尔既是南亚自贸区成员也是亚太贸易

第八章 推进中印自由贸易区的构想及实施策略

协定成员,而南盟成员巴基斯坦同中国早已建立了PTA。中印自由贸易区建成后,可考虑吸收上述符合条件的南亚国家加入,这些国家将成为加强中国与南亚地区联系的纽带,以此为基础,有可能进一步实现"中国—南亚自由贸易区"的远景目标,也可吸收其他符合条件的亚洲国家加入,将此区域合作组织发展成为亚洲经济增长的领航者,推进整个亚洲区域经济一体化进程。

附　　录

附表 5-1　2009—2016 年中国与 29 个主要贸易伙伴进出口情况

（单位：百万美元）

年份 国家	2009	2010	2011	2012	2013	2014	2015	2016
印度	43383.32	61761.20	73908.24	66473.33	65402.66	70576.11	71596.58	70179.47
韩国	156214.79	207115.12	245626.35	256415.29	274237.71	290442.22	275792.47	252703.49
新加坡	47855.87	57075.98	63710.06	69272.65	75896.38	79739.91	79523.20	70525.92
印度尼西亚	28388.76	42750.28	60554.62	66234.08	68354.75	63544.85	54228.16	53540.16
马来西亚	51967.69	74248.84	90022.70	94832.05	106083.38	102005.63	97257.72	86941.41
泰国	38190.82	52937.02	64733.85	69750.86	71240.55	72621.16	75459.55	75727.43
日本	228782.56	297779.59	342834.01	329455.78	312377.85	312311.85	278519.02	275080.69
巴基斯坦	6788.34	8668.62	10558.33	12413.65	14216.44	15998.35	18916.65	19147.06
智利	23.48	25977.71	31385.29	33226.12	33813.15	34003.38	31729.29	31411.71
墨西哥	196.49	24760.12	33344.46	36675.09	39204.78	43428.80	43819.27	42692.16
新西兰	885.28	6527.41	8718.01	9674.83	12384.90	14243.47	11502.84	11908.91
澳大利亚	97.13	88342.32	116583.09	122346.25	136508.22	136776.84	113816.61	108222.41
菲律宾	20539.00	27762.23	32247.04	36375.46	38049.94	44457.71	45636.45	47238.56
俄罗斯	5779.69	55533.11	79273.39	88210.99	89259.00	95270.45	68015.54	69615.92
美国	76.43	385385.29	446582.27	484674.25	520748.70	555123.55	557022.97	519716.15
德国	34456.24	142308.40	169144.01	161131.39	161498.19	177715.81	156778.20	151368.08
荷兰	3673.84	56183.20	68159.79	67599.42	70139.69	74268.64	68231.14	67269.17
英国	105635.81	50072.23	58678.47	63102.24	70020.92	80867.87	78500.81	74402.24
意大利	3254.72	45146.24	51269.47	41720.99	43326.45	48038.30	44654.24	43101.54
加拿大	44.60	37139.88	47436.05	51335.28	54453.66	55185.69	55636.39	45675.68
法国	5217.54	44756.84	52062.15	51017.43	49823.85	55764.83	51370.06	47189.48

248

续表

年份 国家	2009	2010	2011	2012	2013	2014	2015	2016
西班牙	271.48	24412.10	27272.80	24570.97	24900.32	27700.89	27439.54	27456.18
沙特阿拉伯	32548.39	43195.49	64317.24	73314.22	72190.53	69083.27	51633.98	42281.30
比利时	6514.25	22141.85	29104.76	26340.95	25408.25	27275.63	23214.12	21610.18
巴西	17838.80	62585.87	84231.12	85748.96	90194.59	86543.36	71501.58	67834.32
伊朗	21219.09	29391.08	45103.40	36465.84	39426.51	51842.34	33827.55	31245.85
越南	21045.18	30086.08	40207.84	50439.41	65478.19	83636.41	95848.77	98275.73
南非	16077.50	25703.10	45470.21	59994.28	65219.20	60267.28	46009.33	35082.42
芬兰	140.99	9518.43	11181.19	11272.89	9737.17	9150.16	7026.24	6333.63

数据来源：根据《中国统计年鉴》(2010—2017)资料整理得到。

附表 5-2　2009—2016 年中国与 29 个主要贸易伙伴 GDP 总值

（单位：10 亿国际元）

年份 国家	2009	2010	2011	2012	2013	2014	2015	2016
印度	4917.56	5782.04	6097.53	6097.53	6486.92	6973.78	7532.38	8067.71
韩国	1412.32	1559.45	1595.20	1595.20	1641.40	1696.24	1743.57	1792.87
新加坡	317.65	388.84	403.90	403.90	424.10	439.25	447.74	456.68
印度尼西亚	1925.49	2171.52	2302.46	2302.46	2430.42	2552.10	2676.55	2810.79
马来西亚	554.65	624.79	658.98	658.98	689.91	731.36	768.13	800.54
泰国	843.07	914.03	980.23	980.23	1007.02	1016.23	1046.12	1079.99
日本	4394.25	4573.19	4641.56	4641.56	4734.40	4752.14	4816.48	4861.67
巴基斯坦	719.06	750.69	777.02	777.02	811.18	849.10	889.27	937.93
智利	312.14	350.58	369.22	369.22	384.16	391.49	400.31	406.67
墨西哥	1733.94	1896.26	1972.45	1972.45	1999.28	2044.67	2098.84	2146.82
新西兰	138.21	143.51	146.73	146.73	150.33	155.48	159.22	164.09
澳大利亚	893.85	933.42	967.34	967.34	992.20	1018.09	1042.74	1071.58
菲律宾	487.37	543.77	580.12	580.12	621.09	659.26	699.26	747.67
俄罗斯	3158.68	3475.38	3602.44	3602.44	3666.76	3693.84	3589.37	3581.30
美国	14896.17	15517.93	15863.05	15863.05	16691.52	16543.51	17016.92	17269.67
德国	3176.54	3427.14	3444.00	3444.00	3460.86	3527.65	3589.14	3658.90

续表

年份\国家	2009	2010	2011	2012	2013	2014	2015	2016
荷兰	745.95	768.99	760.87	760.87	759.42	770.20	787.61	805.02
英国	2244.59	2315.78	2350.09	2350.09	2398.32	2471.57	2529.55	2578.52
意大利	2110.32	2158.29	2097.44	2097.44	2061.20	2063.54	2083.18	2101.06
加拿大	1342.59	1427.47	1452.38	1452.38	1488.33	1530.83	1546.15	1568.02
法国	2351.49	2447.56	2452.03	2452.03	2466.16	2489.53	2516.11	2545.99
西班牙	1513.87	1498.96	1455.07	1455.07	1430.25	1449.99	1499.76	1548.87
沙特阿拉伯	1185.94	1370.24	1444.39	1444.39	1483.38	1537.56	1600.70	1628.57
比利时	435.70	455.71	456.78	456.78	457.69	463.88	470.39	477.29
巴西	2660.92	2974.96	3032.11	3032.11	3123.22	3138.96	3020.64	2912.06
伊朗	1264.63	1373.35	1271.11	1271.11	1268.64	1327.05	1309.52	1484.95
越南	366.46	414.34	436.08	436.08	459.72	487.23	519.78	552.06
南非	595.14	633.37	647.39	647.39	663.50	674.78	683.54	685.45
芬兰	207.51	219.21	216.09	216.09	214.45	213.09	213.38	217.94

注：表中数据是以购买力平价计算的GDP，2011年不变价。
数据来源：世界银行官方网站数据库，见http://data.worldbank.org。

附表5-3 2009—2016年中国与29个主要贸易伙伴人均GDP总值

(单位：国际元)

年份\国家	2009	2010	2011	2012	2013	2014	2015	2016
印度	4049.81	4404.70	4635.88	4827.56	5073.61	5389.90	5754.06	6092.65
韩国	28642.84	30352.10	31228.51	31776.90	32548.72	33425.69	34177.65	34985.85
新加坡	63688.08	72105.41	75013.19	76028.94	78548.99	80305.45	80892.06	81443.36
印度尼西亚	8044.97	8433.50	8837.82	9251.18	9643.27	10003.09	10367.70	10764.55
马来西亚	20092.22	21107.27	21818.88	22590.79	23224.19	24194.63	25001.61	25668.88
泰国	12605.37	13486.56	13535.13	14448.33	14777.98	14853.46	15236.71	15683.03
日本	34317.49	35749.76	35774.70	36367.60	37148.60	37337.32	37882.98	38282.50
巴基斯坦	4304.47	4283.61	4309.76	4367.45	4464.09	4576.23	4695.70	4854.63
智利	18547.46	19442.05	20437.70	21330.29	21998.31	22226.45	22536.62	22706.72
墨西哥	15011.75	15534.95	15922.90	16324.43	16315.86	16459.82	16671.91	16832.46
新西兰	32122.84	32252.92	32734.54	33286.76	33841.18	34468.77	34646.31	34962.68

续表

年份 国家	2009	2010	2011	2012	2013	2014	2015	2016
澳大利亚	41207.13	41384.92	41782.28	42534.51	42867.17	43315.36	43719.50	44260.58
菲律宾	5284.87	5596.84	5707.20	5988.80	6306.75	6585.90	6874.58	7236.47
俄罗斯	22121.85	23107.79	24310.04	25156.42	25551.09	25284.59	24516.55	24416.62
美国	48557.87	49372.62	49790.67	50519.53	51008.46	51931.61	53029.29	53445.37
德国	38784.45	40428.72	42692.52	42822.10	42914.48	43560.62	43937.95	44356.86
荷兰	45125.81	45524.66	46066.65	45411.35	45191.49	45668.44	46494.36	47269.63
英国	36042.42	36366.98	36607.98	36892.85	37398.80	38251.79	38839.17	39309.33
意大利	35710.42	36201.16	36347.34	35227.62	34219.83	33945.84	34302.04	34655.26
加拿大	39924.20	40699.36	41565.27	41794.54	42339.38	43079.14	43149.48	43238.26
法国	36340.51	36872.23	37457.28	37344.54	37366.93	37531.43	37765.75	38061.09
西班牙	32652.51	32507.09	32068.27	31109.19	30678.92	31195.41	32291.16	33320.04
沙特阿拉伯	44481.47	45421.23	48524.63	49658.65	49537.59	49958.44	50723.71	50458.17
比利时	40355.57	41085.92	41248.73	41046.48	40928.14	41384.15	41722.92	42094.58
巴西	13653.01	14539.08	14973.10	15118.14	15430.27	15371.00	14666.02	14023.69
伊朗	17162.05	17942.83	18192.11	16625.92	16383.26	16924.20	16500.90	18497.68
越南	4185.02	4408.17	4632.77	4821.14	5024.44	5264.83	5554.86	5837.63
南非	11676.04	11887.80	12118.74	12215.24	12340.21	12372.27	12362.58	12236.83
芬兰	38867.80	39848.13	40683.53	39912.94	39428.31	39017.54	38941.76	39659.17

注：表中数据是以购买力平价计算的人均GDP，2011年不变价。
数据来源：世界银行官方网站数据库，见http://data.worldbank.org。

附表5-4 引力模型分析中中国与29个主要贸易伙伴2009年的主要指标

国家	进出口总额 （百万美元）	GDP （10亿国际元）	人均GDP （国际元）	与中国距离 （公里）	是否APEC 成员
印度	43383.32	4917.56	4049.81	3768	0
韩国	156214.79	1412.32	28642.84	962	1
新加坡	47855.87	317.65	63688.08	4457	1
印度尼西亚	28388.76	1925.49	8044.97	5194	1
马来西亚	51967.69	554.65	20092.22	4335	1
泰国	38190.82	843.07	12605.37	3282	1

续表

国家	进出口总额（百万美元）	GDP（10亿国际元）	人均GDP（国际元）	与中国距离（公里）	是否APEC成员
日本	228782.56	4394.25	34317.49	2103	1
巴基斯坦	6788.34	719.06	4304.47	3888	0
智利	23.48	312.14	18547.46	19057	1
墨西哥	196.49	1733.94	15011.75	12473	1
新西兰	885.28	138.21	32122.84	10752	1
澳大利亚	97.13	893.85	41207.13	8987	1
菲律宾	20539.00	487.37	5284.87	2840	1
俄罗斯	5779.69	3158.68	22121.85	5807	1
美国	76.43	14896.17	48557.87	11170	1
德国	34456.24	3176.54	38784.45	7379	0
荷兰	3673.84	745.95	45125.81	7844	0
英国	105635.81	2244.59	36042.42	8161	0
意大利	3254.72	2110.32	35710.42	8138	0
加拿大	44.60	1342.59	39924.20	10476	1
法国	5217.54	2351.49	36340.51	8238	0
西班牙	271.48	1513.87	32652.51	9241	0
沙特阿拉伯	32548.39	1185.94	44481.47	6613	0
比利时	6514.25	435.70	40355.57	7981	0
巴西	17838.80	2660.92	13653.01	16940	0
伊朗	21219.09	1264.63	17162.05	10742	0
越南	21045.18	366.46	4185.02	2321	1
南非	16077.50	595.14	11676.04	11675	0
芬兰	140.99	207.51	38867.80	6340	0

注：表中0表示否，1表示是。下同。

数据来源：《中国统计年鉴》(2010)，世界银行数据库，距离为各国首都到北京的距离，计算所得距离计算器，见 http://www.indo.com/tips/distances.html。

附表5-5 引力模型分析中中国与29个主要贸易伙伴2010年的主要指标

国家	进出口总额（百万美元）	GDP（10亿国际元）	人均GDP（国际元）	与中国距离（公里）	是否APEC成员
印度	61761.20	5782.04	4404.70	3768	0

续表

国家	进出口总额（百万美元）	GDP（10亿国际元）	人均GDP（国际元）	与中国距离（公里）	是否APEC成员
韩国	207115.12	1559.45	30352.10	962	1
新加坡	57075.98	388.84	72105.41	4457	1
印度尼西亚	42750.28	2171.52	8433.50	5194	1
马来西亚	74248.84	624.79	21107.27	4335	1
泰国	52937.02	914.03	13486.56	3282	1
日本	297779.59	4573.19	35749.76	2103	1
巴基斯坦	8668.62	750.69	4283.61	3888	0
智利	25977.71	350.58	19442.05	19057	1
墨西哥	24760.12	1896.26	15534.95	12473	1
新西兰	6527.41	143.51	32252.92	10752	1
澳大利亚	88342.32	933.42	41384.92	8987	1
菲律宾	27762.23	543.77	5596.84	2840	1
俄罗斯	55533.11	3475.38	23107.79	5807	1
美国	385385.29	15517.93	49372.62	11170	1
德国	142308.40	3427.14	40428.72	7379	0
荷兰	56183.20	768.99	45524.66	7844	0
英国	50072.23	2315.78	36366.98	8161	0
意大利	45146.24	2158.29	36201.16	8138	0
加拿大	37139.88	1427.47	40699.36	10476	1
法国	44756.84	2447.56	36872.23	8238	0
西班牙	24412.10	1498.96	32507.09	9241	0
沙特阿拉伯	43195.49	1370.24	45421.23	6613	0
比利时	22141.85	455.71	41085.92	7981	0
巴西	62585.87	2974.96	14539.08	16940	0
伊朗	29391.08	1373.35	17942.83	10742	0
越南	30086.08	414.34	4408.17	2321	1
南非	25703.10	633.37	11887.80	11675	0
芬兰	9518.43	219.21	39848.13	6340	0

数据来源:《中国统计年鉴》(2011), 世界银行数据库, 距离为各国首都到北京的距离, 计算所得距离计算器, 见 http://www.indo.com/tips/distances.html。

附表 5-6　引力模型分析中中国与 29 个主要贸易伙伴 2011 年的主要指标

国家	进出口总额（百万美元）	GDP（10 亿国际元）	人均 GDP（国际元）	与中国距离（公里）	是否 APEC 成员
印度	73908.24	6097.53	4635.88	3768	0
韩国	245626.35	1595.20	31228.51	962	1
新加坡	63710.06	403.90	75013.19	4457	1
印度尼西亚	60554.62	2302.46	8837.82	5194	1
马来西亚	90022.70	658.98	21818.88	4335	1
泰国	64733.85	980.23	13535.13	3282	1
日本	342834.01	4641.56	35774.70	2103	1
巴基斯坦	10558.33	777.02	4309.76	3888	0
智利	31385.29	369.22	20437.70	19057	1
墨西哥	33344.46	1972.45	15922.90	12473	1
新西兰	8718.01	146.73	32734.54	10752	1
澳大利亚	116583.09	967.34	41782.28	8987	1
菲律宾	32247.04	580.12	5707.20	2840	1
俄罗斯	79273.39	3602.44	24310.04	5807	1
美国	446582.27	15863.05	49790.67	11170	1
德国	169144.01	3444.00	42692.52	7379	0
荷兰	68159.79	760.87	46066.65	7844	0
英国	58678.47	2350.09	36607.98	8161	0
意大利	51269.47	2097.44	36347.34	8138	0
加拿大	47436.05	1452.38	41565.27	10476	1
法国	52062.15	2452.03	37457.28	8238	0
西班牙	27272.80	1455.07	32068.27	9241	0
沙特阿拉伯	64317.24	1444.39	48524.63	6613	0
比利时	29104.76	456.78	41248.73	7981	0
巴西	84231.12	3032.11	14973.10	16940	0
伊朗	45103.40	1271.11	18192.11	10742	0
越南	40207.84	436.08	4632.77	2321	1
南非	45470.21	647.39	12118.74	11675	0
芬兰	11181.19	216.09	40683.53	6340	0

数据来源：《中国统计年鉴》(2012)，世界银行数据库，距离为各国首都到北京的距离，计算所得距离计算器，见 http://www.indo.com/tips/distances.html。

附表 5-7 引力模型分析中中国与 29 个主要贸易伙伴 2012 年的主要指标

国家	进出口总额（百万美元）	GDP（10 亿国际元）	人均 GDP（国际元）	与中国距离（公里）	是否 APEC 成员
印度	66473.33	6097.53	4827.56	3768	0
韩国	256415.29	1595.20	31776.90	962	1
新加坡	69272.65	403.90	76028.94	4457	1
印度尼西亚	66234.08	2302.46	9251.18	5194	1
马来西亚	94832.05	658.98	22590.79	4335	1
泰国	69750.86	980.23	14448.33	3282	1
日本	329455.78	4641.56	36367.60	2103	1
巴基斯坦	12413.65	777.02	4367.45	3888	0
智利	33226.12	369.22	21330.24	19057	1
墨西哥	36675.09	1972.45	16324.43	12473	1
新西兰	9674.83	146.73	33286.76	10752	1
澳大利亚	122346.25	967.34	42534.51	8987	1
菲律宾	36375.46	580.12	5988.80	2840	1
俄罗斯	88210.99	3602.44	25156.42	5807	1
美国	484674.25	15863.05	50519.53	11170	1
德国	161131.39	3444.00	42822.10	7379	0
荷兰	67599.42	760.87	45411.35	7844	0
英国	63102.24	2350.09	36892.85	8161	0
意大利	41720.99	2097.44	35227.62	8138	0
加拿大	51335.28	1452.38	41794.54	10476	1
法国	51017.43	2452.03	37344.54	8238	0
西班牙	24570.97	1455.07	31109.19	9241	0
沙特阿拉伯	73314.22	1444.39	49658.65	6613	0
比利时	26340.95	456.78	41046.48	7981	0
巴西	85748.96	3032.11	15118.14	16940	0
伊朗	36465.84	1271.11	16625.92	10742	0
越南	50439.41	436.08	4821.14	2321	1
南非	59994.28	647.39	12215.24	11675	0
芬兰	11272.89	216.09	39912.94	6340	0

数据来源:《中国统计年鉴》(2013)，世界银行数据库，距离为各国首都到北京的距离，计算所得距离计算器，见 http://www.indo.com/tips/distances.html。

附表 5-8 引力模型分析中中国与 29 个主要贸易伙伴 2013 年的主要指标

国家	进出口总额（百万美元）	GDP（10 亿国际元）	人均 GDP（国际元）	与中国距离（公里）	是否 APEC 成员
印度	65402.66	6486.92	5073.61	3768	0
韩国	274237.71	1641.40	32548.72	962	1
新加坡	75896.38	424.10	78548.99	4457	1
印度尼西亚	68354.75	2430.42	9643.27	5194	1
马来西亚	106083.38	689.91	23224.19	4335	1
泰国	71240.55	1007.02	14777.98	3282	1
日本	312377.85	4734.40	37148.60	2103	1
巴基斯坦	14216.44	811.18	4464.09	3888	0
智利	33813.15	384.16	21998.31	19057	1
墨西哥	39204.78	1999.28	16315.86	12473	1
新西兰	12384.90	150.33	33841.18	10752	1
澳大利亚	136508.22	992.20	42867.17	8987	1
菲律宾	38049.94	621.09	6306.75	2840	1
俄罗斯	89259.00	3666.76	25551.09	5807	1
美国	520748.70	16129.13	51008.46	11170	1
德国	161498.19	3460.86	42914.48	7379	0
荷兰	70139.69	759.42	45191.49	7844	0
英国	70020.92	2398.32	37398.80	8161	0
意大利	43326.45	2061.20	34219.83	8138	0
加拿大	54453.66	1488.33	42339.38	10476	1
法国	49823.85	2466.16	37366.93	8238	0
西班牙	24900.32	1430.25	30678.92	9241	0
沙特阿拉伯	72190.53	1483.38	49537.59	6613	0
比利时	25408.25	457.69	40928.14	7981	0
巴西	90194.59	3123.22	15430.27	16940	0
伊朗	39426.51	1268.64	16383.26	10742	0
越南	65478.19	459.72	5024.44	2321	1
南非	65219.20	663.50	12340.21	11675	0
芬兰	9737.17	214.45	39428.31	6340	0

数据来源：《中国统计年鉴》(2014)，世界银行数据库，距离为各国首都到北京的距离，计算所得距离计算器，见 http://www.indo.com/tips/distances.html。

附表5-9　引力模型分析中中国与29个主要贸易伙伴2014年的主要指标

国家	进出口总额（百万美元）	GDP（10亿国际元）	人均GDP（国际元）	与中国距离（公里）	是否APEC成员
印度	70576.11	6973.78	5389.90	3768	0
韩国	290442.22	1696.24	33425.69	962	1
新加坡	79739.91	439.25	80305.45	4457	1
印度尼西亚	63544.85	2552.10	10003.09	5194	1
马来西亚	102005.63	731.36	24194.63	4335	1
泰国	72621.16	1016.23	14853.46	3282	1
日本	312311.85	4752.14	37337.32	2103	1
巴基斯坦	15998.35	849.10	4576.23	3888	0
智利	34003.38	391.49	22226.45	19057	1
墨西哥	43428.80	2044.67	16459.82	12473	1
新西兰	14243.47	155.44	34468.77	10752	1
澳大利亚	136776.84	1018.09	43315.36	8987	1
菲律宾	44457.71	659.26	6585.90	2840	1
俄罗斯	95270.45	3693.84	25284.59	5807	1
美国	555123.55	16543.51	51931.61	11170	1
德国	177715.81	3527.65	43560.62	7379	0
荷兰	74268.64	770.20	45668.44	7844	0
英国	80867.87	2471.57	38251.79	8161	0
意大利	48038.30	2063.54	33945.84	8138	0
加拿大	55185.69	1530.83	43079.14	10476	1
法国	55764.83	2489.53	37531.43	8238	0
西班牙	27700.89	1449.99	31195.41	9241	0
沙特阿拉伯	69083.27	1537.56	49958.44	6613	0
比利时	27275.63	463.88	41384.15	7981	0
巴西	86543.36	3138.96	15371.00	16940	0
伊朗	51842.34	1327.05	16924.20	10742	0
越南	83636.41	487.23	5264.83	2321	1
南非	60267.28	674.78	12372.27	11675	0
芬兰	9150.16	213.09	39017.54	6340	0

数据来源：《中国统计年鉴》(2015)，世界银行数据库，距离为各国首都到北京的距离，计算所得距离计算器，见 http://www.indo.com/tips/distances.html。

附表 5-10　引力模型分析中中国与 29 个主要贸易伙伴 2015 年的主要指标

国家	进出口总额（百万美元）	GDP（10亿国际元）	人均GDP（国际元）	与中国距离（公里）	是否APEC成员
印度	71596.58	7532.38	5754.06	3768	0
韩国	275792.47	1743.57	34177.65	962	1
新加坡	79523.20	447.74	80892.06	4457	1
印度尼西亚	54228.16	2676.55	10367.70	5194	1
马来西亚	97257.72	768.13	25001.61	4335	1
泰国	75459.55	1046.12	15236.71	3282	1
日本	278519.02	4816.48	37882.98	2103	1
巴基斯坦	18916.65	889.27	4695.70	3888	0
智利	31729.29	400.31	22536.62	19057	1
墨西哥	43819.27	2098.84	16671.91	12473	1
新西兰	11502.84	159.22	34646.31	10752	1
澳大利亚	113816.61	1042.74	43719.50	8987	1
菲律宾	45636.45	699.26	6874.58	2840	1
俄罗斯	68015.54	3589.37	24516.55	5807	0
美国	557022.97	17016.92	53029.29	11170	1
德国	156778.20	3589.14	43937.95	7379	0
荷兰	68231.14	787.61	46494.36	7844	0
英国	78500.81	2529.55	38839.17	8161	0
意大利	44654.24	2083.18	34302.04	8138	0
加拿大	55636.39	1546.15	43149.48	10476	1
法国	51370.06	2516.11	37765.75	8238	0
西班牙	27439.54	1499.76	32291.16	9241	0
沙特阿拉伯	51633.98	1600.70	50723.71	6613	0
比利时	23214.12	470.39	41722.92	7981	0
巴西	71501.58	3020.64	14666.02	16940	0
伊朗	33827.55	1309.52	16500.90	10742	0
越南	95848.77	519.78	5554.86	2321	1
南非	46009.33	683.54	12362.58	11675	0
芬兰	7026.24	213.38	38941.76	6340	0

数据来源：《中国统计年鉴》(2016)，世界银行数据库，距离为各国首都到北京的距离，计算所得距离计算器，见 http://www.indo.com/tips/distances.html。

附表 5-11 引力模型分析中中国与 29 个主要贸易伙伴 2016 年的主要指标

国家	进出口总额（百万美元）	GDP（10 亿国际元）	人均 GDP（国际元）	与中国距离（公里）	是否 APEC 成员
印度	70179.47	8067.71	6092.65	3768	0
韩国	252703.49	1792.87	34985.85	962	1
新加坡	70525.92	456.68	81443.36	4457	1
印度尼西亚	53540.16	2810.79	10764.55	5194	1
马来西亚	86941.41	800.54	25668.88	4335	1
泰国	75727.43	1079.99	15683.03	3282	1
日本	275080.69	4861.67	38282.50	2103	1
巴基斯坦	19147.06	937.93	4854.63	3888	0
智利	31411.71	406.67	22706.72	19057	1
墨西哥	42692.16	2146.82	16832.46	12473	1
新西兰	11908.91	164.09	34962.68	10752	1
澳大利亚	108222.41	1071.58	44260.58	8987	1
菲律宾	47238.56	747.67	7236.47	2840	1
俄罗斯	69615.92	3581.30	24416.62	5807	1
美国	519716.15	17269.67	53445.37	11170	1
德国	151368.08	3658.90	44356.86	7379	0
荷兰	67269.17	805.02	47269.63	7844	0
英国	74402.24	2578.52	39309.33	8161	0
意大利	43101.54	2101.06	34655.26	8138	0
加拿大	45675.68	1568.02	43238.26	10476	1
法国	47189.48	2545.99	38061.09	8238	0
西班牙	27456.18	1548.87	33320.04	9241	0
沙特阿拉伯	42281.30	1628.57	50458.17	6613	0
比利时	21610.18	477.29	42094.58	7981	0
巴西	67834.32	2912.06	14023.69	16940	0
伊朗	31245.85	1484.95	18497.68	10742	0
越南	98275.73	552.06	5837.63	2321	1
南非	35082.42	685.45	12236.83	11675	0
芬兰	6333.63	217.94	39659.17	6340	0

数据来源：《中国统计年鉴》(2017)，世界银行数据库，距离为各国首都到北京的距离，计算所得距离计算器，见 http://www.indo.com/tips/distances.html。

附表 5-12　2000—2016 年中印 SITC 0 类—SITC 3 类产品进出口额

(单位:美元)

年份	SITC 0 类 出口	SITC 0 类 进口	SITC 1 类 出口	SITC 1 类 进口	SITC 2 类 出口	SITC 2 类 进口	SITC 3 类 出口	SITC 3 类 进口
2000	33489032	124955451	713809	23777	220765953	514177513	267694480	115438702
2001	27938013	106355610	375609	30437	234884071	680626598	264362041	115109347
2002	63997470	56185514	249282	46366	213287435	823900450	189067875	78024595
2003	46764648	59822034	473960	176571	198118323	1705205601	236255433	63641695
2004	44280807	102370436	919627	422664	243004432	4957880022	458084225	80428550
2005	46871905	154696134	261289	287647	281289738	6377491646	509133326	113267562
2006	74178770	290980295	1250106	498963	230674928	6653149781	525336398	150670904
2007	103329008	264548298	2211837	424410	382943942	10298404726	307649803	117527212
2008	119721383	404109918	3177765	399306	403060187	16081781460	853552455	312124629
2009	234133110	264761885	7196368	314190	326161435	8886158474	256659986	217313572
2010	217024803	402805712	3628133	208094	520240634	14189354165	443141522	495271788
2011	232921953	540694732	4951282	323911	672904319	13945092925	666577223	244002154
2012	258542047	446876450	6960351	333145	558248873	8169809927	290271431	566382980
2013	278960165	418342249	9398334	678004	529368803	5474746898	609544173	305791061
2014	272632131	265393358	4592840	1514266	563739567	4321127736	784094840	334301489
2015	259045983	282795786	7065753	5301056	487107729	2445487327	789049000	491707501
2016	345185960	171937473	9200547	628935	467917472	2524209464	540610113	262716625

数据来源:联合国商品贸易统计数据库,见 http://comtrade.un.org/db/。

附表 5-13　2000—2016 年中印 SITC 4 类—SITC 6 类产品进出口额

(单位:美元)

年份	SITC 4 类 出口	SITC 4 类 进口	SITC 5 类 出口	SITC 5 类 进口	SITC 6 类 出口	SITC 6 类 进口
2000	15940595	27946144	417524012	241983897	217391762	355023768
2001	557824	4245130	533689552	350444769	312478169	430866645
2002	286868	4036127	761671966	552351152	501637940	652833986
2003	742765	15896381	906395349	672878714	791568057	1562155992
2004	1835388	38548168	1196713312	877748093	1437077216	1315590120

续表

年份	SITC 4类 出口	SITC 4类 进口	SITC 5类 出口	SITC 5类 进口	SITC 6类 出口	SITC 6类 进口
2005	2511781	55427610	1763306280	1060187996	2346087882	1602110353
2006	3474589	63351137	2595190309	1279927835	3794751552	1375790834
2007	4494556	85670990	4424040196	1355329415	5967699638	1897565812
2008	38726296	130910392	5685160274	1244949944	6709521549	1521963835
2009	4598561	146940490	4924599713	1140950859	5345428047	2241867022
2010	4379400	262118365	8054635681	1440015991	8466618370	3089817554
2011	5703509	328539738	10650953827	2143532909	10284254123	4884859112
2012	8201964	415493705	10257753053	2469144334	9285517011	5564005617
2013	8108494	360748233	10087650199	2357749971	9393431000	6755343891
2014	9140699	276538671	12196129366	2071554558	11633682444	7539025156
2015	10025265	322401385	12797976906	1952483694	11557298992	6472973629
2016	9337819	299674229	10732732198	1648558798	10185391799	5310415950

数据来源：联合国商品贸易统计数据库，见 http://comtrade.un.org/db/。

附表 5-14　2000—2016 年中印 SITC 7 类—SITC 9 类产品进出口额

（单位：美元）

年份	SITC 7类 出口	SITC 7类 进口	SITC 8类 出口	SITC 8类 进口	SITC 9类 出口	SITC 9类 进口
2000	330362673	50528717	90147671	48274502	195260	79969
2001	423164462	67655973	126241915	49949425	79144	165130
2002	788779461	118353714	216073020	40835253	110361	3489675
2003	965865998	161853939	242560417	60177166	1244701	9391141
2004	2240080645	272361004	355506280	111948868	2786691	23102642
2005	3484255047	378406504	536437152	153405727	10994813	25631224
2006	6668265352	440112821	745999386	284377138	16354747	29569125
2007	11806799329	561724442	1131851590	265393303	23688720	35115761
2008	16124943249	537199057	1579108802	404916899	188130090	24640738
2009	16902829297	716220489	1780292114	343500640	118794120	21023185
2010	20194378779	876139920	3177575058	480884389	49360720	12503155

261

续表

年份	SITC 7类 出口	SITC 7类 进口	SITC 8类 出口	SITC 8类 进口	SITC 9类 出口	SITC 9类 进口
2011	24214579398	1063902152	3971153594	760823383	65338657	1202329
2012	22371609341	1024001688	4884433604	586926804	14456206	1092337
2013	21546097029	1128358393	6236843752	581038237	11969453	5814904
2014	22173912764	1271845792	6836373077	541241969	15789731	1540922
2015	24737177877	1132543013	7805143683	535694551	37181881	9961208
2016	28683894036	1160559373	7727598101	545382377	41078484	11932124

数据来源：联合国商品贸易统计数据库，见http://comtrade.un.org/db/。

参考文献

1. 宾建成、刘兰勇:《中印对外直接投资比较研究》,《当代经济管理》2011 年第 4 期。
2. 程恩富、胡乐明:《新制度主义经济学》,经济日报出版社 2005 年版。
3. 陈菲:《"一带一路"与印度"季风计划"的战略对接研究?》,《国际展望》2015 年第 6 期。
4. 陈吉祥、李唯佳:《经济结构调整中的中印经贸合作前景》,《南亚研究季刊》2013 年第 4 期。
5. 陈继勇、刘威:《解决中印贸易摩擦的八条举措》,《对外经贸实务》2006 年第 2 期。
6. 陈淑梅、倪菊华:《中国加入"区域全面经济伙伴关系"的经济效应——基于 GTAP 模型的模拟分析》,《亚太经济》2014 年第 2 期。
7. 陈水胜:《"一带一路"倡议的战略对接问题:以中国与印度的合作为例》,《南亚研究季刊》2015 年第 4 期。
8. 陈雯、卢超铭:《新区域主义下中国—东盟自由贸易区的非传统收益分析》,《国际贸易问题》2009 年第 11 期。
9. 陈小静:《中国与印度 2007—2016 年贸易分析》,《改革与开放》2018 年第 6 期。
10. 陈怡:《中印两国服务贸易的比较研究》,《审计与经济研究》2006 年第 4 期。
11. 陈勇:《新区域主义与东亚经济一体化》,社会科学文献出版社 2006 年版。
12. 邓红英:《中印建立信任措施的回顾与反思》,《南亚研究季刊》2011 年第 3 期。
13. 邓庆、万红先:《中国运输服务业贸易竞争力与开放度的关系》,《山东工商学院学报》2012 年第 6 期。
14. 丁斗:《东亚地区的次区域经济合作》,北京大学出版社 2001 年版,第 7 页。
15. 董玉洁:《难解中印边界棋局》,《世界知识》2009 年第 17 期。
16. 杜秀红:《"一带一路"背景下的中印货物贸易结构分析:2002—2014 年》,《审计与经济研究》2015年第6期。

17.[美]多米尼克·萨尔瓦多:《国际经济学》(第10版),杨冰等译,清华大学出版社2011年版。

18.樊钢:《发展的道理》,生活·读书·新知三联书店2002年版。

19.樊莹:《国际区域一体化的经济效应》,中国经济出版社2005年版。

20.方雯:《中国企业在印度投资和贸易的前景分析》,《南亚研究季刊》2003年第4期。

21.甘均先:《"一带一路":龙象独行抑或共舞?》,《国际问题研究》2015年第4期。

22.高阳、胡瑞法:《中印贸易变化原因及其发展策略分析》,《对外经贸》2017年第6期。

23.葛一波、林巍:《中印贸易:互补与竞争》,《中国海关》2012年第5期。

24.耿仲钟、肖海峰:《贸易开放背景下的中印农产品产业内贸易水平研究》,《南亚研究季刊》2015年第2期。

25.顾六宝、杨宏玲:《中印参与国际经济一体化的实践及战略意图探析》,《河北大学学报》(哲学社会科学版)2009年第6期。

26.郭敏、陈润:《"一带一路"倡议下中印贸易关系》,《中国经贸导刊》(理论版)2018年第2期。

27.韩剑、闫芸、王灿:《中国与"一带一路"国家自贸区网络体系构建和规则机制研究》,《国际贸易》2017年第7期。

28.宏结、张波:《印度涉华保障措施的政治经济学分析》,《亚太经济》2010年第1期。

29.胡俊芳:《中日韩自由贸易区贸易效果的实证分析》,复旦大学2005年博士学位论文。

30.胡晓丽:《区域贸易集团和GATT—WTO的关系》,《研究生法学》1997年第2期。

31.华晓红、汤碧、庄芮等:《国际区域经济合作——理论与实践》,对外经济贸易大学出版社2007年版。

32.黄春全、司伟:《中国与印度农产品贸易的动态与前景分析》,《国际经贸探索》2012年第7期。

33.黄庐进、梁乘:《中印对外直接投资比较研究》,《中国经贸导刊》2011年第11期。

34.黄梅波、王珊珊:《后危机时代中印相互投资的前景展望》,《南亚研究季刊》2013年第1期。

35.霍伟东、李伯韬:《全球经济衰退背景下的中印自由贸易区建设——基于实证的研究》,《国际贸易问题》2009 年第 4 期。

36. 江涌:《中印经济安全:走出共同困境》,《世界知识》2006 年第 15 期。

37. 姜文学:《国际经济一体化的新特征与大国战略》,东北财经大学出版社 2009 年版。

38. 金瑞庭:《"一带一路"背景下深化中印经贸合作重要性、策略构想与政策建议》,《全球化》2017 年第 5 期。

39. 匡增杰:《全球区域经济一体化新趋势与中国的 FTA 策略选择》,《东北亚论坛》2013 年第 2 期。

40. 蓝建学:《新时期印度外交与中印关系》,《国际问题研究》2015 年第 3 期。

41. 雷建锋、范尧天:《"一带一路"倡议实施中的中印关系》,《辽宁大学学报(哲学社会科学版)》2018 年第 46 期。

42. 李钢、董敏杰:《中国与印度国际竞争力的比较与解释》,《当代亚太》2009 年第 5 期。

43. 李光辉:《中国自贸区建设的发展实践研究》,《东北亚经济研究》2017 年第 1 期。

44. 李鸿阶:《"一带一路"倡议与金砖国家自由贸易区建设研究》,《福建论坛》(人文社会科学版)2017 年第 10 期。

45. 李慧玲、马海霞、陈军:《"一带一路"战略下中印、中巴贸易增长因素研究——基于修正的 CMS 模型分析》,《经济问题探索》2016 年第 3 期。

46. 李军、李洁玲:《"一带一路"倡议与中国对金砖国家贸易潜力研究》,《亚太经济》2017 年第 3 期。

47. 李坤望主编,张伯伟副主编:《国际经济学》(第二版),高等教育出版社 2005 年版。

48. 李蕾:《全球能源格局变革下的中印能源竞争与合作》,《南亚研究季刊》2014 年第 3 期。

49. 李丽:《印度 FTA 战略及其对中国的启示》,《印度洋经济体研究》2014 年第 2 期。

50. 李亮亮:《中国和印度经贸合作的溢出效应分析》,《经济师》2010 年第 1 期。

51. 李敏、高淑娴:《中印服务贸易协同发展的可行性分析》,《中国商贸》2012 年第 9 期。

52. 李荣林、赵滨元:《中国当前 FTA 贸易效应分析与比较》,《亚太经济》2012 年第 3 期。

53. 李晓:《"一带一路"战略实施中的"印度困局"——中国企业投资印度的困境与对策》,《国际经济评论》2015 年第 5 期。

54. 李玉举:《寻求中国双边自由贸易区建设新的突破》,《世界贸易组织动态与研究:上海对外贸易学院学报》2009年第9期。

55. 林承节:《印度现代化的发展道路》,北京大学出版社2001年版。

56. 林民旺:《寻求"一带一路"建设下的中印发展对接》,《印度洋经济体研究》2016年第3期。

57. 林民旺:《中巴经济走廊将倒逼印度与中国合作》,《中国外资》2015年第11期。

58. 刘红涛、张梦露:《中印在中亚地区的能源战略布局及博弈前景》,《南亚研究季刊》2017年第2期。

59. 刘黎:《印度"东向"战略对"一带一路"建设的影响——以地缘政治学角度》,《黑河学院学报》2016年第1期。

60. 刘文:《中国与印度能源合作的政治经济分析》,《东南亚纵横》2008年第12期。

61. 刘文革、吴妹:《基于价值链视角的金砖国家一体化大市场构建》,《亚太经济》2017年第3期。

62. 刘晓莲:《基于引力模型的中印贸易潜力实证分析》,《梧州学院学报》2011年第5期。

63. 刘杨建:《浅析中印关系中印度的两面性》,《法制与社会》2009年第21期。

64. 卢秋萍:《中印贸易失衡的成因及其对策》,《对外经贸实务》2016年第9期。

65. 罗伟:《利用引资新优势促进外资高质量增长》,《国际经济合作》2017年第9期。

66. 罗文宝、周金秦:《构建中印自由贸易区的障碍及对策研究》,《南亚研究季刊》2006年第1期。

67. 马光明:《评后金融危机时期中国对外直接投资的逆势增长——成因探析与趋势预测》,《国际贸易问题》2011年第9期。

68. 马健美:《中印构建自由贸易区的阻碍因素及政策建议》,《对外经贸》2012年第4期。

69. 马述忠、刘文军:《双边自由贸易区热的政治经济学分析——一个新区域主义视角》,《世界经济研究》2007年第10期。

70. [美]保罗·克鲁格曼、茅瑞斯·奥伯斯法尔德等:《国际经济学》(第五版),海闻等译,中国人民大学出版社2002年版。

71. 蒙少东、何琳:《中印产业内贸易发展水平的指数分析》,《学术探索》2012年第4期。

72. 秦放鸣:《中国与中亚国家区域经济合作研究》,科学出版社2010年版。

73. 权衡:《中印经贸关系制约因素的系统性分析》,《社会科学》2012年第10期。

74. 任佳、李丽:《突围"亚洲溢价"——中印能源合作新基点》,《经济前沿》2007

年第 2 期。

75. 荣鹰:《共创战略合作伙伴关系的新议程——未来 10 年中印关系前瞻》,《国际问题研究》2011 年第 5 期。

76. 阮金之:《中印共同崛起背景下的双边贸易摩擦问题探析》,《保定学院学报》2012 年第 6 期。

77. 邓瑞平、王佳宜:《印度自由贸易协定的发展及其对中国的启示》,《河北法学》2016 年第 11 期。

78. 沈梦溪:《中国对印度投资合作现状及前景》,《国际经济合作》2014 年第 10 期。

79. 沈铭辉:《中国参与双边 FTA:历程与前瞻》,《国际经济合作》2010 年第 4 期。

80. 沈子傲:《"一带一路"战略背景下中印贸易互补性研究》,《商场现代化》2016 年第 21 期。

81. 帅传敏、高丽、帅传系:《基于 GTAP 模拟的碳关税对我国农产品贸易影响的研究》,《国际贸易问题》2013 年第 8 期。

82. 宋志辉:《试析印日关系及其对中印关系的影响》,《南亚研究季刊》2006 年第 1 期。

83. 孙芳:《构建中印自由贸易区:可行之处与可借之鉴》,《国际经济合作》2009 年第 2 期。

84. 孙晋忠:《美国对印度的政策与美印关系》,《国际问题研究》2003 年第 4 期。

85. 孙培钧:《中印经济发展比较研究》,经济管理出版社 2007 年版。

86. 孙蕊:《印度对华反倾销的现状、成因及对策》,《对外经贸实务》2017 年第 8 期。

87. 孙士海:《印度的发展及其对外战略》,中国社会科学出版社 2000 年版。

88. 孙喜勤、马文霞:《中国与印缅孟贸易合作的现状及存在的问题》,《东南亚南亚研究》2016 年第 4 期。

89. 孙玉红:《论全球 FTAs 网络化与发展中国家一体化战略》,对外经济贸易大学出版社 2007 年版。

90. 孙玉红:《论全球 FTA 网络化》,中国社会科学出版社 2008 年版。

91. 谈毅、李惊雷:《国际区域经济合作》,西安交通大学出版社 2008 年版。

92. 汤碧、陈佳:《中印机电产品贸易的互补性和竞争性分析》,《亚太经济》2012 年第 5 期。

93. 汤洪宇:《"一带一路"背景下中印服务贸易合作研究》,《广西科技师范学院学报》2016 年第 3 期。

94. 陶亮:《"季节计划"、印度海洋战略与"21 世纪海上丝绸之路"》,《南亚研究》2015 年第 3 期。

95. 涂波、金泰完、张元:《论印度在中国"一带一路"区域合作倡议下的战略困境——以"边缘人"为理论基础》,《当代亚太》2017年第6期。

96. 万吉琼、杨思帆:《进一步加强中印在国际金融危机之下的经贸合作》,《南亚研究季刊》2011年第3期。

97. 王晨欣:《中印双边货物贸易摩擦的影响因素分析》,《中国商贸》2014年第14期。

98. 王春婕:《北美自由贸易区模式的创新价值探析》,《山东社会科学》2009年第2期。

99. 王佃凯:《市场开放对服务贸易竞争力的影响——基于中国服务业市场开放的分析》,《财贸经济》2011年第12期。

100. 王宏纬、朱晓军:《印度对华政策转变的原因浅析》,《国际关系》2003年第11期。

101. 王俊、钱思义:《双轨并行:中国服务贸易自由化的路径选择》,《江苏社会科学》2017年第1期。

102. 王玲:《建立中印自由贸易区的必要性与可行性分析》,大连海事大学2011年硕士学位论文。

103. 王晓红、高凌云、于清:《我国国际经济合作战略的转变与深化》,《国际贸易》2009年第3期。

104. 王晓文:《印度莫迪政府的大国战略评析》,《现代国际关系》2017年第5期。

105. 王学人:《"金砖"合作与中印关系》,《南亚研究季刊》2017年第3期。

106. 王志民、熊李力、乔旋等:《东亚区域经济合作的政治因素及中国的对策》,世界知识出版社2009年版。

107. 魏巍:《基于引力模型的中韩FTA贸易扩大效应研究》,《商业研究》2009年第12期。

108. 魏巍:《中韩自由贸易区的可行性及预期经济效应研究》,山东大学2008年博士学位论文。

109. 温耀庆、戴锦贤:《金砖五国合作机制下中印经贸合作》,《国际贸易》2012年第8期。

110. 文富德、徐菲:《试论印度在中国"一带一路"倡议中的地位和作用》,《南亚研究》2016年第3期。

111. 文富德:《浅谈中印自由贸易区的可行性》,《南亚研究季刊》2006年第1期。

112. 文富德:《印度软件产业的迅速发展对我国的启示》,《南亚研究季刊》2000年第1期。

113. 巫雪芬、王进:《"金砖四国"产业内贸易特点及发展趋势分析》,《特区经济》2011年第3期。

114. 吴雪：《中国与印度农产品产业内贸易实证分析》，《世界农业》2013 年第 3 期。

115. 吴永年：《中印双边合作的基础、问题与前景》，《南亚研究》2007 年第 2 期。

116. 伍贻康、周建平主编：《区域性国际经济一体化的比较》，经济科学出版社 1994 年版。

117. 席桂桂、陈水胜：《美国"亚太再平衡"战略及其对美国、中国、印度三边关系的影响》，《东南亚研究》2016 年第 2 期。

118. 夏林：《龙腾象跃，共舞可待——关于 21 世纪中印政治经济交流的思考》，《国际经济观察》2008 年第 5 期。

119. 谢国娥、周宜临：《中印两国纺织品服装在欧美市场的竞争关系研究》，《国际贸易问题》2012 年第 1 期。

120. 谢锐、赖明勇：《中国自由贸易区建设：演化历程、特点与趋势》，《国际经贸探索》2009 年第 4 期。

121. 谢向伟：《"一带一路"背景下的中印经济合作探析》，《东南亚南亚研究》2017 年第 1 期。

122. 梅新育：《在印度直接投资的风险分析》，《国际经济合作》2014 年第 5 期。

123. 邢万里、陈毓川、王安建等：《印度未来能源需求对中国获取境外能源的影响初探》，《地球学报》2017 年第 1 期。

124. 熊琛然、武友德、赵俊巍等：《印度领衔下的南亚地缘政治特点及其对中国的启示》，《世界地理研究》2016 年第 6 期。

125. 徐芳燕、陈劭潼：《印度对中国反倾销行为的驱动因素分析》，《国际经贸探索》2017 年第 10 期。

126. 闫成海：《从贸易结构看中国与印度经济间的竞争关系经验分析》，中国社会科学院研究生院 2002 年硕士学位论文。

127. 颜梅林：《WTO 体制下两岸四地区域经济一体化模式探究——GATT 第 24 条、GATS 第 5 条之启示》，《乐山师范学院学报》2010 年第 3 期。

128. 杨宏玲、张志宏：《基于贸易引力模型的中印自由贸易区的贸易扩大效应分析》，《河北大学学报》2015 年第 5 期。

129. 杨宏玲：《国际经济学》，对外经济贸易大学出版社 2015 年版。

130. 杨玲：《中国服务贸易开放度研究》，《世界贸易组织动态与研究》2011 年第 5 期。

131. 杨梅：《后危机时期中印贸易合作考量》，《经济体制改革》2009 年第 5 期。

132. 杨思灵：《"一带一路"：中印战略互疑、挑战与对策》，《印度洋经济体研究》2016 年第 5 期。

133. 杨思灵:《中印战略合作伙伴关系研究——兼论中印自由贸易区的建立与发展》,中国社会科学出版社 2013 年版。

134. 杨文武、李星东:《后金融危机时代中印农产品贸易合作》,《南亚研究季刊》2013 年第 2 期。

135. 杨文武:《后金融危机时代中印经贸合作研究》,时事出版社 2017 年版。

136. 姚爱萍、万里平:《中印农产品在美国市场的竞争性分析》,《生产力研究》2014 年第 1 期。

137. 叶海林:《印度南亚政策及对中国推进"一带一路"的影响》,《印度洋经济体研究》2016 年第 2 期。

138. 叶世隆、张根生等:《论建立中印自由贸易区的经济影响因素》,《大理学院学报》(综合版)2012 年第 7 期。

139. 尹倩:《中国模式与印度模式之比较》,《理论与现代化》2006 年第 4 期。

140. 尹锡南:《中印关系发展:文化层面的反思与展望》,《东南亚南亚研究》2009 年第 1 期。

141. [印]贾瓦哈拉尔·尼赫鲁:《印度的发现》,齐文译,世界知识出版社 1996 年版。

142. [印]思瑞坎:《印度对华对冲战略分析》,《当代亚太》2013 年第 4 期。

143. [英]彼得·罗布森:《国际一体化经济学》,戴炳然等译,上海译文出版社 2001 年版。

144. [英]戴维史·密斯:《龙象之争》,丁德民译,当代中国出版社 2007 年版。

145. 余振、沈铭辉、王琼:《论中国—印度 FTA 的贸易基础与经济效应——贸易流的实证分析》,《南亚研究》2014 年第 2 期。

146. 俞顺洪:《国外新区域主义研究综述》,《特区经济》2008 年第 2 期。

147. 张彬、王胜、余振:《国际经济一体化福利效应》,社会科学文献出版社 2009 年版。

148. 张波:《中美相互投资结构特征及形成原因分析》,《郑州大学学报》(哲学社会科学版)2012 年第 2 期。

149. 张弛、史翔娜:《中印两国贸易摩擦的产业特征分析》,《国际商务:对外经济贸易大学学报》2012 年第 2 期。

150. 张恒龙、葛尚铭:《印度的双边自由贸易协定(FTA)战略及对中国的借鉴》,《新疆师范大学学报》(哲学社会科学版)2017 年第 3 期。

151. 张贵洪:《布什政府的南亚政策与中国的安全环境》,《南亚研究》2003 年第 2 期。

152. 张鸿:《关于中国实施自由贸易区战略的思考》,《国际贸易》2009 年第 3 期。

153. 张磊:《加快建立中印自由贸易区的必要性与可行性研究》,《吉林化工学院学报》2013 年第 8 期。

154. 张力:《后冷战初期影响印度战略变化的外部因素》,《南亚研究季刊》2000 年第 4 期。

155. 张力:《印度的能源外交及其地缘政治考量》,《南亚研究季刊》2004 年第 3 期。

156. 张卢鸽、胡列曲:《中印金融合作的动因及制约因素分析》,《时代金融》2014 年第 1 期。

157. 张珉:《"一带一路"战略下中国与印度贸易格局之变化与贸易摩擦之应对》,《理论建设》2016 年第 2 期。

158. 张同功、宋子佳:《中国企业印度投资风险评价研究》,《青岛科技大学学报(社会科学版)》2016 年第 32 期。

159. 张文玺:《中印两国服务贸易竞争与合作研究》,《山东社会科学》2012 年第 10 期。

160. 张艳:《试论中印经济关系的政治化》,《南亚研究季刊》2006 年第 2 期。

161. 张义明:《试析中国"自由贸易区战略"的新区域主义特征》,《东南亚纵横》2009 年第 1 期。

162. 张义明:《中国自由贸易区战略视角下的周边安全》,《国际观察》2016 年第 4 期。

163. 张宇燕、张静春:《亚洲经济一体化下的中印关系》,《当代亚太》2006 年第 2 期。

164. 张宇燕、赵江林、刘小雪、王小敏:《新时期中印经贸关系发展的战略思考》,《当代亚太》2006 年第 8 期。

165. 张玉柯、杨宏玲:《国际经济学》,河北大学出版社 2003 年版。

166. 章丽群:《产业内贸易理论演进》,《国际商务研究》2011 年第 3 期。

167. 赵春明、陈昊、李淑萍:《从"套牢"角度看当代双边自由贸易浪潮的兴起》,《国际经济合作》2009 年第 7 期。

168. 赵干城:《略论中印经贸关系若干问题》,《南亚研究》2012 年第 2 期。

169. 赵金龙、程轩、高钟焕:《中日韩 FTA 的潜在经济影响研究——基于动态递归式 CGE 模型的研究》,《国际贸易问题》2013 年第 2 期。

170. 赵亮、陈淑梅:《我国区域贸易协定的现状、特征及顶层设计探究》,《东北师大学报(哲学社会科学版)》2016 年第 1 期。

171. 周灏:《印度对华反倾销的特点及原因研究》,《贸易经济》2007 年第 3 期。

172. 周晋竹:《中印双边贸易的竞争与合作》,《中国远洋海运》2017 年第 9 期。

173. 周丽、范德成、张文文:《中印两国产业内贸易发展研究》,《国际商务:对外经济贸易大学学报》2013年第5期。

174. 周念利、于婷婷、沈铭辉:《印度参与服务贸易自由化进程的分析与评估——兼论中印自由贸易区服务贸易自由化构想》,《南亚研究》2012年第4期。

175. 周文贵:《北美自由贸易区:特点、运行机制、借鉴与启示》,《国际经贸探索》2004年第1期。

176. 朱洪:《自由贸易协定——中国与发展中国家南南合作的新桥梁》,《国际贸易》2009年第9期。

177. 朱晶、陈晓艳:《中印农产品贸易互补性及贸易潜力分析》,《国际贸易问题》2006年第1期。

178. 祝树金、陈艳、谢锐:《"龙象之争"与"龙象共舞"——基于出口技术结构的中印贸易关系分析》,《统计研究》2009年第4期。

179. 庄芮:《中印参与区域经济合作现状分析与比较》,《当代亚太》2007年第2期。

180. 左学金、潘光、王德华:《龙象共舞:对中国和印度两个复兴大国的比较研究》,上海社会科学院出版社2007年版。

181. Asit Ranjan Mishra, "After WTO, India Hardens Stand in RCEP Negotiations", *Livemint*, September 4, 2014.

182. Baldwin, Robert, "Failure of the WTO Conference at Cancun", *The World Economy*, Vol.26, 2006.

183. Bela Balassa, "Theory of Economic Integration", *London: All & Unwin*, No. 1, 1961.

184. Bipul Chatterjee, "Kyle Cote. Mega Regional Trade Agreements and the Indian Economy: An Analysis of Potential Challenges and Opportunities", *World Commerce Review*, September, 2015.

185. Brahma Chellaney, "Counter China's Designs", *The Times of India*, Jan.2008.

186. Chidanand Rajghatta, "Himalayantragedy Awaits India, China", *The Times of India*, Mar.21, 2008.

187. Conn Hallinan, "India: A Tale of Two Worlds", *Foreign Policy in Focus*, No.4, 2006.

188. Dani Rodrik, "What's So Special about China's Exports?", *NBER Working Paper Series Economy*, Vol.15, No.3, 2007.

189. Daniel, H., Rosen, "China Energy", *Peterson Institute for International Economics*, May, 2007.

190. Darshini Mahadevia, "Urban Infrastructure Financing and Delivery in India and China", *China & World Economy*, Vol.14, No.2, 2006.

191. David Scott,"Strategic Imperatives of India as an Emerging Player in Pacific Asia",*International Studies*,Vol.2,2007.

192. Ghulam Ali, "The Russia-Sino-Indo Triangle: Retrospect and Prospect", *Islamabad Policy Research Institute*,Vol.1,Winter,2006.

193. J.Yang,"The Impact of Trade Policy Arrangements on China and World Economy in Post MFA Era",*Journal of Donghua University*,Vol.23,No.2,2006.

194. Jagannath P.Panda, "Factoring the RCEP and the TPP: China, India and the Politics of Regional Integration",*Strategic Analysis*,Vol.38,No.1,2014.

195. K.Anderson,"Doha Merchandise Trade Reform: What Is at Stake for Developing Countries",*The World Bank Economic Review*,Vol.20,No.2,2006.

196. Manzella, John, L., "Have Trade and Globalization Harmed Developing Countries?",*World Trade*,Vol.19,2006.

197. Mary Amiti, Shang-Jin Wei, "Does Service Offshoring Lead to Job Losses?", *Federal Reserve Bank of New York*,2006.

198. Masahiro Kawai and Ganeshan Wignaraja, "The Asian'Noodle Bowl': Is It Serious for Business?",*ADBI Working Paper Series*,No.136,April,2009.

199. Maurice Schiff and L.Alan Winters, "Regional Integration as Diplomacy", *The World Bank Economic Review*,XII,1998.

200. Mohammend Saqid, "China-India's Economic Cooperation and Development, under WTO Framework",*Globalization*,No.7,2013.

201. OECD,"Environment and Regional Trade Agreements Research Report",2007.

202. Panda J.P., "Future of India-China Boundary: Leadership Holds the Key", *Strategy Analysis*,No.39,2015.

203. Rajia Sikri, "Are Leaders of India, China and Russia Ready for a Radical Breakthrough?",*Global Research*,February,2007.

204. Raquel Fernandez and Jonathan Portes,"Returns to Regionalism: An Analysis of Nontraditional Gains from Regional Trade Agreements",*The World Bank Economic Review*, XII,1998.

205. Robert, M., Stern, "Services in the International Economy", *The University of Michigan Press*,2006.

206. Steve Kidd, "Fueling Asia's Growth: Tapping the Promise of Nuclear", *Far Eastern Economic Review*,Vol.170,No.7,2007.

207. Steven Anderson,"Economic Futurist Predicts Domination by China,India",*Long Island Business News*,February,2006.

208. Wu Yanrui, Zhou Zhangyue, "Changing Bilateral Trade between China and

India", *Journal of Asian Economics*, No.17, 2006.

209. Z.D.Singh, "Indian Perceptions of China's Maritime Silk Road Idea", *Journal of Defense Studies*, No.4, 2014.

210. Zhang Yunling, *Designing East Asian FTA: Rationale and Feasibility*, Beijing: Social Sciences Academic Press, 2006.